# 尼采讀本

最完整選錄尼采代表篇章的精選集，
尼采哲學的首選入門書

弗德里希・威廉・尼采
Friedrich Wilhelm Nietzsche —————— 著

周國平 —————— 編譯

# 目次

# 尼采小傳

尼采（Friedrich Nietzsche），現代最偉大的思想家和哲學家之一，一八四四年十月十五日生於德國東部呂岑鎮附近的呂肯村。他的祖父是個虔誠的基督徒，寫過神學著作。他的外祖父是個牧師。他的父親當過家庭教師，後來也在家鄉擔任牧師。就是在這樣一個有濃烈宗教氣氛的家庭裡，尼采呱呱墮地。

一八四九年七月，尼采的父親死於腦軟化症。數月後，年剛兩歲的弟弟又夭折。當時尼采才五歲，由於親人接連死亡，使這天性敏感的孩子過早領略了人生的陰暗面，鑄成了他憂鬱內傾的性格。後來他自己回憶說：「在我早年的生涯裡，我已經見過許多悲痛和苦難，所以全然不像孩子那樣天真爛漫、無憂無慮……從童年起，我就尋求孤獨，喜歡躲在無人打擾的地方。這往往是在大自然的自由殿堂裡，我在那裡找到了最真實的快樂。」

父親死後第二年，尼采隨同母親和妹妹遷居瑙姆堡，投奔祖母和兩位姑母，在那裡度過了他的童年時代，讀完了小學和文科中學。在學校裡，他顯得孤僻而不合群，很少與同學們一起玩耍。但是，他也異常珍惜友誼，擇友的品味很高。在文科中學，他有兩個知心朋友；威廉・賓德和古斯塔夫・克魯格。前者是他的詩友，他們常常在一起談詩，互相交換詩作。後者是他的樂友，他們常常在一起討論音樂，演奏樂曲，或者共同傾聽克魯格的父親（一位精通音樂、與孟德爾頌交往甚篤的樂師）彈琴，沉浸在德國古典音樂的旋律裡。詩歌和音樂是尼采的終身愛好。十歲時，他便爆發了藝術創作的狂熱之情，一年裡寫了五十首詩，作了一曲聖歌。他自己回憶，到十四歲時，他已經有過三次寫詩的創作高潮。後來，他仍不斷寫詩，他的格言詩和抒情詩獨具一格，在德國現代詩史上占有重要地位。

尼采的早期詩作充滿憂傷的情調。他十歲的一首詩，描寫一個飄泊者在一座古城廢墟上沉睡，夢見該城昔日的繁榮和最後的毀滅，醒來後悟到人間幸福的短暫。十五歲的幾首詩裡寫道：「樹葉從樹上飄零，／終被秋風掃走，／生命和它的美夢／終成灰土塵垢！」「我豈能相信／我會躺入丘墳／不再能啜飲／生命的芳醇？」「當鐘聲悠悠迴響，／我不禁悄悄思忖：／我們全體都滾滾／奔向永恆的故鄉。」讀中學時，他還構思過一部題為《死亡與毀滅》的中篇小說。

這一切清楚地表明，由於過早目睹死亡的現象，悲觀主義已經在他幼小的心靈裡扎了根。既然終有一死，生命還有什麼意義？這個問題始終折磨著尼采。讓我們記住這一點，因為這替理解尼采後來的哲學思想提供了一條重要線索。

尼采對音樂的感悟也很早。在童年時代，他酷愛古典音樂，把莫札特、海頓、舒伯特、孟德爾頌、貝多芬、巴哈、韓德爾視為精神支柱，但不喜歡白遼士、李斯特的現代音樂。青年時代一度迷戀華格納，後期則喜歡比才及其《卡門》。他自己也常常譜曲。他是如此看重自己的音樂作品，在精神失常前夕，還聲稱終究是個老音樂家，並希望他譜曲、女性朋友莎樂美作詞的管弦樂合唱曲《讚美生活》傳世，作為對他的紀念。

一八五八年，尼采以優異的成績從瑙姆堡文科中學畢業，獲得歷史悠久的普福塔文科預備學校（Schulpforta）的獎學金。這是一所水準很高的教會學校，擁有優秀的人文主義教師，校紀甚嚴，學生們過著刻苦勤奮的斯巴達式生活。德國文化史上的許多著名人物，如克洛普施托克、費希特、施萊格爾、蘭克，都曾在這裡就學。

正是在這裡，尼采讀到了青年黑格爾派成員大衛•史特勞斯的名著《耶穌傳》，對基督教的信仰悄悄瓦解了，使虔信的母親和姑母們大為驚恐。在所有的課程中，他最喜歡希臘課，常常讀古希臘文獻至深夜。他一生崇尚希臘精神，反對基督教精神，在這裡已經開了端倪。

如同每個有創造力的少年一樣，尼采的興趣絕不局限於規定的課程。他和老朋友賓德、克魯格組織了一個小團體，每人每月提交一篇作品，彼此交流和批評。他們還自籌經費，訂閱《音樂報》等報刊。在此期間，尼采的音樂品味開始發生變化，從古典音樂轉向現代音樂，他漸漸喜歡華格納了。小團體的最後一筆經費，就用來購買了歌劇《崔斯坦和伊索德》的門票。

在文學方面，尼采的興趣從歌德轉向了浪漫派。他格外喜歡賀德林。在十七歲的一封信裡，他表現了對賀德林詩作的深刻理解。賀德林所表達的那種至深憂鬱和對理想故土的懷念，那種對現代德國野蠻化的痛恨，那種終於導致精神崩潰的劇烈內心衝突，引起了尼采的深深共鳴。他對賀德林發瘋前夕和瘋後的一些詩歌尤其心領神會，視為「德國詩歌藝術中的純美精品」。令人深思的是，這個激賞瘋詩人的青年，後來自己也瘋了。

回顧尼采的早年生活，最值得我們注意的是他浪漫而又悲觀的氣質。他幾乎是一個天生的浪漫主義者和悲觀主義者。他後來喜歡叔本華哲學和華格納音樂，實出於天性之必然。當他著手建立自己的哲學時，他又猛烈地批判「浪漫悲觀主義」，其實是一種自我治療和自我克服。

一八六四年十月，尼采從預備學校畢業，進入波昂大學。結業時，他的各門課程均為優秀，唯有數學不及格。

現在，尼采二十歲了。這是人一生中對未來想得最多的年齡。尼采在波昂大學選修的是神學和古典語言學，讀神學是家裡的要求，其實尼采自己對於基督教的信仰早已動搖，所以，僅僅一個學期後，他便放棄了這個專業。至於讀古典語言學，則是他自己的選擇，因為他在中學時已產生了對希臘文獻的濃烈興趣，與此同時，他還試圖借古典語言學研究所必需的那套嚴格考證工夫，來防衛自己的浪漫激情，求得心理的平衡。

入學後，尼采加入了學生團體（Pfanconia），他和別人一樣，似乎熱衷於擊劍、飲酒、聚會、跳舞、結交異性。可是，為時不久，他厭倦了這種喧鬧的社交生活，以一份得體的書面聲明退出了學生團體。沒有人理解他內心發生的事情，同學們只是覺得他孤傲，清高，怪僻，不講交情。這是尼采一生中第一次爆發的精神危機。人生絕非一場消遣，他要為自己尋求一種更加真實的人生。自幼折磨著他的生命意義這個問題，這時明確地呈現在他的意識中了，驅使他自覺地走上了苦苦求索、永不安寧的命運之路。

尼采的古典語言學老師李契爾是一位富於藝術氣質的學者，深受尼采敬重。李契爾也把尼采視為自己最得意的門生。波昂大學在古典語言學領域享有國際聲譽，人材濟濟。李契爾與另一位語言學者揚恩的學派衝突使尼采深感煩惱，因此，在第二學年，他便決定轉學到萊比錫大學。接著，李契爾也移教萊比錫。在李契爾建議下，尼采在萊比錫創建了一個語言學學會，並先後在學會中作了關於泰奧格尼斯（西元前六世紀的墨伽拉詩人）和亞里斯多德的學術報告。這些論文作為獲獎論文刊印在《萊茵博物館》雜誌上。尼采在語言學界迅速聞名，用李契爾的話來說，他成了「萊比錫青年語言學界的偶像」。

對古希臘文獻的研究，尤其是對第歐根尼・拉爾修作品的研究，喚醒了尼采的哲學興趣。但是，真正點燃尼采哲學熱情的卻是叔本華。在萊比錫期間，他偶然在一個舊書攤上購得了叔本華《作為意志和表象的世界》一書，欣喜若狂，每日淩晨二點上床，六點起床，沉浸在這本書裡，心中充滿神經質的激動。後來他回憶說，當時他正孤立無助地經歷著某些痛苦的體驗，幾乎瀕於絕望，而叔本華的書就像一面巨大的鏡子，映現了世界、人生和他的心境。他覺得叔本華好像是專門為他寫了這本書一樣。

我們既已瞭解尼采的氣質和早年經歷，就完全可以理解叔本華哲學何以給他造成如此強烈的心靈震撼了。他很早就對人生產生了懷疑，生命的意義這個問題始終痛苦地折磨著他。人們渾渾噩噩生活著，對這個根本性問題無所用心，愈發使他感到孤獨。現在，他發現在他之前也有人受到同樣的問題折磨，並且用哲學的語言表達了對人生的同一種悲觀看法，便頓有覓得知音之感。頓時，他成了叔本華的狂熱信徒。一八六七年秋，尼采在瑙姆堡服為期一年的兵役，這次服役因他騎馬負傷而提前結束。在炮聲隆隆中，他低呼著：「叔本華保佑！」叔本華竟成了他的上帝。

可是，這是怎樣一位上帝啊。基督教的上帝許人以靈魂永生，叔本華卻在尼采耳旁喝斥；生命毫無意義！捨棄人生吧！聽天由命吧！尼采畢竟還年輕，他悲觀，卻不厭世，這可悲的人生在他眼中依然充滿魅力，令人迷戀難捨。有趣的是，恰在尼采如醉如狂地沉湎在叔本華的悲觀哲學中時，他生平第一次墮入了情網，愛上了一位到萊比錫巡迴演出的女演員。他給她寄去了一首自己譜曲的歌，並附上熱烈的獻辭。理論上的悲觀主義終究扼殺不了青春的活力。不過，這個羞怯的大學生並不敢有進一步的行動，就像他以後的幾次戀愛一樣，他的初戀毫無結果。

尼采後來對叔本華的悲觀哲學採取了否定態度，但他始終讚賞叔本華真誠探討人生問題的勇氣。由於叔本華的影響，他更加自覺而明確地以生命意義問題為自己哲學思考的主題，這正是叔本華對他的影響的積極一面。在一八七四年寫的《作為教育家的叔本華》一文中，他如此談論叔本華：「他站在整幅生命之畫前面，解釋它的完整的意義，這便是他的偉大之處；而那些太機敏的頭腦卻不能擺脫一種謬見，以為只要詳盡地研究畫這幅畫所用的顏色和材料，就已經在接近對畫意的解釋了。」並且指出「每種偉大哲學的要求」就是：「作為整體，始終只是說道：這是生命之畫的全景，從中學知你的生命的意義吧。以及反過來：僅僅閱讀你的生命，從中理解普遍生命的象形文字吧。」對於哲學使命的這一信念，尼采是終身恪守的。正是為了對抗叔本華的、同時也是他自己的悲觀主義，他在日後建立了他的酒神哲學和權力意志學說。

一八六八年秋，於萊比錫，尼采在華格納姐姐的家裡，結識了他仰慕已久的音樂大師華格納，兩人久久地談論他們共同喜愛的叔本華哲學。事後，尼采寫信給他的好友羅德說：「啊，你可想見，聽他以難以形容的熱情談論叔本華，說他感謝他、他是懂得音樂本質的唯一哲學家，這於我是何等的享受！」叔本華一開始就是尼采與華格納之間的精神紐帶。後來，當尼采轉而否定叔本華之時，他與華格納的友誼也就宣告破裂了。

一八六九年二月，在李契爾的熱情推薦下，尼采受聘擔任瑞士巴塞爾大學古典語言學教授。萊比錫大學根據他業已發表的論文和大學教授資格，免試授予他博士學位。

五月，尼采到巴塞爾大學執教，他的就職演講《荷馬和古典語言學》博得了同事們的一片讚歎。這位年僅二十四歲的教授在校內外都大受歡迎。巴塞爾的上流社會向他打開大門，名門貴胄之家爭相邀請，尼采身穿新燕尾服，經常在舞會上露面。在人們心目中，他是一個受人尊敬、前程無量的青年學者。然而，為時不久，他的老毛病又犯了。社交生活使他感到厭煩。他對語言學研究的價值也產生了懷疑。就像過去否定神學一樣，現在他又要否定語言學了。他生來不是當學者的材料，不願意把自己的生命浪費在鑽故紙堆上。這個不安的靈魂總是在尋找著什麼，凡是到手的都不是他所要尋找的東西。他預感到，一種與眾不同的命運在向他召喚。

一八七〇年，普法戰爭爆發。八至十月，尼采在戰地擔任護理兵。正當全德國陷入「愛國主義的激動」之時，他懷著厭惡這場戰爭的心情，神遊於古希臘的審美國度，醞釀了《悲劇的誕生》一書的基本思想。

一八七二年初，《悲劇的誕生》發表。這是尼采的第一部哲學著作，其中已經形成他一生的主要哲學思想。尼采哲學的主題是生命的意義問題，而他對這個問題的解答便是：靠藝術來拯救人生，賦予生命以一種審美的意義。

這部著作所提出的日神和酒神兩個範疇，象徵著人的兩種基本藝術衝動。日神衝動造成美的外觀的幻覺，使人執著人生；酒神衝動透過情緒的放縱，造成個人解體、融入宇宙大我的體驗，使人超脫人生，從痛苦和毀滅中獲得悲劇性快感。尼采的結論是：「藝術是生命的最高使命，是生命本來的形而上活動。」

這本書名義上研究的是古希臘的悲劇藝術，實際上卻是尼采借希臘藝術為題發揮自己的思想。他在為苦苦折磨他的生命意義問題尋求一個答案，而且已經顯示出他與叔本華的悲觀哲學產生了根本分歧：叔本華全盤否定人生，他卻竭力借藝術肯定人生。在書中，他集中抨擊了始自蘇格拉底的科學主義人生態度，連帶也攻擊了基督教。書發表後，學術界和同事們保持冷冰冰的沉默，他們寄予厚望的這個青年學者，竟然寫出這樣一部全然不合古典語言學學術傳統的著作，使他們感到驚訝和失望。連李契爾也保持沉默。幾個月後，青年學者維拉莫維茨發表長篇文章，對尼采的哲學觀點和語言學知識進行全面攻擊，起而捍衛古典語言學傳統。只有少數幾個朋友支持尼采，學術界卻是一面倒。尼采的學術威信掃地，一時間，學生們紛紛離開他，他的課堂裡只剩下了兩個聽眾。

在尼采的支持者中，華格納是最熱烈的一個。事實上，尼采寫作此書的動機之一是受了華格納音樂的鼓舞，他把希臘悲劇文化復興的希望寄託在華格納身上。尼采到巴塞爾的頭三年，是他與華格納這段友誼的蜜月期。當時，這位比尼采年長三十一歲的音樂大師，偕同他的情婦：李斯特的女兒柯西瑪（兩人後來結婚），正僑居瑞士琉森湖畔的特里布森。尼采成了他們府上的座上客，擁有兩間專為他準備的房間，過從甚密。華格納正躊躇滿志，要大幹一番音樂革新事業，他把尼采的出現視為命運賜給他的最大恩惠，稱尼采是唯一懂得他的心願的人。《悲劇的誕生》一發表，他立即給尼采寫信說：「我還不曾讀過比你的書更精采的東西！」他相信自己的事業獲得了最好的助手。尼采暫時也沉浸在對大師的幸福信仰之中。

《悲劇的誕生》所引起的猛烈批評並未動搖尼采的決心，他堅定地走上了自己的路。一八七二年二、三月間，他以《論我們教育機構的未來》為題作了五次學術報告，集中批判了現代文化。其中指出：科學分工正在毀滅文化，新聞事業正在取代真正的文化事業。接著，從一八七二年到一八七六年，他又多次開辦前蘇格拉底哲學的講座。在尼采看來，體現在希臘悲劇和前蘇格拉底哲學中的文化與人生息息相關，而現代科學化、商業化的文化卻遠離了人生的根本。這是他一生堅持不懈批判現代文化的基本出發點。

一八七三至一八七六年，尼采先後發表四篇長文，結集為《不合時宜的考察》一書。書的主題仍是文化批判。第一篇《告白者和作家大衛‧史特勞斯》，以史特勞斯為例，批判了庸人型的學者。值得注意的是，書中第一次公開抨擊了普魯士的霸權主義，指出：普法戰爭雖以德國勝利告終，其險惡後果卻是使德國文化頹敗，「使德國精神為了『德意志帝國』的利益而遭失敗乃至取消」（《校勘版尼采全集》第一卷，一九八〇年慕尼黑版第一六〇頁）。此後尼采一貫立足於文化的利益而批判強權政治，並且在德國陷入民族主義的政治狂熱之時自稱「最後一個反政治的德國人」。第二篇《論歷史對於生命的利弊》，指出生命因歷史的重負而患病了，呼籲解放生命，創造出一種新的文化。第三篇《作為教育家的叔本華》，抨擊哲學脫離人生，要求以叔本華為榜樣，真誠地探索人生問題。第四篇《華格納在拜羅伊特》，重點批判現代藝術。這篇文章名義上是替華格納音樂辯護，視為現代藝術的對立面，其實明揚暗抑，已經包含對華格納的批評。文章寫於一八七五至一八七六年間。

在此之前，尼采內心對華格納已經產生了隔閡。華格納是個十足的自我中心者，在他心目中，尼采只是命運安排來為他的藝術服務的。從一八七二起，他移居拜羅伊特，熱衷於他的音樂節的籌備工作。每次見面，他言必談演出，而對尼采試圖與他討論的哲學問題毫無興趣。這使自尊心極強的尼采深感壓抑，漸漸產生對抗心理。尼采開始有意疏遠華格納，多次謝絕其邀請。

一八七六年夏，在德皇威廉一世支持下，第一屆華格納音樂節在拜羅伊特隆重舉辦。演出前夕，尼采躲到附近一個林區，寫下《人性的，太人性的》一書最早的筆記，該書包含有明顯批判華格納的內容。在尼采妹妹的請求下，尼采才在演出劇場露了一次面。他十分厭惡音樂節的鋪張場面，觀眾的庸俗捧場，華格納的戲子作風。此後，尼采與華格納僅偶然相遇一次，華格納興致勃勃地談論自己新劇本的構思，尼采卻極其冷淡，匆匆告別而去。

一八七八年一月，華格納給尼采寄去一份表現基督教主題的《帕西法爾》劇本，尼采沒有一字回音。五月，尼采把《人性的，太人性的》一書寄給華格納夫婦。從此，互相不再有任何往來。

《人性的，太人性的》寫於一八七六至一八七九年，它是尼采使用格言體寫作的第一部著作。在內容上，它也標誌著尼采思想上的重大轉折，開始批判形上學，包括《悲劇的誕生》中曾經提倡的「藝術形上學」。後來，他仍強調酒神精神，但著眼點不是放在與宇宙本體的融合，而是放在以充沛的生命力（權力意志）來戰勝人生的苦難。

自一八七三年起，尼采的健康狀況開始惡化，患有嚴重的神經衰弱、胃病和眼病。到一八七九年，他才三十五歲，已悲歎自己「被死神包圍」了。其間，他一度渴望結婚，以求有人照料他，安度餘生。一八七六年三、四月間，他旅行於日內瓦湖畔，結識荷蘭少女瑪蒂爾德，分別時寫信求婚，遭婉言拒絕。他一位忠實的女性朋友莫森布夫人（比尼采大二十八歲，先後與赫爾岑、華格納、羅曼・羅蘭有親密交往）也曾替他多方物色合適的對象，但終於沒有結果。

迫於病痛，尼采於一八七九年五月提出辭呈，離開巴塞爾大學，從此踏上了沒有職業、沒有家室、沒有友伴的孤獨飄泊之路。

從一八七九年到一八八九年初，尼采輾轉在義大利、法國、瑞士、德國的一些城鎮之間，為他多病的身體尋找合適的氣候，在一地逗留不超過數月。他常在一個名叫錫爾斯瑪利亞的山村度夏，在尼斯過冬。一開始是疾病驅使他易地而居，但是，一旦走出書齋，置身於大自然中，他發現這種萍蹤無定的生活原是最適合於他的本性的。他的大部分著作，包括《朝霞》（一八八一）、《快樂的科學》（一八八二，一八八六）、《查拉圖斯特拉如是說》（一八八三—一八八五）、《善惡的彼岸》（一八八五—一八八六）、《道德的系譜》（一八八七）等，都是在十年飄泊中寫的。其中大多是格言體，是他浪跡四方的隨感結集。在此期間，尼采形成了權力意志、永恆回歸、超人、一切價值的重估等重要思想。

一八八二年四月，在莫森布夫人和另一位朋友保羅・雷的邀請下，尼采到羅馬旅行。在那裡，兩位朋友把一個富有魅力、極其聰慧的俄國少女莎樂美介紹給他，做他的學生。尼采深深墮入了情網，莎樂美也被尼采的獨特個性所吸引。兩人結伴到琉森旅行，沿途，尼采向莎樂美娓娓敘述往事，回憶童年，講授哲學。但是，羞怯的性格使他不敢向莎樂美吐露衷曲，於是他懇請雷替他求婚，殊不知雷自己也愛上了莎樂美。莎樂美對這兩位追求者的求愛都沒有允諾。她尊敬和喜歡尼采，但只是把他看作自己的人生導師。尼采仍然癡戀著莎樂美，不得不克制自己，以師生之誼相處，兩人保持著友好的接觸。尼采的妹妹伊麗莎白卻對他們的友誼滿懷妒恨，惡意散布流言蜚語，挑撥離間，使他們終於反目。僅僅五個月，尼采生涯中這段幸福的小插曲就終結了。

由於尼采長期獨身和多病，伊麗莎白借著照料他的生活之機，愈來愈深地進入了他的生活。但是，她根本不理解尼采。她對尼采與莎樂美之間友誼的粗暴干預，一度導致兄妹關係破裂。重歸於好之後，彼此仍然經常發生摩擦。尼采在給朋友的信中不止一次地抱怨，他受不了她，和她在一起，他就會生病。

尤其使他煩惱的是，伊麗莎白與柏林臭名昭著的反猶分子佛斯特結婚。在猶太人問題上，兄妹之間常常發生激烈的爭吵。尼采歷來對猶太人有高度評價，厭惡反猶運動。後來，伊麗莎白追隨佛斯特到烏拉圭建立德國殖民村，事敗，佛斯特自殺。此時尼采已患精神病，但他的名聲正在迅速增長，伊麗莎白覺得有機可趁，回到德國，壟斷了尼采著作的版權及其全部手稿，以尼采的保護人和解釋尼采思想的權威自居，篡改手稿，捏造言論，曲解思想，不遺餘力地把尼采打扮成種族主義者和反猶太主義者。尼采思想後來遭到世界性的誤解，他的妹妹負有重要責任。

作為一個思想家，尼采需要孤獨。然而，作為一個有血有肉的人，他又渴望人間的溫暖。也許沒有比尼采更孤獨的人了。他長年累月獨居，常常一連許多天找不到一個可以說說話的熟人。寂寞的歲月在他身上留下了明顯的痕跡，嚴重地摧殘了他的身心健康。一八八七年九月，與他分別了十四年的朋友多伊森夫婦到錫爾斯瑪利亞看他，幾乎認不得他了：「這段時間裡，他發生了多大的變化！不復有從前驕傲的舉止，靈巧的步伐，流暢的談話。他步履艱難，步態蹣跚，身子略微向一邊傾斜，說話明顯地變得遲鈍，時常停頓。」他指著天空，憂鬱地說：「親愛的朋友，當我積累我的思想時，我的頭頂上必須有藍天。」又把客人帶到懸崖邊一塊空地上，說：「我最愛躺在這裡，醞釀我最好的思想。」分手時，尼采把他們一直送到鄰村，噙著淚水訴說他陰鬱的預感。

一八八八年，在瘋狂的前夜，尼采的創作欲突然高漲，一連寫出五本小冊子：《偶像的黃昏》、《華格納事件》、《尼采反對華格納》、《反基督徒》、《瞧！這個人》，其中有兩本是專門攻擊已於五年前去世的華格納；還寫了一組形式和內容皆奇特的抒情詩《酒神頌》。有人認為這是尼采精神失常的先兆。其實，尼采對華格納的批判是有明確的內容的，他把華格納當作浪漫悲觀主義的典型加以批判，認為華格納歌劇中那種歇斯底里的激情、過度亢奮的敏感、對神經和官能的刺激，集中體現了時代的頹廢症。

在與華格納決裂後，尼采曾經承認，他與華格納在血緣上是多麼相近。所以，對華格納的批判又是一種自我批判。尼采具有強烈的反省精神，他的理論似乎是對他的氣質的一種抗衡。他自己浪漫而悲觀，卻偏要批判浪漫悲觀主義；他自己體弱多病，卻偏要鼓吹強健的生命本能；他自己多愁善感，卻偏要鼓吹堅強不仁。這使他的哲學充滿複雜的矛盾，其實正是內心激烈衝突的反映。

一八八八年底和一八八九年初，尼采正寓居杜林。他的朋友們突然收到一批奇怪的信，署名「上帝」、「酒神」、「釘在十字架上的人」。信中的瘋言癲語卻也證明，他至死仇恨德國的霸權主義和反猶主義：「我本人剛剛就建立反德聯盟一事，擬定了致歐洲各宮廷的備忘錄。我想用一件鐵衣裹起這個『帝國』，煽動它打一場絕望的戰爭。在我把那年輕的皇帝連同他的嘍囉擒拿到手之前，我沒有空。」「取締所有反猶分子。」

一八八九年一月三日，尼采走到街上，看見一個馬車夫在殘暴地鞭打牲口，這個神經脆弱的哲學家就又哭又喊，撲上前去，抱住馬脖子，瘋了。數日後，他的朋友奧韋爾貝克趕來杜林，把他帶回德國去。病歷記載：這個病人喜歡擁抱和親吻街上的任何一個行人。孤獨使他瘋狂，他終於在瘋狂中擺脫了孤獨。

此後，尼采在精神的黑夜中苟延了十餘年無用的生命，於一九〇〇年八月二十五日在威瑪與世長辭。

# 一、藝術是生命的最高使命

有鑒於我們審美公眾的特殊品性，集中在這部著作中的思想，可能會引起種種懷疑、不安和誤解。為了避開這一切，也為了能夠懷著同樣的沉思的幸福，來撰寫這部著作的前言（這幸福是美好崇高時刻的印記，銘刻在每一頁上）；我尊敬的朋友，我栩栩如生地揣想著您收到這部著作時的情景。也許是在一次傍晚的雪中散步之後，您諦視著扉頁上被解放的普羅米修斯，讀著我的名字，立刻就相信了：無論這本書寫些什麼，作者必定是要說些嚴肅而感人的事情；還有，他把他所想的一切，都像是面對面地對您傾談，而且只能把適於當面傾談的東西記了下來。您這時還會記起，正是在您關於貝多芬的光輝的紀念文章問世之時，也就是在戰爭剛爆發、既驚恐又莊嚴的氣氛中，我全神貫注於這些思想。如果有人從這種全神貫注，想到愛國主義的激動與審美的奢侈之間的對立，以及勇敢的嚴肅與快活的遊戲之間的對立，這樣的人當然會發生誤解。但願他們在認真閱讀這部著作時驚訝地發現，我們是在討論多麼嚴肅的德國問題，我們恰好合理地把這種問題看作德國希望的中心，看作漩渦和轉折點。然而，在他們看來，這樣嚴肅地看待一個美學問題，也許是根本不成體統的，因為他們認為，藝術不過是一種娛樂的閒事，一種繫於「生命之嚴肅」的可有可無的鬧鈴。好像沒有人知道，同這種「生命之嚴肅」形成如此對照的東西本身有什麼意義。對於這些嚴肅的人來說，可作教訓的是：我確信有一位男子明白，藝術是生命的最高使命，是生命本來的形而上活動，我要在這裡把這部著作奉獻給這位男子，奉獻給與我走在同一條路上的高貴先驅者。

——《悲劇的誕生》致理查・華格納的前言

# 二、日神和酒神

只要我們不單從邏輯推理出發，而從直觀的直接可靠性出發，來瞭解藝術的持續發展與日神和酒神[1]的二元性密切相關，我們就會使審美科學大有收益。這就好比生育有賴於性的二元性，其中有著連續不斷的鬥爭和只是間歇性的和解。我們從希臘人那裡借用這些名稱，然而他們並非用概念來說明，而是用神話世界中的鮮明形象，使得有理解力的人能夠知曉他們對於藝術的頗富深意的祕訓。我們的認識是與他們的兩位藝術神——日神和酒神相聯繫的。在希臘世界裡，就根源和目標而言，日神的造型藝術和酒神的非造型的音樂藝術之間，存在著極大的對立。兩種如此不同的本能彼此共生並存，多半又彼此公開分離，相互不斷地激發更有力的新生，以求在這新生中永遠保持著對立面的鬥爭，「藝術」這一通用術語只不過看似調和了這種鬥爭罷了。直到最後，由於希臘「意志」的一個形而上的奇蹟行為，它們才彼此結合起來，透過這種結合，終於產生了阿提加[2]悲劇這種既是酒神的又是日神的藝術作品。

為了使我們更切近地認識這兩種本能，讓我們首先把它們想像成「夢」和「醉」這兩個分開的藝術世界。在這兩種生理現象之間，可以看到一種對立，呼應了日神因素和酒神因素之間的對立。按照盧克萊修[3]的見解，壯麗的神的形象首先是在夢中向人類的心靈顯現，偉大的雕刻家就是在夢中，看見超人那靈物優美的四肢結構。如果要探究詩歌創作的祕密，希臘詩人同樣會提醒人們注意夢，如同漢斯・薩克斯[4]在《紐倫堡的名歌手》中那樣教導說：

我的朋友，那正是詩人的使命，
留心並且解釋他的夢。
相信我，人的最真實的幻想
是在夢中向他顯相：
一切詩學和詩藝
全在於替夢釋義。

每個人在創造夢境方面都是完全的藝術家，而夢境的美麗外觀⑤是一切造型藝術的前提，當然，正如我們將要看到的，也是一大部分詩歌的前提。我們藉由對形象的直接領會而獲得享受，一切模型都向我們說話，沒有什麼不重要的、多餘的東西。即使在夢的現實最活躍

①日神即阿波羅（Apollo），希臘神話中的太陽神，主管光明、青春、醫藥、畜牧、音樂、詩歌等。酒神即戴奧尼索斯（Dionysus），其信仰從色雷斯傳入希臘，在希臘神話中為葡萄樹和葡萄酒之神。在《悲劇的誕生》中，尼采借用這兩個神祇的名稱象徵兩種不同的藝術衝動。

②阿提加（Attika）半島，位於希臘中部，是雅典城邦的所在地。

③盧克萊修（Titus Lucretius Carus，公元前九八—前五五），又譯陸克瑞提烏斯，古羅馬詩人、哲學家。

④漢斯・薩克斯（Hans Sachs，一四九四—一五七六），又譯撒赫，德國詩人，劇作家。

⑤Schein，在德語中兼有光和外觀之義，所以尼采把它同作為光明之神的阿波羅相聯繫。譯文中根據上下文採用相應的譯法。

時，我們仍然對它的外觀有朦朧的感覺。至少這是我的經驗，我可以提供一些證據和詩人名句，以證明這種經驗是常見的，甚至是合乎規律的。哲學家甚至於有這種預感：在我們生活和存在於其中的這個現實之下，還隱藏著另一種全然不同的東西，因此這現實同樣是一個外觀。叔本華⑥直截了當地提出，如果一個人有時會把人們和萬物當作純粹的幻影和夢象，這種稟賦是哲學才能的標誌。正如哲學家面向存在的現實一樣，對藝術敏感的人面向夢的現實。他聚精會神於夢，因為他要根據夢的景象來解釋生活的真義，他為了生活而演習夢的過程。他清楚地經驗到的，絕非只有愉快親切的景象，還有嚴肅、憂愁、悲愴、陰暗的景象，突然的壓抑，命運的捉弄，焦慮的期待，簡言之，生活的整部「神曲」，連同「地獄篇」一起，都被招來從他身上通過，並非只像皮影戲——因為他就在這話劇中生活和苦惱——但也不免仍有那種對於外觀的感覺，即使只是曇花一現。有些人也許記得，如同我那樣，當夢中遭到危險和驚嚇時，有時會鼓勵自己，結果喊出聲來：「這是一個夢！我要把它夢下去！」我聽說，有些人曾經一連三四夜做同一個連貫的夢。事實清楚地證明，我們最內在的本質，我們所有人共同的深層基礎，會帶著深刻的喜悅和愉快的必要性，親身經驗著夢。

希臘人將這種經驗夢的愉快的必要性，體現在日神身上。日神，作為一切造型力量之神，同時是預言之神。按照其語源，他是「發光者」⑦，是光明之神，也支配著內心幻想世界的美麗外觀。這更高的真理、與難以把握的日常現實相對立的完美狀態，以及對在睡夢中起恢復和幫助作用的自然的深刻領悟，都既是預言能力的象徵性相似物，一般而言也是藝術的象徵性相似物，靠了它們，人生才成為可能並值得一過。然而，夢象不可跨越的那條微妙界線（以免引起病理作用，否則，我們就會把外觀誤認作粗糙的現實）在日神的形象中同樣不可缺少：也就是適度的克制、免受強烈刺激的自由、造型之神大智大慧的靜穆。他的眼睛按照其來源必須是「炯如太陽」，即使當它憤激和怒視時，仍然保持著美麗光輝的尊嚴。在某種意義上，叔本華所說關於藏身在摩耶面紗下面的人，也可適用於日神。《作為意志和表象的世界》第一冊第四一六頁寫道：「喧騰的大海橫無際涯，翻捲著咆哮的巨浪，舟子坐在船上，托身於一葉扁舟；同樣地，孤獨的人平靜地置身於苦難世界之中，信賴個體化原理。」[8]關於日神的確可以說，在他身上，對於這一原理的堅定信心，藏身其中者的平靜安坐精神，得到了最莊嚴的表達；而日神本身理應被看作個體化原理的壯麗神聖形象，他的表情和目光向我們表明了「外觀」的全部喜悅、智慧及其美麗。

在同一部著作中，叔本華向我們描述了一種巨大的驚駭：當人突然對於某個現象的認識模型產生困惑，此時充足理由律似乎無論如何都碰到了例外，這種驚駭就抓住了他。在這驚駭之外，如果再加上個體化原理崩潰之時，從人的最內在基礎（即天性）中升起的充滿幸福

⑥叔本華（Arthur Schopenhauer，一七八八——一八六〇），德國哲學家，有強烈的悲觀主義傾向，主要著作為《作為意志和表象的世界》。在寫作《悲劇的誕生》時，尼采一方面深受他的悲觀主義思想的影響，另一方面也在抗爭中形成自己的獨立思想。

⑦der "Scheinende"，也可譯為「製造外觀者」。

⑧叔本華，《作為意志和表象的世界》，第四篇，第六十三節。參看中譯本：石沖白譯，楊一之校，北京商務印書館，一九八二年十一月第一版，第四八三至四八四頁。譯文不同。

的狂喜，我們就瞥見了酒神的本質，把它比擬為「醉」乃是最貼切的。也許是由於所有原始民族的頌詩裡都提到的那種麻醉飲料的威力，或者是在春日熠熠照臨萬物欣欣向榮的季節，酒神的激情甦醒了，隨著這激情的高漲，主觀逐漸化入渾然忘我之境。還在德國的中世紀，人們受酒神的這種強力驅使，彙集成群，結成歌隊，載歌載舞，巡遊各地。在聖約翰節和聖維托節的歌舞者身上，我們重睹了古希臘酒神歌隊及其在小亞細亞的前史，乃至於巴比倫及其縱欲的薩凱亞節。有一些人，由於缺乏體驗或感官遲鈍，自滿自得於自己的健康，嘲諷地或憐憫地避開這些現象，猶如避開一種「民間病」。這些可憐蟲當然料想不到，當酒神歌隊的熾熱生活在他們身邊沸騰之時，他們的「健康」是怎樣地慘如屍色，恍如幽靈。

在酒神的魔力之下，不但人與人重新團結了，連疏遠、敵對、被奴役的大自然也重新慶祝她與她的浪子（也就是人類）和解的節日。大地自動地奉獻它的貢品，危崖荒漠中的猛獸也馴良地前來。酒神的車輦滿載著百卉花環，虎豹駕馭著這彩車行進。一個人若把貝多芬的《歡樂頌》化作一幅圖畫，並且發揮想像力凝想數百萬人戰慄著倒在塵土裡的情景，他就差不多能體會到酒神狀態了。此刻，奴隸也是自由人。此刻，貧困、專斷或「無恥的時尚」在人與人之間所樹立的、僵硬敵對的藩籬，就土崩瓦解了。此刻，在世界大同的福音中，每個人感到自己與鄰人團結、和解、融洽，甚至融為一體了。摩耶的面紗好像已被撕裂，只剩下碎片在神祕的太一之前瑟縮飄零。人輕歌曼舞，儼然是一更高共同體的成員，他陶然忘步忘言，飄飄然乘風飛颺。他的神態表明他著了魔。就彷彿此刻野獸開口說話、大地流出牛奶和蜂蜜，超自然的奇蹟也在人身上出現：此刻他覺得自己就是神，他如此欣喜若狂、居高臨下地變幻，正如他夢見的眾神的變幻一樣。人不再是藝術家，而成了藝術品：整個大自然的藝術能力，以太一的極樂滿足為鵠的，在這裡透過醉的戰慄顯示出來了。人，這最貴重的黏土，最珍貴的大理石，在這裡被捏製和雕琢，而應和著酒神的宇宙藝術家的斧鑿聲，響起艾盧西斯神祕儀式⑨上的呼喊：「蒼生啊，你們肅然倒地了嗎？宇宙啊，你感悟到那創造者了嗎？」

——《悲劇的誕生》第一節

⑨艾盧西斯（Eleusis）神祕儀式，又譯厄琉息斯祕儀，古希臘農業節慶，始於雅典附近的艾盧西斯城，後傳入雅典。

## 三、用日神藝術美化生存的必要

為了理解日神文化，我們似乎必須一磚一石地把這巧妙的大廈拆除，直到我們看到它下面的地基。這時首先映入我們眼簾的是奧林匹斯眾神的壯麗形象，他們聳立在大廈的山牆上，就在大廈的腰線上，刻有描繪他們事蹟的光彩照人的浮雕。在這些浮雕之中，如果日神僅和眾神像比肩而立，並不要求坐第一把交椅，我們是不會因此受到迷惑的。那種體現在日神身上的衝動，歸根到底分娩出了整個奧林匹斯世界，在這個意義上，我們可以把日神看作奧林匹斯之父。一個如此光輝的奧林匹斯諸神社會，是因何種巨大需要而誕生的呢？

誰要是心懷另一種宗教走向奧林匹斯居民，竟想在他們身上尋找道德的高尚、聖潔、無肉體的空靈、悲天憫人的目光，他就必定悵然失望，立刻掉首而去。這裡沒有任何東西使人想起苦行、修身和義務；這裡只有一種豐滿的、乃至凱旋的生存，向我們說話，在這個生存之中，一切存在物不論善惡都被尊崇為神。於是，靜觀者也許詫異地面對這生機盎然的景象，自問這些豪放的人服了什麼靈丹妙藥，才能如此享受人生，以致目光所到之處，海倫[1]（他們自身存在的理想形象，「飄浮於甜蜜官能之中」）都在向著他們嫣然微笑。然而，我們要朝這位掉首離去的靜觀者喊道：「別走，既然這個生命以妙不可言的快樂向你展示出來，先聽聽希臘民間智慧針對這個生命說了些什麼。」有個古老的神話流傳著：米達斯[2]國王在樹林裡久久地尋獵酒神的伴護，也就是聰明的西勒努斯[3]，卻沒有尋到。當他終於落到國王手中時，國王問道：對人來說，什麼是最好最妙的東西？這精靈木然呆立，一聲不吭。直到最後，在國王強逼下，他突然發出刺耳的笑聲，說道：「可憐的浮生呵，無常與苦難之子，你為什麼逼我說出你最好不要聽到的話呢？那最好的東西是你根本得不到的，這就是不要降生，不要存在，成為虛無。不過對你而言，還有次好的東西——立刻就死。」

奧林匹斯的眾神世界怎樣對待這民間智慧呢？一如臨刑的殉道者，懷著狂喜的幻覺，面對自己的苦難。

現在奧林匹斯魔山似乎向我們開放了，為我們顯示了它的根源。希臘人知道並且感覺到生存的恐怖和可怕，為了能夠活下去，他們必須將奧林匹斯眾神的光輝夢境的誕生，擋在自己面前。對於泰坦諸神[4]自然暴力的極大疑懼；冷酷淩駕於一切知識的命數；折磨著人類偉

---

①海倫（Helena），荷馬史詩中的著名美女，米奈勞斯（Menelaus）的妻子，居住在斯巴達。帕里斯（Paris）把她劫到特洛伊，希臘各地英雄因此發動對特洛伊的遠征。
②米達斯（Midas）國王，又譯邁達斯，希臘神話中佛律癸亞國王，以巨富著稱，傳說他釋放了捕獲的西勒努斯，把他交給酒神，酒神許以點金術。
③西勒努斯（Silenus），希臘神話中的精靈，酒神的養育者和教師。
④泰坦諸神（Titans），希臘神話中天神和地神所生的六兒六女，與宙斯爭奪統治權而為之所敗，象徵大自然的原始暴力。

大朋友普羅米修斯[5]的兀鷹；智慧的伊底帕斯[6]的可怕命運；驅使奧瑞斯弒母的阿垂阿斯家族的歷史災難[7]；簡言之，就是林神的全部哲學，以及其誘使憂鬱的伊特魯利亞人[8]走向毀滅的神祕事例——這一切被希臘人用奧林匹斯藝術中間世界不斷地重新加以克服，至少加以掩蓋，從眼前移開了。為了能夠活下去，希臘人出於至深的必要，不得不創造這些神。我們也許可以這樣來設想這一過程：從原始的泰坦諸神的恐怖秩序，通過日神的美的衝動，逐漸過渡而發展成奧林匹斯諸神的快樂秩序，這就像玫瑰花從有刺的灌木叢裡生長開放一樣。這個民族如此敏感，其欲望如此熱烈，如此特別容易痛苦，如果人生不是被一種更高的光輝所普照，在他們的眾神身上顯示給他們，他們能有什麼其他辦法忍受這人生呢？召喚藝術進入生命的這同一個衝動，作為誘使人繼續生活下去的補償和生存的完成，同樣促成了奧林匹斯世界的誕生，在這世界裡，希臘人的「意志」秉持一面具有神化作用的鏡子，映照自己。眾神就這樣為人的生活辯護，方法就是祂們自己來過同一種生活——唯有這是充足的神正論！在這些神靈的明麗陽光下，人感到生存是值得努力追求的，而荷馬式人物的真正悲痛在於和生存分離，尤其是過早分離。因此，對於這些人物，現在人們可以逆轉西勒努斯的智慧而斷言：「對於他們，最壞是立即要死，其次壞是遲早要死。」這種悲歎一旦響起，它就針對著短命的阿基里斯[9]、針對著人類世代樹葉般的更替變化、針對著英雄時代的衰落，一再重新發出。渴望活下去，哪怕是作為一個奴隸活下去，這種想法在最偉大的英雄也並非不足取。在日神階段，「意志」如此熱切地要求這種生存，荷馬式人物感覺到自己和生存是如此難解難分，以致悲歎本身化作了生存頌歌。

這裡必須指出，近代人類如此殷切盼望的人與自然和諧統一，即席勒用「素樸」這個術語所表達的狀態，從來不是一種如此簡單的、自發產生的、似乎不可避免的狀態，好像我們必定會在每種文化的入口之處遇到這種人間天堂似的。只有一個時代才會相信這種狀態，這個時代試圖把盧梭的愛彌兒想像成藝術家，妄想在荷馬身上發現一個在大自然懷抱中受教育的藝術家愛彌兒。只要我們在藝術中遇到「素樸」，我們就應知道這是日神文化的最高效果，這種文化必定首先推翻一個泰坦王國，殺死巨怪，然後憑藉有力的幻覺和快樂的幻想，戰勝世界靜觀的可怕深淵和多愁善感的脆弱天性。然而，要達到這種完全沉浸於外觀美的素樸境界，是多麼難能可貴呵！荷馬的崇高是不可言喻的，作為個人，他訴諸日神的民族文化，猶如一個夢藝術家訴諸民族的、以及自然界的夢的能力。荷馬的「素樸」只能理解為日

⑤普羅米修斯（Prometheus），泰坦神之一，在神話中作為人類的保護者出現。給人類盜來火種，宙斯為此下令把他鎖在高加索的懸崖上，用矛刺穿胸脯，派一隻大鷹每天早晨飛來啄食他的肝臟，夜晚又讓他的肝臟癒合，以此來折磨他。

⑥伊底帕斯（Oedipus），底比斯的英雄，德爾斐神殿預言他將弒父娶母，他竭力逃脫這一命運，但預言終於應驗。為此他把自己的眼睛弄瞎，最後死在雅典的郊區。

⑦奧瑞斯（Orestes），阿耳戈斯傳說中的英雄，阿伽門農和克萊婷的兒子。阿伽門農被克萊婷及其情夫埃紀斯謀殺，他為報父仇而把母親殺死。阿垂阿斯（Atreus），或譯阿楚斯，是阿伽門農的父親，奧瑞斯的祖父，邁錫尼國王。其妻埃洛珀與其弟塞厄斯提斯私通，密謀篡位，陰謀敗露後，他把埃洛珀扔入大海。

⑧伊特魯利亞人（Etruscan），古義大利人的一支，公元前十一世紀由小亞細亞渡海而來。公元前六世紀達於極盛，曾建立統治羅馬的塔克文王朝。後為羅馬所滅，但其文化對羅馬有重大影響。

⑨阿基里斯（Achilles），特洛伊戰爭中的英雄，死在特洛伊城陷落前的爭奪戰中。

神幻想的完全勝利，它是大自然為了達到自己的目的而經常使用的一種幻想。真實的目的被幻象遮蓋了，我們伸手去抓後者，而大自然卻靠我們的受騙實現了前者。在希臘人身上，「意志」要通過創造力和藝術世界的神化作用直觀自身。它的造物為了頌揚自己，就必須首先覺得自己配受頌揚。所以，他們要在一個更高境界中再度觀照自己，這個完美的靜觀世界不是作為命令或責備來發生作用的。這就是美的境界，他們在其中看到了自己的鏡中映像——奧林匹斯眾神。希臘人的「意志」用這種美的映照，來對抗那種與痛苦和痛苦的智慧相關的藝術才能，而作為它獲勝的紀念碑，我們面前巍然矗立著素樸藝術家荷馬。

——《悲劇的誕生》第三節

# 四、抒情詩人的「自我」立足於世界本體

我們現在接近我們研究的真正目的了，也就是認識酒神兼日神類型的創造力及其藝術作品，或者至少要預感式地領悟這種神祕的結合。現在我們首先要問，那在日後發展成悲劇和戲劇酒神頌的新萌芽，在希臘人的世界裡最早顯露於何處？關於這一點，古代人自己以形象給了我們啟發，他們把荷馬和亞基羅古斯[①]當作希臘詩歌的始祖和持火炬者，並列表現於雕塑、飾物等等之上，真心感到只有這兩個同樣完美率真的天性值得敬重，從他們身上湧出一股火流，溫暖著希臘的千秋萬代。荷馬，這潛心自身的白髮夢想家、日神文化和素樸藝術家的楷模，現在愕然望著那充滿人生激情、狂放尚武的繆斯僕人亞基羅古斯的興奮面孔，現代美學只會把這解釋為第一個「主觀」藝術家起而對抗「客觀」藝術家。這種解釋對我們毫無用處，因為我們認為，主觀藝術家不過是壞藝術家，在每個藝術種類和高度上，首先要求克服主觀，擺脫「自我」，讓個人的一切意願和欲望保持緘默。沒有客觀性，沒有純粹超然的靜觀，就不能想像有哪怕最起碼的真正的藝術創作。為此，我們的美學必須首先解決這個問題：「抒情詩人」怎麼能夠是藝術家？一切時代的經驗都表明，他們老是在傾訴「自我」，不

①亞基羅古斯（Archilochus，公元前七一四？—六七六？），古希臘抒情詩人，擅長諷刺詩。

厭其煩地向我們歌唱自己的熱情和渴望。正是這個亞基羅古斯，在荷馬旁邊，用他那憤恨譏諷的呼喊、如醉如狂的情欲，使我們心驚肉跳。他，第一個所謂主觀藝術家，豈不因此是真正的非藝術家嗎？可是，這樣一來，又如何解釋他所受到的尊崇呢？這種尊崇恰好是由「客觀」藝術之故鄉：德爾斐的神諭所證實了的。

關於自己創作的過程，詩人席勒用一個他自己也不清楚的、但無疑是光輝的心理觀察，向我們作了闡明。他承認，創作詩的預備狀態，絕不是眼前或心中有了一系列用思維條理化了的形象，而毋寧說是一種音樂情緒（「感覺在我身上一開始並無明白確定的對象；這是後來才形成的。第一種音樂情緒掠過了，隨後我頭腦裡才有詩的意象」）。不僅如此，在所有古代抒情詩中，有個最重要的現象：無論何處，抒情詩人與樂師都自然而然地相結合，甚至成為一體。相形之下，現代抒情詩好像是無頭神像。現在，我們就能根據前面闡明的審美形上學，用下述方式解釋抒情詩人。首先，作為酒神藝術家，他完全與太一及其痛苦和衝突打成一片，製作太一的摹本即音樂，倘若音樂有權被稱作世界的複製和再造的話；可是現在，在日神的召夢作用下，在譬喻性的夢象中，他變得重新可以看見音樂了。原始痛苦在音樂中的無形象、無概念的再現，現在靠著它在外觀中的解脫，產生一個第二映象，成為了別的譬喻或例證。藝術家在酒神過程中，業已放棄他的主觀性。現在，向他表明他與世界心靈相統一的那幅圖畫是一個夢境，它把原始衝突、原始痛苦以及外觀的原始快樂都變成可感知的了。抒情詩人的「自我」就這樣從存在的深淵裡呼叫；現代美學家所謂抒情詩人的「主觀性」只是一個錯覺。當希臘第一個抒情詩人亞基羅古斯向呂甘伯斯的女兒們同時表示了他的癡戀和蔑視時[2]，呈現在我們眼前的，並不是他如癡如狂顫動著的熱情。我們看到酒神和他的侍女們，看到酩酊醉漢亞基羅古斯，如同尤里庇狄斯[3]在《酒神的女信徒》中所描寫的那樣，正午，陽光普照，他醉臥在阿爾卑斯山的草地上。這時，阿波羅走近了，用月桂枝輕觸他。於是，醉臥者身上酒神和音樂的魔力似乎向四周迸發如畫的焰火，這就是抒情詩，它的最高發展形式被稱作悲劇和戲劇酒神頌。

雕塑家以及與其性質相近的史詩詩人，沉浸在對形象的純粹靜觀之中。酒神音樂家完全沒有形象，他是原始痛苦本身及其原始迴響。抒情詩的天才則感覺到，從神祕的自棄和統一狀態中生長出一個形象和譬喻的世界，相較於雕塑家和史詩詩人的那個世界，這個世界有完全不同的色彩、因果聯繫和速度。雕塑家和史詩詩人愉快地生活在形象之中，並且只生活在形象之中，樂此不疲，對形象最細微的特徵愛不釋手。對他們來說，發怒的阿基里斯的形象只是一個形象，他們懷著對外觀的夢的喜悅，享受其發怒的表情。這時候，他們是靠那面外觀的鏡子，防止了自己與他們所塑造的形象融為一體。與此相反，抒情詩人的形象只是抒情詩人自己，它們似乎是他本人的形形色色的客觀化產物，所以也可以說，他是那個「自我」

---

②亞基羅古斯出身低微，其父是自由民，其母是奴隸。他在獲得自由民身分後，與紐布勒訂婚，被她的父親解除婚約，於是亞基羅古斯寫下諷刺詩篇，據說逼得呂甘伯斯與女兒自盡而死。呂甘伯斯可能是紐布勒父親的名字。

③尤里庇狄斯（Euripides，公元前四八四—前四〇六），古希臘三大悲劇作家之一。現存劇作十八部，著名的有《米蒂亞》、《特洛伊女人》等。

世界中不斷移動的中心點。不過，這自我不是清醒的、經驗現實的人的自我，而是根本上唯一真正存在的、永恆的、立足於萬物之基礎的自我，抒情詩天才通過這種自我的摹本，洞察萬物的基礎。現在我們再設想一下，他在這些摹本下也發現了作為非天才的自己，即他的「主體」，那一大堆指向他自以為真實確定的對象的主觀激情和願望。如此看來，抒情詩天才與同他相關的非天才似乎原是一體，因而前者用「我」這字眼談論自己。但是，這種現象現在不再能迷惑我們了，儘管它迷惑了那些認定抒情詩人是主觀詩人的人。實際上，亞基羅古斯這個熱情燃燒著、愛著和恨著的人，只是創造力的一個幻影，此時此刻他已不再是亞基羅古斯，而是世界創造力借亞基羅古斯其人，象徵性地說出自己的原始痛苦。相反，那位主觀地願望著、渴求著的人——亞基羅古斯，絕不可能是詩人。然而，抒情詩人完全不必只把亞基羅古斯其人這個現象當作永恆存在的再現；悲劇證明，抒情詩人的幻想世界，相對於那誠然最早出現的現象，能夠離得多麼遠。

叔本華依然以一種對立來當作價值尺度，並據以劃分藝術，即主觀藝術與客觀藝術的對立，但這種對立在美學中是根本不適用的。在這裡，主體（即願望著的、追求著一己目的的個人），只能看作藝術的敵人，不能看作藝術的泉源。但是，在下述意義上藝術家是主體：他已經擺脫他個人的意志，好像變成了仲介，透過這仲介，一個真正的主體慶祝自己從外觀中獲得解脫。我們在進行褒貶時，必須特別明瞭這一點：藝術的整部喜劇根本不是為我們演出的，好比說，並不是為了改善和教育我們，而且我們也不是這藝術世界的真正創造者。我們不妨這樣來看自己：對於藝術世界的真正創造者來說，我們已是圖畫和藝術投影，我們的最高尊嚴就在作為藝術作品的價值之中——因為只有作為審美現象，生存和世界才是永遠有充分理由的。可是，我們關於我們這種價值的意識，從未超過畫布上的士兵對畫布上的戰役所擁有的意識。所以，歸根到底，我們的全部藝術知識是完全虛妄的知識，因為作為認知者，我們並沒有與那個本質合為一體，該本質作為藝術喜劇的唯一作者和觀眾，替自己預備了這永久的娛樂。唯有當天才在藝術創作活動中，與這位世界原始藝術家互相融合，他才能對藝術的永恆本質略有所知。在這種狀態中，他像神仙故事所講的魔畫，能夠神奇地轉動眼珠來靜觀自己。這時，他既是主體，又是客體，既是詩人和演員，又是觀眾。

——《悲劇的誕生》第五節摘錄

# 五、希臘悲劇從歌隊中誕生

酒神信徒結隊遊蕩，縱情狂歡，沉浸在某種心情和認識之中，這股力量使他們在自己眼前發生了變化，以致他們在想像中看到自己是再造的自然精靈，是撒特。悲劇歌隊後來的結構是對這一自然現象的藝術模仿，其中當然必須把酒神的觀眾跟酒神的魔變者分開。只是必須時刻記住，阿提加悲劇的觀眾在歌隊身上重新發現了自己，歸根到底並不存在觀眾與歌隊的對立，因為全體是一個莊嚴的大歌隊，是由且歌且舞的撒特或撒特所代表的人們組成。在此，施萊格爾的見解必須按照一種更深刻的意義加以闡發。歌隊在以下含義上是「理想的觀眾」：即它是唯一的觀看者，舞臺幻境的觀看者。我們所瞭解的那種觀眾的概念，希臘人是不知道的。在他們的劇場裡，由於觀眾大廳是一個依同心弧升高的階梯結構，每個人都真正能夠忽視自己周圍的整個文明世界，在飽和的凝視中，覺得自己就是歌隊的一員。根據這一看法，我們可以把原始悲劇的早期歌隊稱為具有酒神氣質者的自我反映。這一現象在演員表演時最為清楚，倘若他真有才能，他會看見他所扮演的人物形象栩栩如生地飄浮在眼前。撒特歌隊最初是酒神群眾的幻覺，就像舞臺世界又是這撒特歌隊的幻覺一樣。這一幻覺的力量如此強大，足以使人對於「現實」的印象、對於四周井然就座的有教養的人們視而不見。希臘劇場的構造使人想起一個寂靜的山谷，舞臺建築有如一片燦爛的雲景，聚集在山上的酒神頂禮者從高處俯視它，宛如絢麗的框架，酒神的形象就在其中向他們顯現。

在這裡，我們為了說明悲劇歌隊而談到的這種藝術原始現象，如果用我們對於基本藝術過程的學術研究眼光來看，幾乎是不體面的。然而，詩人之為詩人，就在於他看到自己被形象圍繞著，它們在他面前生活和行動，他洞察它們的至深本質，這是再確實不過的了。由於現代才能的一個特有的弱點，我們傾向於把審美的原始現象想像得太複雜、太抽象。對於真正的詩人來說，借喻不是修辭手段，而是取代某一個觀念、真實浮現在他面前的形象。對他來說，性格並不是由四處搜集而來的個別特徵所組成的一個整體，而是赫然在目的活生生的人物，它與一個畫家的類似幻想的差別在於，它會持續不斷地生活下去、行動下去。荷馬為何比所有詩人都描繪得更活龍活現？因為他凝視得更多。我們之所以如此抽象地談論詩歌，是因為我們平常都是糟糕的詩人。審美現象歸根到底是單純的。誰只要有本事持續地觀看一種生動的遊戲，時常在幽靈們的圍繞下生活，誰就是詩人。誰只要感覺到自我變化的衝動，渴望從別的肉體和靈魂向外說話，誰就是戲劇家。

酒神的興奮能夠向一整批群眾傳導這種藝術才能：看到自己被一群精靈所環繞，並且知道自己內在上與它們是一體的。悲劇歌隊的這一過程是戲劇的原始現象：看見自己在自己面前發生變化，現在又採取行動，彷彿真的進入了另一個肉體，進入了另一種性格。這一過程發生在戲劇發展的開端。這裡，有某種不同於吟遊詩人的東西，吟遊詩人並不和這些形象融合，而是像畫家那樣用置身事外的靜觀的眼光看這些形象。這裡，個人藉由逗留於一個異己的天性，捨棄了自己。而且，這種現象如同傳染病一樣蔓延，成群結隊的人們都感到自己以這種方式發生了魔變。因此，酒神頌根本不同於其他各種合唱。當手持月桂枝的少女們向日神大廟莊嚴行進，一邊唱著進行曲時，她們依然保有自我，保持著她們的公民姓名；酒神頌歌隊卻是變化者的歌隊，他們的公民經歷和社會地位均被忘卻，他們變成了神靈那超越時間、超越一切社會領域的僕人。希臘人的其餘一切抒情歌隊，都只是日神祭獨唱者的異常放大；相反，在酒神頌裡，出現的卻是一群不自覺的演員，他們從彼此身上看到自己發生了變化。

魔變（Verzauberung）是一切戲劇藝術的前提。在這種魔變狀態中，酒神的醉心者把自己看成撒特，而作為撒特他又看見了神，也就是說，他在他的變化中看到一個身外的新幻象，它是他的狀況的日神式的完成。戲劇隨著這一幻象而產生了。

根據這一認識，我們必須把希臘悲劇理解為：不斷重新向一個日神的形象世界所迸發的酒神歌隊。因此，用來銜接悲劇的合唱部分，在一定程度上是孕育全部所謂對白的母腹，也就是孕育全部舞臺世界和本來意義上的戲劇的母腹。在接二連三的迸發中，悲劇的這個根源放射出戲劇的幻象。這種幻象絕對是夢境現象，因而具有史詩的本性；可是，另一方面，作為一種酒神狀態的客觀化，它不是在外觀中的日神性質的解脫，反而是個人的解體，以及個人與太初存在的合為一體。所以，戲劇是酒神認識和酒神作用的日神式的感性化，因此終究與史詩之間隔著一條鴻溝。

按照我們的這種見解，希臘悲劇的歌隊（象徵著處於酒神式興奮中的全體群眾），就獲得了充分的說明。倘若我們習慣於歌隊在現代舞臺上的作用，特別是習慣於歌劇歌隊，因而完全不能明白希臘人的悲劇歌隊比本來的「情節」更古老、更原始、甚至更重要，儘管這原是異常清楚的傳統；倘若因為歌隊只是由卑賤的僕役組成，一開始甚至只是由山羊類的撒特組成，我們便不能贊同它那傳統的高度重要性和根源性；倘若舞臺前的樂隊對於我們始終是一個謎，——那麼，現在我們便了解：舞臺和情節一開始不過被當作幻象，只有歌隊是唯一的「現實」，它從自身製造出幻象，用舞蹈、聲音、言詞的全部象徵手法來談論幻象。歌隊在幻覺中看見自己的主人和師父——酒神，因而永遠是服役的歌隊。它看見這位神靈怎樣受苦和自我頌揚，因而它自己並不行動。在這個完全替神服役的崗位上，它畢竟是自然的最高表達，即酒神表達，並因此像自然一樣在亢奮中說出神諭和智慧的箴言。它既是難友，也是從世界的心靈裡宣告真理的哲人。聰明而熱情奔放的撒特，這個幻想的、似乎很不文雅的形象就這樣產生了，他與酒神相比，既是「啞角」，是自然及其最強烈衝動的摹本、自然的象徵，又是自然的智慧和藝術的宣告者，集音樂家、詩人、舞蹈家、巫師於一身。

酒神，這本來的舞臺主角和幻象中心，按照上述觀點和按照傳統，在悲劇的最古老時期並非真的在場，而只是被想像為在場。也就是說，悲劇本來只是「合唱」，而不是「戲劇」。直到後來，才試圖把這位神靈作為真人顯現出來，使這一幻象及其燦爛的光環可以有目共睹。於是便開始有狹義的「戲劇」。現在，酒神頌歌隊的任務是以酒神的方式使聽眾的情緒激動到這地步：當悲劇主角在臺上出現時，他們看到的絕非難看的戴面具的人物，而是彷彿從他們自己的迷狂中生出的幻象。我們不妨想像一下阿德墨托斯[1]，他日思暮想地深

---

①阿德墨托斯（Admetus），希臘神話中阿爾戈英雄（Argonauts）之一，其妻艾爾賽斯提斯（Alcestis）以鍾情丈夫著名，自願代丈夫就死。英雄赫拉克勒斯為之感動，從死神手中奪回艾爾賽斯提斯，把她用面紗遮著送回阿德墨托斯面前。

深懷念他那新亡的妻子艾爾賽斯提斯，竭精殫慮地揣摩著她的形象，這時候，一個蒙著面紗的女子突然被帶到他面前，體態和走路姿勢都酷似他妻子；我們不妨想像一下他突然感到的那顫抖著的不安，他那迅疾的估量，他那直覺的確信——那麼，我們就會有一種近似的感覺了，酒神式激動起來的觀眾就是懷著這種感覺，看見被呼喚到舞臺上的、他準備與之共患難的神靈。他不由自主把他心中魔幻般顫動的整個神靈形象，移置到那個戴面具的演員身上，而簡直把後者的實際存在消解在一種精神的非現實之中。這是日神的夢境，日常世界在其中變得模糊不清，一個比它更清晰、更容易理解、更動人心弦，然而畢竟也更是幻影的新世界，在不斷變化中誕生，使我們耳目一新。因此，我們在悲劇中看到兩種截然對立的風格：語言、情調、靈活性、說話的原動力，一方面進入酒神的合唱抒情，另一方面進入日神的舞臺夢境，成為彼此完全不同的表達領域。酒神衝動在其中客觀化自身的日神現象，不再是像歌隊音樂那樣的「一片永恆的海，一匹變幻著的織物，一個熾熱的生命」，不再是使熱情奔放的酒神僕人預感到神之降臨的那種力量，那種只可意會不可目睹的力量。現在，史詩的造型清楚明白地從舞臺上向他顯現。現在，酒神不再憑力量，而是像史詩英雄一樣幾乎用荷馬的語言來說話了。

——《悲劇的誕生》第八節摘錄

# 六、科學與藝術的對立

為了證明蘇格拉底也享有這種御者身分的尊嚴，只要認識到他是一種生活方式的典型便足夠了，這種生活方式在他之前聞所未聞，也就是理論家的典型，我們現在的任務是弄清這種理論家的意義和目的。像藝術家一樣，理論家對於眼前事物也感到無限樂趣，這種樂趣使他像藝術家一樣防止了悲觀主義的實踐倫理學，防止了僅僅在黑暗中閃爍的悲觀主義眼光。但是，每當真相被揭露之時，藝術家總是以癡迷的眼光依戀著尚未被揭開的面罩，理論家卻欣賞和滿足於已被揭開的面罩，他的最大快樂便在於靠自身力量不斷成功揭露真相的過程。如果科學所面對的只有一位赤裸的女神，別無其他，世上就不會有科學了。因為科學的信徒們會因此覺得，他們如同那些想鑿穿地球的人一樣。誰都明白，盡畢生最大的努力，他也只能挖開深不可測的地球的一小塊，而第二個人的工作無非是當著他的面填上了這一小塊土，以致第三個人必須自己選擇一個新地點來挖掘，才能顯得有所作為。倘若現在有人令人信服地證明，不可能透過這直接的途徑達到對蹠點，那麼誰還願意在舊洞裡工作下去呢，除非他肯滿足於尋得珍寶或發現自然規律。所以，最誠實的理論家萊辛勇於承認，他重視真理之尋求甚於重視真理本身，一語道破了科學的主要祕密，使科學家們為之震驚甚至憤怒。當然，這種空谷足音倘非一時妄言，也是過分誠實，在它之外卻有一種深刻的妄念，最早表現在蘇格拉底的人格之中，那是一種不可動搖的信念，認為思想循著因果律的線索可以直達存在至深的深淵，還認為思想不僅能夠認識存在，而且能夠修正存在。這一崇高的形上學妄念成了科學的本能，引導科學不斷走向自己的極限，到了這極限，科學必定突變為藝術——原來藝術就是這一力學過程所要達到的目的。

現在，我們在這個思想照耀之下，來看一看蘇格拉底，我們就發現，他是第一個不僅能遵循科學本能而生活，甚至能循之而死的人。因此，赴死的蘇格拉底，作為一個借知識和理由而免除死亡恐懼的人，其形象是科學大門上方的一個盾徽，向每個人提醒：科學的使命在於，使人生顯得可以理解並有充足理由。當然，倘若理由尚不充足，就必須還有神話來為之服務，我甚至已經把神話看作科學的必然結果，乃至終極目的。

我們只要看清楚，在蘇格拉底這位科學祕教傳播者之後，哲學派別如何一浪高一浪地相繼興起；求知欲如何不可思議地氾濫於整個有教養階層，科學被當作一切大智大能的真正使命洶湧高漲，從此不可逆轉；由於求知欲的氾濫，一張普遍的思想之網如何籠罩全球，甚至奢望滲透整個太陽系的規律。我們只要鮮明地看到這一切，以及現代高得嚇人的知識金字塔，那麼，我們就不禁要把蘇格拉底看作所謂世界歷史的轉折點和漩渦了。我們且想像一下，倘若這無數力量的總和被耗竭於另一種世界趨勢，並非用來為認識服務，而是用來為個人和民族的實踐目的——即利己目的服務，那麼，也許在普遍殘殺和連續移民之中，求生的本能會削弱到如此地步，使得個人在自殺風俗中還存有最後一點責任感，像斐濟島上的蠻族，把子殺其父、友殺其友視為責任。一種實踐的悲觀主義，它竟出於同情，製造了一種民族大屠殺的殘酷倫理——順便說說，世界上無論過去還是現在，凡是尚未出現任何形式的藝術的地方，尤其是在藝術尚未作為宗教和科學來醫治、預防這種瘟疫的地方，到處都有這種實踐的悲觀主義。

針對這種實踐的悲觀主義，蘇格拉底是理論樂觀主義者的原型，他相信萬物的本性皆可窮究，認為知識和認識擁有包治百病的力量，而錯誤本身即是災禍。深入事物的根本、辨別真知灼見與假象錯誤，在蘇格拉底式的人看來，乃是人類最高的、甚至唯一的真正使命。因此，從蘇格拉底開始，概念、判斷和推理的邏輯程式，就被尊崇為在其他一切能力之上，是最高級的活動和最堪讚歎的天賦。甚至最崇高的道德行為，還有同情、犧牲、英雄主義的衝動，以及被日神的希臘人稱作「睿智」的那種難能可貴的靈魂的寧靜，在蘇格拉底及其志同道合的現代後繼者們看來，都可由知識辯證法推導出來，因而是可以傳授的。誰親身體驗到一種蘇格拉底式認識的快樂，感覺到這種快樂如何不斷擴張以求包容整個現象界，他必然從此覺得，世上最為強烈的求生的刺激，就是實現占有、編織牢不可破的知識之網的這種欲望。對於懷此心情的人，柏拉圖筆下的蘇格拉底，儼然是一種全新的「希臘式樂天」和幸福生活方式的導師，這種方式力求體現在行為中，為此特別重視對貴族青年施以思想助產和人格陶冶，其目的是使天才最終誕生。

但是，現在，科學受到強烈妄想的鼓舞，毫不停留地奔赴它的界限，就在這界限上，隱藏在邏輯本質中的樂觀主義觸礁崩潰了。因為科學領域的圓周有無數的點，既然無法設想有一天能夠徹底測量這個領域，那麼，賢智之士未到人生的中途，就必然遇到圓周邊緣的點，在那裡悵然凝視一片迷茫。當他驚恐地看到，邏輯如何在這界限上繞著自己兜圈子，終於咬住自己的尾巴，這時便有一種新型的認識脫穎而出，即對悲劇的認識。僅僅為了能夠忍受這認識，就需要藝術的保護和治療。

我們的眼光因觀照希臘人而變得清新有力，讓我們用這樣的眼光來觀照當今世界的最高境界，我們就會發現，蘇格拉底所鮮明體現的、那種貪得無厭的樂觀主義求知欲，已經突變為悲劇的絕望和藝術的渴望。當然，在其較低的水準上，這種求知欲必定敵視藝術，尤其厭惡酒神的悲劇藝術，正如蘇格拉底主義反對埃斯庫羅斯悲劇這個例子。

現在，讓我們心情激動地叩擊現代和未來之門。那種「突變」會導致創造力、或者說從事音樂的蘇格拉底的新生嗎？籠罩人生的藝術之網，不論是冠以宗教還是科學的名義，是會編織得日益柔韌呢，還是註定要被如今自命為「現代」、那種喧囂野蠻的匆忙和紛亂，給撕成碎片呢？——我們憂心忡忡卻又不無慰藉地在旁靜觀片刻，作為沉思者，我們有權做這場偉大鬥爭和轉折的見證。啊！這場鬥爭如此吸引人，連靜觀者也不能不投身其中！

——《悲劇的誕生》第十五節摘錄

# 七、科學文化在現代的氾濫

這是一種永恆的現象：貪婪的意志總是能找到一種手段，憑藉籠罩萬物的幻象，把它的造物拘留在人生中，迫使他們生存下去。一種人被蘇格拉底式的求知欲束縛住，妄想知識可以治癒生存的永恆創傷；另一種人，被眼前飄展、誘人的藝術美之幻幕給包圍住；第三種人求助於形而上的慰藉，相信永恆生命在現象的漩渦下川流不息，他們借此對意志隨時準備好的更普遍、甚至更有力的幻象保持沉默。一般來說，幻象的這三個等級只屬於天賦較高的人，他們懷著深深的厭惡感覺到生存的重負，於是挑選一種興奮劑來使自己忘掉這厭惡。我們所謂文化的一切，就是由這些興奮劑組成的。按照調配的比例，主要是蘇格拉底文化，或藝術文化，或悲劇文化。如果樂意相信歷史的例證，也可以說是亞歷山大文化，或希臘文化，或印度（婆羅門）文化。

我們整個現代世界被困在亞歷山大文化的網中，把具備最高知識能力、為科學效勞的理論家視為理想，其原型和始祖便是蘇格拉底。我們的一切教育方法，究其根源，都以這個理想為目的，其餘種種生活只能艱難地偶爾露頭，彷彿是一些不合本意的生活。可怕的是，長期以來，有教養的人士只能以學者的面目出現；甚至我們的詩藝也必須從博學的模仿中衍生出來，而在韻律的主要效果中，我們看到我們的詩體出自人為的試驗，運用一種非本土的十足博學的語言。我們可理解現代文化人浮士德，他不知饜足地攻克一切學術，為了求知欲而獻身魔術和魔鬼，但在真正的希臘人看來，浮士德是多麼不可理解。我們只要把他放在蘇格拉底旁邊加以比較，就可知道，現代人已經開始預感到那種蘇格拉底式的求知欲的界限，因而在茫茫知識海洋上渴望登岸。歌德有一次對愛克曼①提到拿破崙時說：「是的，我的好朋友，還有一種事業的創造力。」他這是在用優雅質樸的方式提醒我們，對於現代人來說，非理論家是某種可疑可驚的東西，以致非得有歌德的智慧，才能理解（毋寧說原諒）如此陌生的一種生存方式。

現在，不要再迴避這種蘇格拉底文化究竟葫蘆裡賣的什麼藥了！想入非非的樂觀主義！現在，倘若這種樂觀主義的果實已經成熟；倘若這種文化已經使整個社會腐敗到了最底層，社會因沸騰的欲望而惶惶不可終日；倘若對於一切人的塵世幸福的信念，對於普及知識文化的可能性的信念，漸漸轉變為急切追求亞歷山大塵世幸福，並乞靈於尤里庇狄斯的機械降神，我們就不必再大驚小怪了！要知道，亞歷山大文化必須有一個奴隸階級，才能長久存在。可是，它卻以它的樂觀主義人生觀，否認這樣一個階級的必要性，因而，一旦它所謂「人的尊嚴」、「工作的尊嚴」之類蠱惑人心和鎮定人心的漂亮話失去效力，它就會逐漸走向可怕的毀滅。沒有比一個野蠻的奴隸階級更可怕的了，這個階級已經覺悟到自己的生活是一種不公正，準備不但為自己、而且為世世代代復仇。面對如此急風狂飆，誰還敢從我們蒼白疲憊的宗教尋求心靈的安寧？這宗教在根基上已經變質為學術迷信，以致神話——這個一切宗教的必要前提，到處都已經癱瘓，樂觀主義精神甚至在神話領域也取得了統治，我們剛才已經指出這種精神是毀壞我們社會的病菌。

潛伏在理論文化懷抱中的災禍，已經逐漸開始使現代人感到焦慮，他們不安地從經驗寶庫中翻尋避禍的方法，然而並無信心。因此，他們開始預感到了自己的結局。當此之時，一些天性廣瀚偉大的人物，竭精殫慮地試圖運用科學自身的工具，來說明認識的界限和有條件性，從而堅決否認科學普遍有效和充當普遍目的的要求。由於這種證明，那種自命憑藉因果律便能窮究事物至深本質的想法，才第一次被看作一種妄想。康德[2]和叔本華的非凡勇氣和智慧取得了最艱難的勝利，戰勝了隱藏在邏輯本質中、作為現代文化之根基的樂觀主義。當這種樂觀主義依靠著它認定毋庸置疑的永恆真理，相信一切宇宙之謎均可認識和窮究，並且把空間、時間和因果關係視作普遍有效的絕對規律的時候，康德揭示了這些範疇的功用如何僅僅在於把純粹的現象（即摩耶的作品），提高為唯一和最高的實在，以之取代事物至深的真正本質，而對於這種本質的真正認識是不可能借此達到的；也就是說，按照叔本華的表述，只是使夢者更加沉睡罷了（《作為意志和表象的世界》第一冊）。一種文化隨著這種認識應運而生，我斗膽稱之為悲劇文化。這種文化最重要的標誌是，智慧取代科學成為最高目的，它不受科學的引誘干擾，以堅定的目光凝視世界的完整圖景，以親切的愛意努力把世界的永恆痛苦當作自己的痛苦來把握。我們想像一下，這成長著的一代，具有如此大無畏的目

---

① 愛克曼（Johann Peter Eckermann，一七九二至一八五四），歌德的助手，《歌德談話錄》的作者。

② 康德（Immanuel Kant，一七二四至一八〇四），德國哲學家，西方近代最偉大的哲學家和啟蒙思想家，主要著作為《純粹理性批判》、《實踐理性批判》、《判斷力批判》。

光，懷抱如此雄心壯志；我們想像一下，這些屠龍之士，邁著堅定的步伐，洋溢著豪邁的冒險精神，鄙棄那種樂觀主義的全部虛弱教條，但求在整體和完滿中「勇敢地生活」，——那麼，這種文化的悲劇人物，當他進行自我教育以變得嚴肅和畏懼之時，豈非必定渴望一種新的藝術，渴望一種形而上慰藉的藝術，渴望悲劇，如同渴望屬於他的海倫一樣嗎？他豈非必定要和浮士德一同喊道：

我豈不要憑眷戀的癡情，
帶給人生那唯一的豔影？

然而，一旦蘇格拉底文化受到來自兩個方面的震撼，只能以顫抖的雙手去扶住它那絕對真理的笏杖，開始害怕它逐漸預感到了的自己的結論，隨後自己也不再以從前那種天真的信心，相信它的根據是永遠有效了；這時呈現一幕多麼悲慘的場面：它的思想不斷跳著舞，癡戀地撲向新的豔影，想去擁抱她們，然後又驚恐萬狀地突然甩開她們，就像梅菲斯特③突然甩開那些誘惑的蛇妖一樣。人們往往把「斷裂」說成是現代文化的原始苦惱，這確實是「斷裂」的徵兆：理論家面對自己的結論驚慌失措，不敢再信賴生存的可怕冰河，他惴惴不安地在岸上顛躓倘佯。他心灰意冷，百事無心，全然不想涉足事物天然的殘酷。事到如今，樂觀主義觀點已經使他變得弱不禁風了。而且他感到，一種以科學原則為基礎的文化，一旦它開始變成非邏輯的——換言之，一旦它開始逃避自己的結論，必將如何走向毀滅。現代藝術暴露了這種普遍的貧困：人們徒勞地模仿一切偉大的創造時代和天才，徒勞地搜集所有「世界文學」放在現代人周圍來撫慰他，把他置於歷代藝術風格和藝術家中間，使他得以像亞當給動物命名一樣，給他們命名；可是，他仍然是一個永遠的饑餓者，一個心力交瘁的「批評家」，一個亞歷山大圖書館式人物，一個骨子裡的圖書管理員和校對員，可憐被書上塵埃和印刷錯誤弄得失明。

——《悲劇的誕生》第十八節

③梅菲斯特（Mephistopheles），浮士德傳說中的魔鬼精靈，歌德也把他寫進了戲劇《浮士德》中。

# 八、哲學與個性

## 1

對於遠離的人物，我們只要知道他們的目的，便足以籠統地臧否他們了。對於靠近的人物，我們則依據他們實現其目的的手段來做判斷；我們常常反對其目的，卻因為其實現目的的手段和方式而喜歡他們。哲學體系僅在它們的創立者眼裡才是完全正確的，在一切後來的哲學家眼裡往往是一大謬誤，在平庸之輩眼裡則是謬誤和真理的雜燴。然而，無論如何，它們歸根到底是謬誤，因此必遭否棄。有許多人反對一切哲學家，因為哲學家的目的迥異於他們自己的目的，哲學家離他們太遠。相反，誰若喜歡偉大的人，他就會喜歡這樣的體系，哪怕它們也是十足的謬誤：它們畢竟包含著一個完全不可駁倒的因素，一種個人的情緒、色彩，人們可以據之重現哲學家的形象，就像可以由某地的植物推知土壤性質一樣。生活方式和為人處世方式，無論如何都是一度實際存在過的，因而是可能的。「體系」，或者至少「體系」的一部分，乃是這片土壤上的植物……

我將概述那些哲學家的歷史，我想在每個體系中僅僅提取某一點，它是個性的一個片斷，因而是歷史理應加以保存的那種不容反駁、不容爭辯的東西。這是一個起點，其目標是通過比較來重獲和再造那些天性，讓希臘天性的複調音樂有朝一日再度響起。任務是闡明我們必定永遠喜愛和敬重的東西，後來的認識也不能從我們心中奪走的東西——亦即偉大的人。

## 2

這一闡述遠古希臘哲學家史的嘗試，因其簡短，而有別於其他類似的嘗試。其方法是，針對每個哲學家，只論及他的極少數學說，也就是不刻意求全。不過，在所擇取的學說中，哲學家的個性有著最強烈的顯現。相反，若是像許多小冊子通常所做的那樣，盡其可能地如數列舉流傳下來的全部原理，勢必會埋沒那些具有個性的東西。這樣，陳述就會變得如此乏味。因為，在種種被駁倒的體系中，恰好只有具備個性的東西能夠吸引我們，那是永遠不可駁倒的東西。用三件軼事，就足以構畫一個人的形象；我試著從每個體系中提取三件軼事，而捨棄其餘的。

——《希臘悲劇時代的哲學》原序一、二

# 九、希臘人與哲學

世上有一些反對哲學的人，他們的話不妨一聽，尤其當他們奉勸德國人的病態頭腦拒斥形上學，而代之以像歌德那樣借體魄獲得淨化，或者像華格納那樣借音樂獲得聖化之時，更是如此。民族的良醫唾棄哲學；因此，誰想替哲學辯護，他就應當指出，一個健康的民族為何需要、而且確實運用過哲學。如果他能夠指出這一點，那麼，也許連病人也會得益，明白哲學為何獨獨對於他們有害。誠然，如果完全不要哲學，或者對哲學只有極其淺薄的、幾乎是兒戲般的運用，卻依然能夠健康，在這方面不乏令人信服的例子，全盛時期的羅馬人就是這樣無需哲學而生活的。但是，一個病弱的民族借哲學重獲失去了的健康，這樣的例子又在哪裡？如果說哲學果真顯示過其助益、拯救、預防的作用，那也是在健康之人身上，對於病人，它只會令其愈益病弱。如果一個民族業已分崩離析，並且業已與其個體處在尖銳的緊張關係之中，那麼，哲學從來不曾使這些個體與整體重結親密聯盟。如果一個人甘願遺世獨立，在自己周圍築起自足的籬笆，那麼，哲學總是準備好使他更加孤立，並且用這孤立把他毀滅。哲學在它缺乏充足權利的地方必定是危險的，而能賦予它充足權利的，唯有一個民族（但不是每個民族）的健康而已。

現在我們來考察一個最有說服力的例子，它表明在一個民族身上什麼東西可以稱作健康。希臘人作為真正的健康人，他們從事哲學，而且較諸其他任何民族用功得多，以此為哲學作了一勞永逸的辯護。他們未能適時而止，甚至到了風燭殘年，他們的舉止仍然像是哲學的熱血弟子，儘管這時他們已經只把哲學看成對基督教教條的煩瑣考證，和神聖的瑣屑論爭了。由於他們未能適時而止，便大大削弱了他們對於壯蠻後代的貢獻，使之正值桀敖不馴的青春年華，卻不得不被那人工編結的網罟纏住。

另一方面呢，希臘人倒懂得適時而始，並且比其他任何民族更為明確地演示了，何時需要開始從事哲學。也就是說，不是等到悲苦之時，像某些從鬱悶心境中推演哲學的人所臆斷的那樣；而是在幸福之時，在成熟的成年期，從勇敢常勝的男子氣概的興高采烈中迸發出來。希臘人在這樣的時期從事哲學，這一點恰好啟發我們理解哲學是什麼、哲學應該是什麼，就像啟發我們理解希臘人本身是什麼一樣。如果像我們今天那些有學問的市儈所想像的，希臘當年果真有過如此淡泊睿智的實踐家和樂天派，或者像無知的空想家所津津樂道的那樣，希臘人果真沉緬於聲色犬馬，那麼，哲學的源頭就絕不會在他們身上得以昭示。如果真是那樣，他們身上最多只有頃刻流失於沙灘或蒸發成霧的小溪，絕不會再有翻湧著驕傲浪花、波瀾壯闊的江河，而在我們眼裡，希臘哲學正是這樣的江河。

人們已經不厭其煩地指出過，希臘人多麼善於在東方異國發現和學習，他們也確實從那裡接受了許多東西。然而，倘若人們把來自東方的所謂老師，和來自希臘的可能學生擺放到一起，例如，把瑣羅亞斯德[①]與赫拉克利特[②]並列，把印度人與埃利亞學派[③]並列，把埃及人

①瑣羅亞斯德（Zoroaster，約公元前六二八—前五五一），創立祆教，是伊斯蘭教出現前古代伊朗的主要宗教。古代伊朗語中，其名為Zarathustra（查拉圖斯特拉），尼采後來借此形象著《查拉圖斯特拉如是說》。

與恩培多克勒④並列，甚或把安納薩哥拉斯⑤置於猶太人中間，把畢達哥拉斯⑥置於中國人中間，那實在是一個奇觀。就具體事例而論，這樣並列說明不了什麼問題。不過，只要人們不拿下面這樣的推論來折磨我們，說什麼由此可見哲學只是從外面輸入希臘的，而不是在希臘本土自然生長的，甚至說什麼哲學這個外來的東西對希臘人的禍害遠遠超過對他們的裨益，那麼，我們尚可忍受上述全部想法。懷疑希臘人只有一種本土文化，這真是愚不可及。毋寧說，他們汲取了其他民族的一切活著的文化，而他們之所以走得如此遠，正是因為他們善於從其他民族擱下標槍的地方繼續投出標槍。他們精通學習之道，善於卓有成效地學習，著實令人讚歎。我們正應當像他們那樣，為了生活，而不是為了博學，向我們的鄰居學習，把一切學到的東西用作支撐，借助它們更上一層樓，比鄰居攀登得更高。追尋哲學的開端根本是沒有意義的，因為無論何處，開端都是粗糙、原始、空洞、醜陋的，無論什麼事物，都只有較高的階段才值得重視。誰要是因為埃及哲學和波斯哲學也許「更本原」、確實更古老，便寧願去研究這些哲學，而不是希臘哲學，他就恰好和某些人一樣魯莽不智，那些人對如此美好深刻的希臘神話不放心，除非有一天他們能把希臘神話追溯到它的最開端，即諸如太陽、閃電、暴雨、霧氣之類的物理細節。他他們還自以為在天真的印歐語系民族對天穹的迷信中，重新發現了一種宗教形式，要比希臘多神教更加純粹。無論何處，通往開端之路必通往野蠻。誰若和希臘人打交道，他就應該時時牢記，不受約束的求知欲正如對知識的仇恨一樣，必定會導人入於野蠻，而希臘人則憑藉對生命的關切，憑藉一種理想上的生命需要，約束了他們的原本貪得無厭的求知欲，——因為他們想立即實踐他們所學到的東西。希臘人在從事哲學時也是作為有文化的人，有著文化的目的，所以，他們能擺脫任何夜郎自大的心理，不是去重新創造哲學和科學的元素，而是立刻致力於充實、提高、揚棄、淨化這些引進的元素，他們因此在一個更高的意義上、一個更純粹的範圍內，成了創造者。也就是說，他們創造了典型的哲學頭腦，而在這方面，後來的一切世代就不再有任何實質性的創造了。

面對古希臘大師泰利斯⑦、阿那克西曼德⑧、赫拉克利特、巴門尼德⑨、安納薩哥拉斯、恩培多克勒、德謨克利特⑩、蘇格拉底這樣一個理想化得驚人的哲學群體，每個民族都會自慚形穢。所有的這些人都是一個整體，是用一塊巨石鑿出的群像。在他們的思想和他們的性格中，貫穿著嚴格的必然性。他們沒有任何常規可循，因為當時哲學和學術都不成其為行

---

② 赫拉克利特（Heraclitus，公元前五四〇—前四八〇），以弗所人，尼采最鍾愛的希臘哲學家。

③ 埃利亞（Elea）為義大利古代城市，由希臘移民建立，哲學家巴門尼德和芝諾誕生於此，所創立的學派史稱埃利亞學派。

④ 恩培多克勒（Enpedocles，約公元前四九二—前四三二），西西里島阿克拉加斯人，古希臘哲學家，其生平富有傳奇色彩。

⑤ 安納薩哥拉斯（Anaxagoras，約公元前五〇〇—前四二八），出生於克拉曼佐納，希臘哲學家，居住雅典三十年，是政治家伯里克里斯（Pericles）的好友，因被控不敬神而遭驅逐，晚年隱居於蘭薩庫斯。

⑥ 畢達哥拉斯（Pythagoras，約公元前五八〇—前五〇〇），薩摩斯人，希臘哲學家、數學家及畢達哥拉斯教團創始人。

⑦ 泰利斯（Thales，鼎盛年約公元前五八五年前後），米利都人，希臘最早的哲學家。

⑧ 阿那克西曼德（Anaximander，公元前六一一—前五四六），米利都人，希臘哲學家。

⑨ 巴門尼德（Parmenides，約生於公元前五一五年），埃利亞人，希臘哲學家，創立埃利亞學派。

⑩ 德謨克利特（Democritus，約公元前四六〇—前三七〇），出生地可能是色雷斯的阿布德拉，希臘哲學家，據傳著作達七十三種，僅留存若干片斷。

業。他們都處在卓絕的孤獨中，當時唯有他們是只為認知而生活的。他們都擁有古代人的道德力量，他們也憑此勝過一切後人，這種力量推動他們發現他們自己的形式，並透過變形進一步塑造，使之達於盡善盡美。他們遇不到任何現成的模式可助他們一臂之力，以減輕他們的困難。所以，他們共同造就了叔本華稱之為「天才共和國」的東西（意義和「學者共和國」相對）：一個巨人越過歲月的鴻溝，向另一個巨人發出呼喚，不理睬在他們腳下爬行的侏儒的放肆喧囂，延續著崇高的精神對話。

關於這場崇高的精神對話，我想談談我們現代的重聽症患者也許能夠聽懂的東西，當然，懂的數量想必微乎其微。在我看來，從泰利斯到蘇格拉底，這些古代哲人在這場對話中，已經觸及了我們要考察的、構成典型希臘精神的一切東西，儘管是在最概括的形式中觸及的。在他們的對話中，就像在他們的個性中一樣，他們也表現了希臘創造力的偉大特徵，而整部希臘史乃是這些特徵的朦朧印跡，是它們的含糊不清的摹本。如果我們正確地解釋希臘民族的全部生活，我們會發現其中反映著同一個形象，這個形象在希臘民族的最高天才身上閃射著異彩。希臘土地上最早的哲學經驗，即對「七哲人」的認可，已經給希臘人的形象構畫了令人難忘的清晰輪廓。其他民族出聖徒，希臘出哲人。有人說得對，要描述一個民族的特徵，與其看它有些什麼偉大人物，不如看它是以什麼方式認定和推崇這些偉大人物的。在別的時代、別的地方，哲學家是偶然的、孤獨的漫遊者，處於最敵對的環境中，他們不是隱姓埋名，就是孤軍奮戰。只有在希臘人那裡，哲學家才不是偶然的。他們出現在西元前六至五世紀，被世俗化的巨大危險和誘惑所包圍，彷彿邁著莊重的步伐走出特羅弗紐斯（Trophonios）洞穴，進入希臘殖民地的繁榮、貪婪、奢華和縱欲之中。我們或可揣測，當此之時，他們是作為警告者來臨的，他們所懷抱的，正是悲劇在當時為之誕生的那同一個目的，也是奧菲斯[11]祕儀在其祭禮的怪誕象形文字中暗示的那個目的。這些哲學家對於生命和存在所作的判斷，其內涵要比任何一個現代判斷多得多，因為他們面對著一種完滿的生命，不至於像我們這樣，因為追求生命之自由、美、偉大的願望，與求索真理的衝動（它只問：生命究竟有何價值？）產生了分裂，導致思想家的情感迷離失措。當哲學家身處於按照統一風格形成的現實文化之中，對於他們所要完成的任務，由於我們不具備那樣的文化，因而從我們的狀態和經驗出發是無法猜度的。只有一種像希臘文化那樣的文化，才能回答這個哲學家任務的問題，只有它才能像我說過的那樣為哲學辯護，因為只有它才懂得並且能夠證明，哲學家為何又如何不是一個偶然的、隨意的、萍蹤無定的漫遊者。一種鐵般的必然性，把哲學家維繫在真正的文化上；然而，倘若這種文化並不存在，又怎麼辨呢？在幸運的情形下，即使哲學家作為太陽系的一顆明星發光，他仍是一顆吉凶未卜、令人驚恐的彗星。只有在希臘人那裡，他才不是彗星；所以——希臘人能夠為哲學家辯護。

——《希臘悲劇時代的哲學》第一節

[11] 奧菲斯（Orpheus），傳說中色雷斯的音樂和詩歌天才，善彈豎琴，他的琴聲使得當時的人們拜他為神，野獸因之馴服，木石因之移動。以他命名的祕儀在古代歐亞地區流傳甚廣。

# 十、哲學與文化

根據上述考察，如果我把柏拉圖之前的哲學家看作一個統一的群體，並且打算在這部著作裡對他們作專門論述，這應當可以被心平氣和地接受了。柏拉圖開始了某種全新的東西；或者，可以同樣正確地說，較諸從泰利斯到蘇格拉底的那個天才共和國，柏拉圖以來的哲學家們缺少了某種本質的東西。誰若心懷妒意，可能會稱那些古代大師為片面的人，而稱以柏拉圖為首的他們的不肖子孫為全面的人。但如果把後者理解為哲學上的混合性格，把前者理解為純粹的典型，也許更加公平合理。柏拉圖本人是史上首位傑出的混合性格，無論在他的哲學中，還是在他的個性中，這種性格都表現得同樣充分。他的理念論結合了蘇格拉底、畢達哥拉斯和赫拉克利特的元素，所以不是一種典型的、純粹的現象。作為一個人，柏拉圖也混合了這三個人的特徵，兼有赫拉克利特那帝王式的孤僻和知足，畢達哥拉斯那抑鬱的惻隱之心和立法癖好，辯證法大師蘇格拉底的諳熟人心。所有後來的哲學家都是這樣的混合性格；他們身上即使冒出某種片面的東西，例如在犬儒學派[1]身上，那也不是典型，而是一種諷刺。更重要得多的是，他們是宗派的建立者，他們所建立的宗派全都與希臘文化及其迄今為止的統一風格相對立。他們按照他們的方式尋求拯救，然而只是為了個別的人，或者，最多只是為了朋友和門徒的小圈子。古代哲學家的活動卻是為了整體的康復和淨化，儘管這在他們是無意識的。希臘文化的有力進程要暢通無阻，要排除前進之路上的可怕險情，哲學家為此守護和保衛著自己的家園。但其後，自柏拉圖以來，哲學家卻遭流放，背離了自己的父母之邦。

那些古代哲學大師的著作流傳到我們手中，只剩下如此可憐的殘篇，所有完整的作品均已散失，這是一個真正的不幸。由於作品的散失，我們不由自主地用錯誤的標準來衡量這些大師。柏拉圖和亞里斯多德的著作從來不乏評論者和抄寫者，這樣一個純屬偶然的事實，使我們先入為主地冷落了他們的前人。有些人認為書籍有它的命數，有 *fatum libellorum*（書的命運）。真是如此，這命數想必是充滿惡意的，它竟認為最好從我們手中奪走赫拉克利特、恩培多克勒的奇妙詩篇，以及德謨克利特的作品（古人把他和柏拉圖並論，他的創造力還要高出柏拉圖一籌），而作為替代，卻把斯多噶派②、伊比鳩魯派③和西塞羅④塞給我們。我們覺得，希臘思想及其文字表述的最輝煌部分多半是會失落的，這是一種命運，我們只要記起斯哥特・艾利基納⑤或者帕斯卡⑥的厄運，只要想一想甚至在開明的本世紀，叔本華的《作為

① 犬儒學派，希臘哲學學派，活動時期從公元前四世紀到基督教時期。創始人為蘇格拉底的門徒安提西尼，第歐根尼是該學派最著名代表。

② 斯多噶派，古希臘羅馬時期的重要哲學流派，其義為廊柱學派，因該學派經常在廊柱下活動而得名。創始人為季蒂昂的芝諾（Zeno，約公元前三四〇—約公元前二六五），興盛於古羅馬，著名人物有塞涅卡、愛比克泰德、馬可・奧里略。

③ 伊比鳩魯（Epicurus，公元前三四一—前二七〇），薩摩斯人，希臘哲學家，創立注重單純快樂的倫理哲學，其學派一直存在到公元四世紀。

④ 西塞羅（Cicero，公元前一〇六—前四三），古羅馬政治家、演說家、作家、古典學者。

⑤ 斯哥特・艾利基納（Scotus Erigena，八一〇—約八七七），生於愛爾蘭，基督教神學家、翻譯家和古書評論家，其著作《論自然的區分》有泛神論傾向，受到教會譴責。

意志和表象的世界》第一版也不得不變成一堆廢紙，對之就不會感到驚訝了。如果有人要為這類事情設定一種特有的宿命力量，那麼他可以這樣做，並且和歌德一同說：「誰也不能抱怨平庸卑下；因為不管人們對你怎麼說，它終歸是強而有力的。」它尤其要比真理的力量強大。人類難得產生一本好書，書中自由無畏地奏響真理的戰歌和哲學英雄主義之歌。然而，這本書是百年長存，還是化作塵土，往往取決於微不足道的機遇、頭腦的突然發昏、迷信的騷動和厭惡，最後，還取決於那些負責抄寫的、懶惰或是痙攣的手指，甚至取決於蠹蟲和雨天。但是，我們無意抱怨，我們寧願聽取哈曼[7]對那些為佚著悲歎的學者而發的搪塞安慰之語：「假如有個藝人用扁豆穿針眼，難道一桶扁豆不夠他練習他所獲得的技藝嗎？這個問題可以向所有學者指出，他們在使用古人的著作這方面，並不比那個藝人使用扁豆來得高明。」在我們的場合還可以補充說，我們的所需並不超過實際流傳下來的文字、軼事、年代，甚至只需要少得多的材料，就可以確證希臘人曾為哲學辯護的這個一般論點了。

一個時代，如果它苦於只有所謂普及教育，卻沒有文化，即沒有貫穿其生活的統一風格，那麼，它就根本不會懂得拿哲學來做什麼正確的事。即便真理的守護神親自在大街和市場上宣告哲學，也一樣是如此。在這樣一個時代，哲學毋寧說始終只是孤獨的散步者的學術自白，是個別人僥倖的戰利品，是隱居的密室，或者是老態龍鍾的學者與稚子之間無害的嘮叨。沒有人敢於身體力行哲學法則，沒有人懷著一種單純的、男子氣的忠誠以哲學方式生活，這種忠誠曾迫使古人——不管他身在何處，不管他從事著什麼——一旦向廊柱宣誓效忠，就作為斯多噶（廊柱學派）行動。整個現代哲學思考都是政治性的、受到規範的，都被政府、教會、學院、習俗、時尚以及人的怯懦束縛在學術的表面，始終停留在歎息「但願如何如何」或者認識「從前如何如何」上。哲學不具備其正當的權利，所以，現代人只要稍有勇氣和良心，就必定抵制它，用類似於柏拉圖把悲劇詩人驅逐出理想國時所使用的語言放逐它。不過，對此它還可以有一個反駁，就像那些悲劇詩人對於柏拉圖還可以有一個反駁一樣。如果逼它說話，它也許會說：「可憐的民族！倘若我在你們中間就像一個女巫似地四處遊蕩，不得不喬裝躲藏，彷彿我是個罪人而你們是我的法官，這難道是我的責任？看一看我的姐妹——藝術吧！她的處境和我一樣，我們都被放逐於野蠻人中間，自救無望。誠然，在這裡我們沒有任何正當權利，可是，使我們找回正當權利的那些法官會審判你們，他們將對你們說：你們首先必須有一種文化，然後才會體會到哲學想做什麼和能做什麼。」

——《希臘悲劇時代的哲學》第二節

⑥帕斯卡（Pascal，一六二三—一六六二），法國數學家、哲學家，傳世之作為《給外省人》和《思想錄》。

⑦哈曼（J. G. Hammam，一七三〇—一七八八），普魯士新教思想家，致力於調和哲學與基督教。

## 十一、為永恆的生成辯護

在那個籠罩著阿那克西曼德的生成問題的神祕夜色之中，以弗所[①]的赫拉克利特走進來了，並用神聖的閃電照亮了夜。他喊道：「我凝視著生成，還沒有人如此仔細地凝視過事物的這永恆波浪和節奏。我看到了什麼？合規律性、永不失墮的準確性、始終如一的正義之路、審判一切違背法則之行為的復仇女神、支配著整個世界的正義，以及服務於它的魔法一般、常存的自然力量的戲劇。我看到的不是對被生成之物的懲罰，而是對生成的辯護。什麼時候罪孽和墮落會發生在堅定的形式中，發生在神聖可敬的法則中呢？非正義在哪裡占上風，那裡就有任性、無秩序、紊亂、矛盾；可是，在唯有法則和宙斯的女兒狄刻所統治之處[②]，如同在這個世界一樣，怎麼還會是罪過、贖罪、審判的地盤，儼然是處罰一切罪人的刑場呢？」

從這樣的直覺中，赫拉克利特提出了兩點彼此相關的否定，只有與前人的學說進行比較，這兩點否定才會昭然若揭。首先，他否定了阿那克西曼德不得不假定的整個大千世界的二元性，他不再把物理世界與形而上世界相互分開，也不再把一個確定的質的領域與一個不可界說的不確定性領域彼此分開。在邁出這第一步之後，他不可自制地作了更加勇敢的進一步否定：他根本否定存在。因為他所保留的這一個世界，受永恆的潛隱法則庇護，在鏗鏘有力的節拍中起伏消長，這一個世界並未顯示出任何持存性、不可毀壞性，並未顯示任何遏阻激流的防波堤。赫拉克利特比阿那克西曼德更加響亮地宣告：「除了生成，我別無所見。不要讓你們自己受騙！如果你們相信，自己在生成和消逝之海上看到了某塊堅固的陸地，那麼，它只存在於你們倉促的目光中，而不是在事物的本質中。你們使用事物的名稱，彷彿它們有一種執拗的持續性，然而，就連你們第二次踏進的河流，也不會是第一次踏進的同一條了。」

赫拉克利特擁有非凡的直覺思維能力，這彷彿是他的王室財產。面對倚賴概念和邏輯推理來完成的另一種思維，他顯得冷漠、無動於衷，甚至敵對。而當他在諸如「萬物時時刻刻在自身中包含著對立面」這類命題中憑直覺獲得真理，並得以用這樣的真理對抗那種思維時，他似乎感到十分愜意。難怪亞里斯多德要把理性法庭上的最大罪名加於他身上，譴責他違背矛盾律了。

永恆的唯一生成，一切現實之物的變動不居，它們只是不斷地作用和生成，卻並不存在，如同赫拉克利特所教導的那樣——這種可怖思想令人昏眩，其效果酷似一個人經歷地震時的感覺，喪失了對堅固地面的信賴。把這種效果轉化為其反面，轉化為崇高和驚喜，必須擁有驚人的力量才行。赫拉克利特做到了這一點，其方法是考察一切生成和消逝的真正歷程。他在兩極性的形式中把握這個歷程，即一種力量分化成為兩種異質的、相反的、力求重歸統一的活動。一種質不斷地把自己一分為二，分裂為它的對立面，而兩個對立面又不斷地力求重新合一。普通人以為自己看見了某種堅硬、牢固、持久的東西，實際上，在每個瞬間，明與暗、苦與甜都

①以弗所，古希臘人在小亞細亞西岸的殖民城市。
②狄刻（Dike），希臘神話中的正義女神。

是彼此糾纏、形影不離的，就像兩個摔角的人，時而這人占據上風，時而那人占據上風。在赫拉克利特看來，蜂蜜既苦又甜，世界本身是一隻必然不斷被攪拌的瓦罐。一切生成都來自對立面的鬥爭。確定的、在我們看來似乎持久的質，僅代表鬥爭的一方暫時占上風，但鬥爭並不因此而結束，它將永遠持續下去。萬物都依照這種鬥爭而發生，正是這種鬥爭揭示了永恆的正義。這個神奇的觀念汲自最純淨的希臘精神之井，它把鬥爭看作一種統一的、嚴格的、同永恆法則相聯繫的正義的不斷統治。只有希臘人才會把這個觀念視為一種宇宙論的基礎。赫西俄德[3]作品中好樣的厄里斯[4]被美化成了世界原則；希臘個人和希臘國家的競賽觀念，被從體育和競技、從藝術對唱、從政黨和城邦間的角鬥中引伸開來，成為最普遍的觀念，以致現在宇宙之輪繞它旋轉了。每個希臘人戰鬥起來都有一種唯他正義的氣勢，而一種無限可靠的判決尺度每時每刻決定著勝利垂顧何方。不同的質也是這樣彼此鬥爭的，遵循著存在於鬥爭之內那堅不可摧的法則和尺度。人和動物狹窄的腦袋瓜深信萬物堅固耐久，其實它們甚至沒有一種真正的存在，在對立的質的鬥爭中，它們只是擊劍的閃爍和火花，只是勝利的光輝。

——《希臘悲劇時代的哲學》第五節摘錄

---

③赫西俄德（Hesiod，活動時期約公元前七〇〇年），希臘最早的詩人之一，兩部完整的史詩《神譜》、《工作與時日》保存至今。

④厄里斯（Eris），希臘神話中爭吵的化身，曾參與挑起特洛伊戰爭。

# 十二、世界是自娛的遊戲

瀆神，這個險惡的詞，確實對於每個赫拉克利特主義者來說是塊試金石，他會在其上顯示他是否理解或誤解了他的大師。在這個世界上有罪惡、非正義、矛盾、痛苦嗎？

有的，赫拉克利特宣布，然而只限於孤立地而非聯繫地看事情、頭腦狹隘的人，而不是洞察全域的神。對後者來說，一切矛盾均匯流於和諧，儘管這不能被凡身肉眼看見，卻可以被像赫拉克利特這樣近乎靜觀之神的人悟到。在他的金睛火眼看來，填充在他周圍的世界，不復有一絲一毫的非正義。甚至連基本的衝突，好比純火會納入如此不純的形式，也被他用一個崇高的比喻克服了。生成和消逝，建設和破壞，對之不可作任何道德評定，它們永遠同樣無罪，在這世界上僅僅屬於藝術家和孩子的遊戲。如同孩子和藝術家在遊戲一樣，永恆的活火也遊戲著、建設著和破壞著，毫無罪惡感——萬古歲月以這遊戲自娛。它把自己轉化成水和土，就像一個孩子在海邊堆積又毀壞沙堆。它不斷重新開始這遊戲。它暫時滿足了，然後又重新感受到了需要，就像創作的需要驅動著藝術家一樣。不是犯罪的誘力，而是不斷重新甦醒的遊戲衝動，召喚另外的世界進入了生活。孩子一時捽開玩具，但很快又無憂無慮地玩了起來。只要他在建設，他就會按照內在秩序，合乎規律地進行編結、連接和塑造。

只有審美的人才能這樣看世界，他從藝術家身上和藝術品的產生過程體會到，「多」

的鬥爭本身如何終究能包含著法則和規律，藝術家如何既以靜觀的態度淩駕於藝術品之上，又能動地置身於藝術品之中，必然性與遊戲、衝突與和諧是如何必定交媾，而生育出藝術品來。

現在，誰還會向這樣的哲學要求一種倫理學，以及「你應當」的絕對命令，甚或責備赫拉克利特有這樣一種缺陷！如果把自由理解成一種愚蠢的要求，彷彿人可以像換件衣服一樣隨意改變他的本性，那麼，人就會從頭直到他的最後一根纖維都是必然性，完完全全是「不自由」的。古往今來，任何一種嚴肅的哲學，都帶著理所當然的嘲諷態度拒絕了這種要求。能夠自覺地生活在邏各斯（logos）之中，以藝術家的眼睛俯視大千，這樣的人之所以如此稀少，是因為人的靈魂是潮溼的，而當「潮溼的淤泥占據人們的靈魂」之時，人的眼睛和耳朵，乃至人的整個悟性，都成了糟糕的工具。為什麼事情會是這樣，這一點未被追問，正如沒有人追問為什麼火變為水和土。赫拉克利特當然沒有理由要像像萊布尼茲那樣，非得證明這個世界是一切可能性中最好的世界。對他來說，世界是亙古歲月的美麗而無辜的遊戲，這已經足夠了。在他看來，人甚至一般來說都是非理性的存在物。但這一點並不會與下述事實相矛盾：在人的全部本質中，貫穿著起支配作用的理性法則。人在自然界並不占據特殊優越的地位，自然界的最高現象是火，例如星辰，而不是頭腦簡單的人。如果人借必然性保持對火的參與，那麼，他就是較有理性的東西。要是他從水和土中產生，他的理性情況就很糟。並不存在這樣一種義務：就因為他是人，他就必定認識邏各斯。可是，為什麼有水，為什麼有土？對於赫拉克利特來說，相較於問為什麼人如此愚蠢和惡劣，以上這兩個問題要嚴肅得多。在最高級與最反常的人身上，內在都體現了同樣的合規律性和正義性。然而，如果有人試圖逼問赫拉克利特：為什麼火不總是火，為什麼它現在是水，現在是土？那麼，他只能這樣答覆：「它是一個遊戲，請不要太鄭重其事地看待它，尤其不要道德地看待它！」赫拉克利特僅僅描述了既有的世界，他懷著靜觀它的喜悅；藝術家正是懷著這種喜悅，靜觀自己正在創作的作品。只有那些不滿他對人的真實描繪並且事出有因的人，才會覺得他陰暗、沉重、傷感、憂鬱、暴躁、悲觀，總而言之，可恨。但是，他對這些人，連同他們的反對和同情、恨和愛，想必會毫不在乎，並且用這樣的教誨回敬他們：「狗總是向它不認識的人吠叫。」或者，「驢愛秕糠勝於黃金。」

這些心懷不滿的人還常常歎息赫拉克利特風格晦澀。其實，幾乎沒有人比他寫得更加清新明朗了。當然，他寫得非常簡練，所以，對於那些一目十行的讀者來說，他倒確實是晦澀的。然而，如果一個哲學家故意寫得晦澀（人們慣於這樣責備赫拉克利特），但他卻沒有理由隱瞞其思想，或者不是一個要用文字來掩蓋其思想之貧乏的騙子，那就完全解釋不通了。正如叔本華所云，哪怕在日常實際生活事務中，一個人也必須謹慎小心，儘量把話說得明白，以防止可能的誤解；那麼，他又怎麼可以允許自己在最艱難深奧的、幾乎不可企及的思維對象上，模糊不清地、甚至猜謎似地表達哲學按其使命要表達的東西呢？至於說到簡練，讓・保羅[1]有一個很好的見解：「大體而論，如果一切偉大的事物——對於少數心智有許多

---

① 讓・保羅（Jean Paul，一七六三—一八二五），德國小說家。

意義的事物——純粹由於表達方式簡練、（因而）晦澀，使得空虛的頭腦寧可把它解釋為胡言亂語，而不是翻譯為他們自己的淺薄思想，那麼這就對了。因為，俗人的頭腦有一種可惡的技能，就是在最深刻豐富的格言中，除了他們自己的日常俗見之外，便一無所見。」順便說說，儘管如此，赫拉克利特還是沒有躲過「空虛的頭腦」。斯多噶派已經對他作了膚淺的曲解，把他關於世界遊戲的基本審美直覺，拉扯為對於世界合目的性的平庸關注，而且是出於人類利益的關注了。因而，在他們的頭腦中，他的物理學變成了一種粗魯的樂觀主義，並且不斷督促芸芸眾生友好地喝彩。

——《希臘悲劇時代的哲學》第七節

# 十三、哲學家的驕傲和孤獨

赫拉克利特是驕傲的。如果一位哲學家感到驕傲，那就確實是一種偉大的驕傲。他的創作從不迎合「公眾」、群眾的掌聲，或當代人異口同聲的歡呼。空谷足音乃是哲學家的命運。他的稟賦是最罕見的，在某種意義上是最不自然的，甚至和同類稟賦也是互相排斥和敵對的。他的自滿必須是一堵金剛石築成的牆，因為即使萬事萬物都和他作對，這堵牆也不能遭到毀壞。他朝向不朽的行進之路比任何別人更加辛勞曲折，但是，沒有人能比哲學家更有信心到達行程的目的地——因為他完全不知道，除了在一切時間的張開著的翅膀上，他又能在哪裡停留。蔑視現在和當下，這是偉大哲學天性的本質之所在。他擁有真理。無論時間之輪怎樣隨心所欲地滾動，絕不可能躲過真理。對於這樣的人來說，重要的是體驗到他們曾經生活過。譬如說，無人能夠想像出赫拉克利特的驕傲僅是一種徒勞的可能性。一切對認識的追求，就其本質而言，看來本身就是永遠不可滿足和無法令人滿意的。所以，無論是誰，只要他尚未從歷史中獲得教益，就不可能相信，世上有如此帝王氣派的自尊和自信，竟然有人堅信自己是真理的唯一幸運的追求者。這樣的人生活在他們自己的太陽系裡，我們必須登門拜訪他們。畢達哥拉斯和恩培多克勒對自己也懷有一種超人類的尊敬，甚至懷有一種近乎宗教的敬畏。不過，受到靈魂轉生和眾生一體這些偉大信念所維繫的同情之紐帶，重又引導他們走向他人，走向他人的造福和拯救。可是，對於阿提米斯神廟①裡那位以弗所隱士徹心透骨的孤獨感，我們只能生硬地從荒山野嶺的悲涼中猜知一二。從他身上既沒有強烈、激昂的同情之感，也沒有迸發出幫助造福和拯救人類的渴望。他是一顆沒有大氣層的星辰。他的目光向內是熱烈的，向外卻是冰涼木然的，彷彿只是面對著幻象。在他周圍，幻影和謬誤之波浪徑直拍擊著他的驕傲之頑石，他厭惡地掉頭不看它們。然而，那些多愁善感的人也避開這樣一個人，就像避開一具銅鑄的臉譜。也許在一所偏僻的寺廟裡，在許多神像中間，在森然肅立的建築物旁邊，這樣一個造物才顯得比較可以理解。在人類中間，作為一個人，赫拉克利特是令人難以置信的。甚至當他看似和藹可親時，例如當他觀看頑童們遊戲時，他所想的也絕非別人在這種場合所想的。他所想的是宇宙大頑童宙斯的遊戲。他不需要人類，即使為了他的認識也不需要。凡是人們關於人類可能探問的一切，在他之前的賢哲們努力探問過的一切，都與他無關。他輕蔑地談及這些探問著、搜集著的人，簡言之，就是這些「歷史的」人。「我尋找和探聽過我自己。」他這樣說自己，用了一個人們用來表示探聽神諭的詞，彷彿只有他才是德爾斐神諭「認識你自己」的真正貫徹者和實行者，而別人都不是。

然而，他把他從這神諭中聽出的東西視為不朽的、回味無窮的智慧，它將按照西比爾②預言的榜樣，影響無遠弗屆。他像德爾斐神那樣「既不說出也不隱瞞」它，而今後的人類只須讓它如同神諭一樣自我闡明，就足夠了。雖然它被宣告時「沒有微笑、修飾和芳香」，毋寧說是他用「唾沫四濺的嘴」宣告的，但必將傳至千秋萬歲的將來。因為世界永遠需要真理，因而永遠需要赫拉克利特，儘管赫拉克利特並不需要世界。他的聲譽與他何干？正如他嘲笑著宣布的，聲譽依存於「不斷流逝的易朽之物」。他的聲譽和人類有關，而不是和他有關，人類的不朽需要他，而不是他需要赫拉克利特這個人不朽。他所看到的東西，關於生成中的規律和必然中的遊戲的學說，從今以後必將被永遠地看到。他揭開了這部最偉大戲劇的帷幕。

——《希臘悲劇時代的哲學》第八節

① 阿提米斯神廟，位於小亞細亞以弗所城，這裡指赫拉克利特的隱居地。

② 西比爾（Sibyl），希臘神話中的女預言家。

# 十四、我期待這樣的讀者

我對之有所期待的讀者必須具備三個特徵：他必須靜下心來，而非匆忙地閱讀；他不可總把他自己和他所受的「教育」帶入閱讀；他不可以期望在結束時，得到一些類似於結論的標準答案。我不許諾適用於文科中學和實科中學的標準答案及新課程，毋寧讚賞一些擁有強力天性的人，他們能夠普查整條道路，從經驗的深處上升到真正文化問題的高處，又從那裡下降到最枯燥的規章和最細緻的表格之低處；當我喘著氣攀登上一座險峰，自由的視野令我心曠神怡，我才感到滿意，而在這本書中，我恰恰絕不會讓愛好標準答案的人感到滿意。

這本書是為安靜的讀者寫的，他們尚未被捲進這個飛速轉動的時代令人眩暈的匆忙之中，尚未被它的輪子碾碎並因此感到一種為偶像獻身的滿足——換言之，這本書是為少數人而寫的！不過，這些人並不喜歡根據是節省還是浪費時間來衡量每件事情，他們「來日方長」；他們尚可毫不內疚地選擇和搜集一天的好時光，那些富有成果和活力的瞬間，來認真思考我們教育的未來；他們甚至可以相信，他們是以十分有益和值得的方式，也就是在對種族未來的思考之中，度過了自己的日子。這樣一個人在閱讀時並不耽誤思考，他善於讀出字裡行間的祕密，是的，他的天性如此揮霍，以至於也許在放下書本很久以後，他仍在思考讀到的東西；而且不是為了寫書評或是也寫一本書，純粹就是為了思考！真是該罰的揮霍！他心靜不躁，足以和作者一起踏上一條康莊大道，這條路的目標只有遙遠的後代才能完全看清！相反，如果一個讀者情緒激動，急於求成，如果他想要立即採摘整整一代人也未必能爭取到的果實，我們就不得不擔心他沒有理解作者。

最後，第三個要求，也是最重要的要求是，在任何情況下，他不可按照現代人的方式，不停地帶進他自己和他所受的教育，彷彿那是衡量一切事物、可靠的尺度和標準。相反，我們倒希望他有足夠的教養，知道謙虛地、甚至輕蔑地看待他所受的教育；然後，他才能夠完全信賴地聽從作者的引導，這個作者正是從一無所知的立場出發，並且也知道自己一無所知，才敢於這樣對他說話。作者別無所需，只需要一種已被強烈點燃的感受，感受到我們德國現代式野蠻的特徵，那種把我們十九世紀的野蠻與其他時代的野蠻如此醒目地區別開來的東西。

現在，他用手裡的這本書尋找這些人，這些人被一種與他相同的感受所震盪。讓它找到你們吧，你們這些散落的人，我相信你們是存在的！你們這些無私的人，你們為德國精神的患病和墮落而感到切身的痛苦；你們這些沉思的人，你們的眼睛不是匆忙躲閃地掠過事物的表面，而是善於發現通向其本質之核心的入口；你們這些心靈高貴的人，正像亞里斯多德所讚揚的，你們猶豫而無為地度過一生，而在世俗生活之外，巨大的光榮和偉大的事業盼望著你們！我呼喚你們！唯在這一次，請你們不要躲進你們那孤獨和懷疑的洞穴裡！至少做這本書的讀者吧，為了在這之後，藉由你們的行動，將它否定和遺忘！請想一想，它是註定要做你們的傳令官的，一旦你們自己裝備起來，在戰場上出現，誰還會想到要回頭看一眼這個呼喚你們的傳令官呢？

——《論我們教育機構的未來》導言二摘錄

## 十五、教育上的兩種錯誤傾向

必須區分兩種主要傾向，——兩種支配著我們教育機構現狀的潮流，它們看似相反，卻都具腐蝕作用，從結果而言終於合流：第一種是儘量擴大和普及教育的衝動，第二種是縮小和削弱教育本身內涵的衝動。第一種傾向的主張是，基於各種理由，應該把教育散播給最廣泛的大眾。相反，第二種傾向則要求教育放棄其最崇高、最高貴的使命，屈尊為其他某種生活形態服務，例如為國家服務。

人們不難覺察，儘量擴大和普及教育的呼聲在哪方面叫得最起勁。普及教育是最受歡迎的現代國民經濟教條之一。盡可能多的知識和教育，導致盡可能多的生產和消費，導致盡可能多的幸福：這差不多成了一個響亮的公式。在這裡，教育的目的和目標成了利益——更確切地說，就是收入，儘量多賺錢。按照這一傾向，教育似乎被定義成了一種眼力，一個人憑藉它可以「出人頭地」，可以識別一切容易賺到錢的捷徑，可以掌握人際交往和國民間交往的一切手段。按照這個傾向，教育的真正任務似乎是要造就盡可能「通用」的人，在這裡，就跟硬幣「通用」的性質是一樣的。這種「通用」的人越多，一個民族似乎就越幸福，因此，現代教育機構只能按照每一個人天生能夠變得「通用」的程度，來對其加以培養，使他依據其知識量擁有盡可能大的幸福量和收入量。每一個人必須學會給自己精確估價，必須知道他可以向生活索取多少。按照這種觀點，人們主張「智識與財產結盟」，它完全被視為一個道德要求。在這裡，任何一種教育，倘若會使人孤獨，倘若其目標超越於金錢和收益，倘若耗時太多，便是可恨的，人們通常拒斥這些不同的教育趨向，視為「不道德的教育伊比鳩魯主義」、「更高級的利己主義」。按照這裡通行的道德觀念，所要求的當然是相反的東西，即一種速成教育，以求能夠快速成為一個掙錢的生物，以及一種所謂的深造教育，以求能夠成為一個掙許多錢的生物。一個人所允許具有的文化僅限於賺錢的需要，而所要求於他的也只有這麼多。簡言之，人類具有對塵世幸福的必然要求，因此教育是必要的——但也僅僅因為如此。

人們到處勇猛地追求擴大和普及教育，除了那個如此受歡迎的國民經濟教條之外，還有別的動機。在有些地方，人們普遍擔憂宗教迫害，對於此種迫害的後果心有餘悸，因此，所有社會階層都懷著貪婪的渴望歡迎教育，從中所吸取的正是能夠釋放其宗教本能的因素。另一方面，無論何處，國家為了自身的生存，也竭力追求教育的擴展，因為它信心十足，知道無論怎樣厲害地把教育放開，都仍能置於自己的控制之下；事實證明它達到了預期目的，最大規模的教育培養出了它的公務員和軍隊，在與其他國家的競爭中，這種教育歸根到底始終是對它有利的。在這個情況，國家的基礎必須十分廣闊和堅固，才能使得複雜的教育穹頂保持平衡，就像在前一個情況，過去某次宗教迫害的遺痕必須十分清晰，才能迫使人們尋求一種如此可疑的反抗手段。——所以，哪裡只要響起大力普及國民教育的大眾呼聲，我就總能很好地辨別，激發這個呼聲的究竟是對收入和財產的旺盛貪欲呢，還是從前某次宗教迫害的烙印呢，抑或是一個國家對自身利益的精明算計。

與此相比較，另一種傾向的調子雖然好像不是這麼響亮，但至少同樣堅決，那就是縮小教育的調子。在整個學術界，常常可以聽見人們悄悄地談論這個話題；普遍的事實是，現在由於過分壓榨學者為其學科服務，學者的教育變得越來越偶然、越來越不可能了。如今學術的範圍已經擴展得如此之大，一個資質雖非超常但良好的人，倘若他想在學術上有所作為，就必須潛心於某一個專業領域，對其餘領域只好不聞不問。如果他在他那個領域算得上是鶴立雞群，他卻會在所有別的領域（代表在一切主要事情上）都屬於雞群。所以，某一個專業的精英學者很像工廠裡的工人，終其一生無非是做一個特定的螺絲釘或手柄，隸屬於一種特定的工具或一台機器，如此一來，他當然能在這方面練就令人難以置信的精湛技藝。在德國，人們知道要給這個痛苦的事實披上一件了不起的思想外衣，甚至把學者這種狹窄的專業技能、以及他們越來越遠離正確的教育，當作一種道德現象來讚歎，「精益求精」、「埋頭苦幹」成了漂亮的口號，在專業範圍外缺乏文化的狀況，被當作高貴知足的標記大肆炫耀。

在過去若干世紀裡，在人們的概念中，學者（而且唯有學者）是一個受過教育的人，這是不言而喻的；從我們時代的經驗出發，人們會感到無法接受這樣簡單地把二者等同。因為在今天，一個人為了學術的利益而被榨取，這是到處都毫無異議地接受的前提；還有誰會自問，一種如此吸血鬼似地使用其造物的學術究竟能有什麼價值？學術分工實際上在追求的目標，正是各地宗教自覺地追求的那同一個目標，即縮小教育，甚至是毀滅教育。然而，對於一些宗教來說，假如按照其起源和歷史，某種要求是完全正當的，用在學術身上就會在某個時候導致自我毀滅。我們今天已經走到這樣一個地步：在天性認真的人關心的一切普遍性問題上，尤其在最高的哲學問題上，上述這種學者已經完全不再有發言權；相反，如今寄居在各學科之間的那個起黏合和聯結作用的階層，即新聞界，卻相信自己在這裡賦有使命，並且以符合其本性的方式在執行這個使命，也就是如其名所示的，作為一個按日付薪的臨時工①。

兩種傾向在新聞界合流，教育的擴展和縮小在這裡握手言歡；日報直接取代了教育，無論誰，包括學者，今天如果還有教育的要求，便習慣於依賴這個起黏合作用的仲介階層，它黏合一切生活形式、一切立場、一切藝術、一切學科之間的縫隙，它穩妥可靠，就像日記帳簿一向都讓人放心一樣②。現代教育特有的意圖在日報身上得到了最充分的體現，就像在同樣的程度上，記者——為當下服務的僕役——取代了偉大的天才，取代了一切時代的導師，取代了把人們從當下解救出來的救星。

——《論我們教育機構的未來》第一講摘錄

① 新聞界（Journalistik）一詞來自法語，Jour 詞義為值班日，故如此說。

② Journal 兼有日報和日記帳之義，故如此說。

# 十六、教育從嚴格的語言訓練開始

迄今為止，文科中學耽誤了最重要、最直接的對象，這也是真正教育的起點，即母語，因此，一切後續教育工作也就缺少自然的、豐產的土壤。因為唯有在一種嚴格的、藝術上講究的語言訓練和語言習慣的基礎上，對經典作家之偉大的正確感受才能得到強化；然而，在文科中學這方面，對這種偉大之處的讚賞，迄今只是源於個別教師把一切審美化的可疑業餘愛好，或某些悲劇和小說作品的純粹題材的效果。可是，一個人必須從自己的經驗中懂得語言的艱難，必須在長期摸索和搏鬥之後，終於踏上我們偉大詩人曾經走過的那條路，才能體會到他們在這條路上走得多麼輕盈優美，而其餘人在他們後面跟隨得多麼笨拙彆扭。

唯有經過這樣的訓練，年輕人才能在面對報刊工廠、報刊工人、小說寫手如此受歡迎和頌揚的「時髦」風格時，在面對文學匠的「漂亮文體」時，感到那種生理上的噁心，並且一勞永逸地超越那些十分可笑的問題和疑慮，比如：奧爾巴赫[①]或古茨科[②]是不是真正的詩人？人們只須憑著噁心不再讀他們，藉由這種方式，就解決了問題。想必沒有人相信，訓練自己的感覺直到能產生這種生理上的噁心，會是容易的事情；但是，想必也沒有人希望，要由別的道路獲得審美判斷力，而非由語言的荊棘小道，並且不是語言研究、而是語言自我訓練的荊棘小道。

在這裡，對於每個認真從事的人來說，情況就像必須學步的小孩或士兵一樣，因為他以前在走路這方面，只是一個業餘愛好者和經驗主義者。這是異常艱難的一段時間，人緊張得生怕弦會繃斷，那些刻意學來的步法和站法，每次都無望輕鬆自如地完成；他驚恐地看到自己一腳腳邁得多麼笨拙生疏，害怕自己學錯了每一步，永遠學不會正確地走路了。然而，有一天他突然發現，人為練就的那些動作已經變成新的習慣和第二天性，從前步伐的穩健和有力受到了加強，並且由於訓練有成，增添了若干優美，現在又回來了。現在，他也懂得走路的艱難了，可以取笑那些步法粗糙的經驗主義者，或者那些邁著時髦步子的業餘愛好者了。我們那些號稱「時髦」的作家，如同他們的風格業已證明的，從未學過走路；而在我們的文科中學裡，如同我們的作家業已證明的，人們從不學習走路。可是，教育正是從語言的正確步法開始的，假如教育正確地開始了，此後它也就使人在面對那些「時髦」作家時產生一種生理上的感覺，我們把這種感覺叫做「噁心」。

——《論我們教育機構的未來》第二講摘錄

① 奧爾巴赫（Berthold Auerbach，一八一二—一八八二），德國小說家，以描寫農村生活聞名，有浪漫主義傾向，在世時備受歡迎。
② 古茨科（Karl Gutzkow，一八一一—一八七八），德國小說家、劇作家，德國現代社會小說的先驅者之一。

# 十七、教育機構與生計機構的對立

請不要把這一種教育，這個纖足、嬌慣的仙女，與那個可供使喚的丫鬟混為一談；後者有時也以「教育」自稱，其實不過是一個有智識的女僕，只要在其歷程的終點，樹立了一個職位或一種謀生方式作為前景，那就絕不是我們所理解的那種真正的教育，而只是一份說明書，用以指導人們在生存鬥爭中救助和保衛自己的主體。當然，對於絕大多數人來說，這一份說明書具有頭等的、最切近的重要性，而鬥爭越是艱難，年輕人就越是要學習，越是要緊張地調動他的力量。

不過，不會有人相信，這些激勵和訓練人們去進行生存鬥爭的機構，能夠在嚴格意義上（不管以什麼方式）被視為真正的教育機構。這是一些對付生計的機構，它們能夠許諾培養公務員、商人、軍官、批發商、農場主、醫生、技術員。但是，這種機構所實行的法則和標準，無論如何都和建立真正的教育機構根本不同，前者所允許甚至儘量提供的東西，在後者看來會是瀆神的罪惡。

我要給你們舉一個例子。如果你們想引導一個青年走上正確教育的小道，就當心別去妨礙他與自然結成樸素、信任、私密般的關係：森林、岩石、波浪、猛禽、孤單的花朵、蝴蝶、草地、山坡，都必定在用自己的語言對他說話，在它們之中，他／必定宛如在無數互相投射的映射和鏡像之中，在變幻著的現象之彩色漩渦之中，重新認識了自己；如此，他將憑藉自然的偉大譬喻，不知不覺地感應到萬物形而上的統一，立刻恬然休憩於她那永恆的持久性和必然性。可是，對於許多青年來說，怎麼有機會在與自然如此親近的、近乎私密的關係中成長起來！其他人則不得不早早地學習另一種真理：怎樣征服自然。那種樸素的形上學在這裡終結了，而植物生理學、動物生理學、生物學、無機化學迫使其學徒用完全不同的方式看待自然。由於這種強迫性的新觀察方式，丟失的不是詩意的幻想，而是依靠本能、唯一真實地領悟自然的能力，取而代之的是依靠精明的計算智勝自然的能力。因此，對於一個真正有教養的人來說，丟失的是無價之寶，即能夠毫不間斷地忠於他童年時代的沉思本能，藉此達到一種寧靜、統一，一種關聯和協調；這些東西是一個被培養去進行生存鬥爭的人未嘗夢見過的。

就我而言，我只知道一種真正的對立，教育機構與生計機構的對立……

——《論我們教育機構的未來》第四講摘錄

# 十八、衡量大學教育的三個尺度

仔細看一看這個自由的大學生，這個獨立教育的英雄，深入他的本能來破解他，根據他的需要來說明他！想一想如果你們懂得用以下三個尺度來衡量，對他的教育會有什麼看法？第一是他對哲學的需要，第二是他在藝術方面的本能，第三是希臘羅馬古典文化，那是一切文化的具體化的絕對命令。

人是如此受到最嚴肅、最困難的問題所包圍，因此，如果能以適當的方式將他引向這些問題，他就會更早產生一種持久的、哲學性的驚異，唯有在這種驚異的基礎上，就像在一片肥沃的土壤上，一種深刻而高貴的教育才能生長起來。通常是他自身的經驗將他引向這些問題，特別是在激蕩的青年時代，幾乎每一種個人經歷都反映在雙重的光輝之中，既是一種日常生活的例證，又是一個令人驚異的、值得闡明的永恆問題的例證。在這樣的年齡，人會看到他的經歷彷彿被形上學的彩虹圍繞，這時最需要一隻引導他的手，因為他突然地、幾乎本能地相信了人生的歧義性，失去了迄今為止懷有的傳統見解之堅實土地。

這種自然產生的強烈需要狀態，將會被視為那珍貴獨立性的死敵，而當今受過教育的年輕人似乎都應該培養起那種獨立性。所以，所有那些業已投入「自明之理」懷抱的「當代」青年都奮力要制服它，使它癱瘓，把它引開，或者讓它萎縮，而最受歡迎的手段就是用所謂「歷史修養」來麻痺這種自然產生的哲學衝動。我們青年一代的哲學衝動已經退化成了這種修養，年輕的學究憑這種修養得到支持，而大學裡那些特立獨行的哲學家如今卻彷彿是在幹著祕密勾當。

於是，原先對於那些永恆問題的深刻闡明，就逐漸被歷史的、甚至古典語文學的考證和問題取代了，諸如這個那個哲學家思考過或沒有思考過什麼，這篇那篇文字是不是他寫的，甚至這篇還是那篇作品應該得到優先考慮。現在，在我們大學的哲學課上，我們的學生被鼓勵對哲學作這種中性的研究，正因為如此，我早就習慣於把這樣一門學科看作古典語文學的分支，而不管其代表是不是一個優秀的古典語文學家，我在這方面對他們的評價都不高。由此可見，哲學本身無疑已經被革出了大學之門，這就解答了我們對於大學教育之價值的第一個問題。

至於大學與藝術的關係問題，則完全可以問心無愧地不予理會，因為它與藝術根本沒有關係。這裡找不到一丁點藝術的思考、學習、追求、比較的跡象，甚至無人願意嚴肅地談論大學對最重要的國民藝術計劃的要求的看法。是否有個別教師自認為對藝術具有個人的愛好，是否為熱中於美學原理的文學史家設置了教席，均非這裡所考慮的；所考慮的是大學的整體狀況，它沒有讓學生受到嚴格的藝術訓練，在這方面完全無所作為地放任自流，據此就可斷然批駁它企圖充當最高教育機構的狂妄要求。

我們大學的「獨立之士」沒有哲學、沒有藝術地生活著，那麼，他們怎麼可能有與希臘人和羅馬人為伍的需要呢？現在誰也不必裝作愛好希臘人和羅馬人了，反正他們端坐在難以靠近的孤獨和莊嚴的疏遠之中。所以，對於這種已經完全死去的教育愛好，我們當代大學也就堅定地不去回顧，而建立起了自己的古典語文學教授隊伍，用來培養一代代人數有限的古典語文學者，後者的責任又是教文科中學生做好古典語文學準備；這個循環，對於古典語文學者和文科中學學生都沒有好處，但尤其遭到懲罰的是大學，使它成不了一個真正的教育機構，而它卻又誇耀寧願竭盡全力為此目標而努力。倘若連同哲學和藝術也一併撇開了希臘人，你們還能依靠什麼梯子上升到真正的教育呢？當你們試圖在少了這些幫助的情況下費力登梯之時，你們的博學——想必你們對此津津樂道——與其說是在承載你們快速上升，不如說是像無助的重負壓在你們的脖子上。

現在你們，你們這些老實人，倘若老實地立足於理解力的這三個階段，看清了今天的大學生在哲學上既不適合又缺乏準備，在藝術上是缺乏本能的，面對希臘人是自命自由的野蠻人——那麼，即使你們不是避之唯恐不及，你們大概也是寧願對他敬而遠之。因為這樣的大學生是無辜的；也正如你們已經看出的，他在無聲卻可怕地控訴著有罪者。

你們必須明白這個負有責任的無辜者所使用的語言，才可能理解那個大事張揚的獨立性所具備的內在實質。在這些被昂貴地裝備起來的青年中，無人能夠抗拒那個使人疲憊、糊塗、神經緊張、永無喘息之機的強迫教育；走上被任用和僱用的實際崗位之後，即使在他似乎是一個自由人的時刻，他仍被層出不窮的煩惱和懷疑所困擾，為那個了不起的自由幻想而受罰。他感到無能引導自己，幫助自己，於是絕望地沉浸到日常生活和勞作的世界裡面；平庸的事務包圍著他，他的四肢鬆懈地下垂。突然，他又振作起來了，感到能夠支撐他向上的力量尚未衰退。自豪而崇高的決心，在他的心中形成、生長。這麼早就沉湎在一個狹小的專業領域裡，這一點使他驚恐；現在他抓向一個支撐物，以求不被扯到這條路上去。可是徒勞！這個支撐物不見了；他抓了一空，抓到手的是一根折斷的蘆葦。在悲涼而無可慰藉的心情中，他看見自己的計劃成為泡影，他的狀況令人厭惡，毫無價值，只是繁重的事務和憂傷的疲憊不斷交替。他累了，懶了，害怕工作，懼怕一切偉大事物，憎恨自己。他分析自己的才能，相信在空洞或雜亂無章的夢中看見了它們。如此一來，他再度從自己夢見的自我認識之高處，落入諷刺的懷疑。他打消了他這場鬥爭的重要性，感到自己已經準備好去追求任何實際的、乃至低級的利益。現在，他在匆忙不歇的行動中找尋自我安慰，要在其中把自己在自己面前隱藏起來。他茫然失措，沒有人引導他走向那種改變人生形態的教育，受盡懷疑、振奮、生計、希望、沮喪的捉弄，頭頂上那些能夠引領他駕駛航船的所有星辰皆已熄滅。

這便是那個著名的獨立性、那個大學自由的圖景，它映照在那些最好的、確實渴望真正教育的心靈裡。與之相對的是那些無所用心的粗糙天性，他們則不在考慮之列，他們享受著野蠻意義上的自由。經由他們的低級愛好，他們的成熟的專業限制，他們業已證明，這些因素對於他們恰恰是合適的，對此就毋庸多言了。

——《論我們教育機構的未來》第五講摘錄

# 十九、成為你自己

一個看過許多國家、民族以及世界許多地方的旅行家，若有人問他，他發現世界各地的人們具有什麼相同的特徵，他或許會回答：他們有懶惰的傾向。有些人或許會覺得，如果說「他們全是怯懦的」，就更正確也更符合事實了。人們躲在習俗和輿論背後。其實每個人心裡都明白，作為一個獨一無二的事物，他在世上只存在一次，不會再有第二次這樣的巧合，能把如此極其紛繁的許多元素又湊到一起，組合成一個像他現在所是的個體。他明白這一點，可是他把它像虧心事一樣地隱瞞著——為什麼呢？因為懼怕鄰人，鄰人要維護習俗，用習俗包裹自己。然而，是什麼東西迫使一個人懼怕鄰人，隨著大流思考和行動，而不是快快樂樂地做他自己呢？少數人也許是因為羞愧；大多數人則是貪圖安逸、惰性，一言以蔽之，便是那位旅行家所談到的懶惰傾向。這位旅行家言之有理：他們恰恰最怕絕對的真誠和坦白可能加諸於自己的負擔。唯有藝術家痛恨這樣草率地因襲俗規、人云亦云，因此能揭示每個人的祕密和虧心事，揭示「每個人都是一個一次性的奇蹟」這個命題；他們敢於指出，每個人從頭到腳、直到他每塊肌肉的運動，都是他自己，只是他自己，而且，只要這樣嚴格地貫徹他的唯一性，他就是美而可觀的，就像大自然的每個作品一樣新奇而令人難以置信，絕對不會使人厭倦。當一個偉大的思想家蔑視人類時，他是在蔑視他們的懶惰：由於他們自己的原因，他們顯得如同工廠的產品，千篇一律，不配來往和垂教。不想淪為芸芸眾生的人只需做一件事，便是對自己不再懶散；他應聽從自身良知的呼喚：「成為你自己！你現在所做、所想、所追求的一切，都不是你自己。」

每顆年輕的心靈日日夜夜都聽見這個呼喚，並且為之顫慄；因為當它念及自己真正的解放時，它便隱約感覺到了其萬古不移的幸福準則。只要它仍套著輿論和怯懦的枷鎖，就沒有任何方法能夠幫助它獲得這種幸福。而如果沒有這樣的解放，人生會是多麼絕望和無聊呵！大自然中再也沒有比那種人更空虛、更野蠻的造物了，這種人逃避自己的天賦，卻又一面朝四面八方貪婪地窺伺。結果，我們甚至不再能攻擊一個這樣的人，因為他完全是一個沒有核心的空殼，一件鼓起來的、上了色的破爛衣服，一個鑲了邊的幻影，它絲毫不能叫人害怕，也肯定不能引起同情。如果我們可以說懶惰殺害了時間，那麼，對於一個把幸福建立在公眾輿論（——亦即個人懶惰）這個基礎上的時代，我們就必須認真擔憂，這樣一個時代真的會被殺害了，我是說，它被從生命真正解放的歷史中勾銷了。後代會懷著怎樣巨大的厭惡來對付這個時代的遺產，當時從事統治的不是活生生的人，只不過是徒具人形的輿論；所以，在某一遙遠的後代看來，我們這個時代也許是歷史上最非人的時期，因而是最模糊、最陌生的時期。我走在我們許多城市新建的街道上，望著信奉公眾意見的這代人為自己建造的面目可憎的房屋，不禁思忖，百年之後它們將會怎樣地蕩然無存，而這些房屋的建造者們的意見也將會怎樣地隨之傾覆。反之，那些感覺自己不屬於這時代的人，該是怎樣地充滿希望；他們若不是這樣的話，他們就會一同致力於殺死他們的時代，並和他們的時代同歸於盡——然而，事實上他們寧願喚醒時代，以求今生能夠活下去。

可是，就算未來不給我們以任何希望吧——我們自身奇特的存在，正是在這個當下最強烈激勵著我們的理由，要我們按照自己的標準和法則生活。激勵我們的是這個不可思議的事實：我們恰恰生活在今天，並且需要無限的時間才得以產生，我們除了稍縱即逝的今天之外別無所有，必須在這段時間內表明我們緣何和為何誕生。對於我們的人生，我們必須自己向自己負起責任；因此，我們也要充當這個人生的真正舵手，不讓我們的生存淪為一個盲目的偶然。我們對待它應當敢做敢當、勇於冒險，尤其是因為，無論情況是最壞還是最好，我們反正會失去它。為什麼要執著於這一塊土地、這一種職業，為什麼要順從鄰人的意見呢？恪守著某個觀點，偏偏這個觀點並不被幾百里外的人當一回事，這未免太小城鎮氣了。東方和西方不過是別人在我們眼前畫的粉筆線，其用意是要愚弄我們的怯懦之心。年輕的心靈如此自語：「我要為了獲得自由而進行試驗。」而這時種種阻礙便隨之而來了：兩個民族之間偶然地互相仇恨和交戰，或者兩個區域之間橫隔著大洋，或者身邊正倡導著一種數千年前並不存在的宗教。心靈對自己說：「這一切都不是你自己。誰也不能為你建造一座你必須踏著它渡過生命之河的橋，除了你自己之外，沒有人能這麼做。儘管有無數肯載你渡河的馬、橋和半神，但必須以你自己為代價，你將抵押和喪失你自己。世上有一條唯一的路，除你之外無人能走。它通往何方？不要問，走便是了。『當一個人不知道他的路還會把他引向何方的時候，他已經攀登得比任何時候更高了。』①說出這個真理的那個人是誰呢？」

然而，我們怎樣找回自己呢？人怎樣才能認識自己？他是幽暗的、被遮蔽的；如果說兔子有七張皮，那麼，人即使脫去了七十乘七張皮，仍然不能說：「這就是真正的你了，這不再是外殼了。」而且，如此挖掘自己，這時，他太過容易使自己受傷，以至於無醫可治。更何況，倘若捨棄了我們本質的一切證據——我們的友誼和敵對、我們的注視和握手、我們的記憶和遺忘、我們的書籍和筆跡，還會有什麼結果呢。不過，為了進行最重要的詰問，尚有一個方法。年輕的心靈在回顧生活時不妨自問：「迄今為止你真正愛過什麼，什麼東西曾使得你的靈魂振奮，什麼東西占據過它同時又賜福予它？」你不妨給自己列舉這一系列受珍愛的對象，它們也許會透過其特性和順序，向你顯示了一種法則，你的真正自我的基本法則。不妨比較一下這些對象，看一看它們如何互相補充、擴展、超越、神化，它們如何組成一個階梯，使你迄今得以朝你自己一步步攀登；因為你的真正本質並非深藏在你裡面，而是無比地高於你，至少高於你一向看作自我的那種東西。你的真正的教育家和塑造家向你透露，什麼是你的本質的真正原初意義和主要原料，那是某種不可教育、不可塑造之物，但肯定也是難以被觸及、束縛、癱瘓的東西：除了做你的解放者之外，你的教育家別無所能。這是一切塑造的祕訣：它並不出借人造的假肢、蠟制的鼻子、戴眼鏡的眼睛，——毋寧說，唯有教育的效顰者才會提供這些禮物。而教育則是解放，能夠掃除一切雜草、廢品和企圖損害作物嫩芽的害蟲，是光和熱的施放，是夜雨充滿愛意的降臨，它是對大自然的摹仿和禮拜，這裡，大自然被視為母性而慈悲的；它亦是對大自然的完成，因為它預防了大自然殘酷不仁的爆發，並且化害為利，也因為它，給大自然那後

①出自克倫威爾。

母般的態度和不可理喻的可悲表現罩上了一層面紗。

——《作為教育家的叔本華》第一節摘錄

# 二十、為自己寫作

當我幻想自己能找到一個真正的哲學家做老師時，我確實是異想天開。我想像他能夠使我超越時代的不足，教我在思想上和生活中回歸簡單和誠實，也就是不合時宜。這個詞要按照其最深刻的意義來理解，因為現在人們已經變得如此複雜，以至於只要他們想說話、發表意見和據之行動時，他們便必然會不誠實。

正是在這樣的困苦、需要和渴求中，我結識了叔本華。

我屬於叔本華的某一些讀者之列，他們一旦讀了他著作的第一頁，就確知自己會讀完整本書，傾聽他說過的每一句話。我一下子就信任了他，現在這信任仍像九年前①一樣堅定。原因在於，我理解他就像他是為我寫的一樣，——這樣表達是為了清晰，雖則會顯得狂妄和笨拙。我在他那裡從未發現過似是而非之論，儘管在這裡或那裡會發現小小的謬誤。似是而非之論是什麼呢，無非是那樣一些意見：它們不能引起信任，因為連作者自己也並不真正相信，只是想用它們來嘩眾取寵，大出風頭。叔本華從來不想出風頭，因為他是為自己寫作的，沒有人甘願受騙，尤其是一位為自己立此法則的哲學家：「不要欺騙任何人，絕對不要欺騙你自己！」他甚至不說那種討人喜歡的社交式假話，幾乎一切交往都夾雜著這些話，而

---

①尼采初次讀叔本華著作是在寫作本書的九年前，即一八六五年。

且被作家們近乎無意識地模仿著；他更不玩演講臺上較有意識的欺騙，以及人為造作的修辭手法。叔本華是在對自己說話，或者，倘若人們一定要設想一個聽眾，就不妨設想一個在聽父親教誨的兒子。這是一場懇切、直率、善意的談話，訴諸一個懷著愛心傾聽的聽者。我們太缺少這樣的作家了。當這位言說者剛剛吐出第一個音，他那強烈的快意便已籠罩我們；我們宛如走進高山上的森林，深深地呼吸，立刻感到通體舒暢。我們覺得，這裡處處是使人強健的空氣；這裡有一種不可模仿的無拘無束和自然而然，正如那些以自己的心靈為家宅、這棟家宅也極其富裕的人所感覺的一樣。與此相反，有些作家為了顯示機智而故意出語驚人，他們的演講因此而有一種不安靜、不自然的風格。當叔本華說話時，我們同樣也不會想起那些學者，他們生就一副僵硬而不靈活的軀體，心胸狹窄，所以笨拙、窘迫或者做作地從那裡走來；另一方面，叔本華那粗糙的、有點像熊一般的靈魂，豈不使我們既懷念又鄙棄法國優秀作家那種靈巧高雅的嫵媚，在他那裡，無人能發現模仿來的、彷彿鍍了銀的偽法國風格，這種風格是德國作家十分引以自豪的。叔本華的表達，在這裡或那裡偶爾會使我想起歌德，但絕不會使我想起德國模式。因為他善於質樸地說出深刻的真理，沒有華麗辭藻卻抓住了聽眾，不帶學究氣卻表達了嚴密的科學理論，他從哪個德國人那裡學得到這等本事呢？他也拒斥萊辛那種尖刻的、過於活潑的，以及（假如允許這麼說的話）相當非德國的風格，這是怎樣偉大的功勞呵，因為在散文寫作方面，萊辛是德國人中最有誘惑力的作者。對他的寫作態度，為了立刻表達我所能說的最高感受，我要引用他自己的話：「一個哲學家必須極其誠實，不利用任何詩意或修辭的輔助手段。」把誠實當一回事甚或一種德行，這在公共輿論的時代當然屬於被禁止的個人意見；所以，當我重申叔本華作為作家也是誠實的，我並不是在讚美他，而只是在描述一個事實；誠實的作家如此之少，因而人們的確應該對一切搞寫作的人報以不信任。我只知道一位作家，在誠實這方面，我認為他可以和叔本華比肩，甚至略勝一籌：他就是蒙田②。有這樣一個人寫過東西，真可增加我們在塵世生活的興趣。至少對我來說，自從結識這顆最自由強健的靈魂以後，我的情況就如他談到普魯塔克時說的那樣：「只要看他一眼，我就長出了一條腿或一張翅膀。」倘若我所面臨的任務是在塵世安家，那麼，我但願與他為伍。

——《作為教育家的叔本華》第二節摘錄

② 蒙田（Michel de montaigne，一五三三—一五九二），法國作家，傳世作為《隨筆集》三卷。

# 二十一、非凡之人必定孤獨

生活在一個平凡社會裡的非凡之人，所要面臨的一般危險，近世一位英國人①作如此描述：「這種特異的性格一開始會屈從，然後會憂鬱，生病，最後則是死亡。一個雪萊在英國尚且活不下去，一批雪萊的出現就更不可能了。」賀德林②、克萊斯特③等人無不是毀於他們的這種非凡，忍受不了所謂德國教育的氣候；唯有像貝多芬、歌德、叔本華和華格納這樣岩石般的天性，才能站住腳。可是，即使在他們身上，許多特徵和滿面皺紋也顯示了那令人筋疲力盡的鬥爭和掙扎的後果：他們的呼吸越來越沉重，他們的聲音很容易過於粗暴。有一位老練的外交官，他和歌德只是匆匆見過一面，交談過幾句，便對他的朋友說：Voila un homme qui a eu de grands chagrins!——歌德把這話譯成了德語：「這也是一個歷經磨難的人！」他補充說：「既然我們所克服的苦難和工作所留下的痕跡，未能在我們的面容上消失，那麼，我們和我們的努力所剩有的一切都帶著這痕跡，就並不奇怪了。」而這就是歌德，我們的文化市儈們卻把他說成最幸福的德國人，以此證明一個人即使置身於他們之中也仍然可以是幸福的——言外之意是，誰若置身於他們之中感到不幸和孤獨，就絕不可原諒。他們由此甚至極其殘酷地建立一個教條，並在實踐中解釋：一切孤獨中皆包含隱祕的罪惡。

可憐的叔本華內心也的確有一個隱祕的罪惡，即高估他的哲學而小看他的同代人；但他如此不幸，未能從歌德的榜樣中懂得，他必須替他的哲學辯護，不惜一切代價反抗同代人對它的漠視，以挽救它的生存；因為，據歌德判斷，德國人在一種宗教裁判檢查的方面已經造詣很深，它叫做：牢不可破的沉默。藉此，至少已經做到了一點：他那些主要著作的初版，大部分都只好搗成紙漿。光是因為漠視，他的壯舉便將付諸東流，這個現實的危險使他陷入了可怕的、難以控制的不安，看不見哪怕一個值得重視的追隨者。看到他搜尋著任何一點表明自己已經出名的跡象，我們不禁感到悲哀；最後，他大聲地、過於大聲地歡呼，現在他真的有人閱讀了——*legor et legar*（我正被人閱讀，並仍將被人閱讀），這歡呼幾欲令人心碎。正是他身上那些與哲學家的尊嚴不相稱的特徵，勾畫出了一個為自己最高貴財富擔憂的受苦者的面貌；使他痛苦的是，他擔心自己會失去不多的財產，從而不能繼續保持他對哲學的那種純粹的、真正古典的態度；他尋求對他完全信任和同情的人，卻總是落空，因而一再目光憂鬱地回到他那條忠實的狗身邊。他完完全全是一個隱居者，沒有哪怕一個真正的知心朋友來安慰他——而在「一個」與「沒有」之間，就像在「自我」和「虛無」之間一樣，隔著無限遙遠的距離。一個人只要擁有真正的朋友，哪怕全世界都與他為敵，他也不會知道什麼是真正的孤獨。

---

①指巴傑特（Walter Bagehot），引文出自其所著《各民族的起源》一書。

②賀德林（Friedrich Holderlin，一七七〇－一八四三），德國偉大詩人，生前無人理解，二十世紀初才在德國受到重新發現，並建立了世界性的聲譽。尼采屬於最早理解他的人之列。

③克萊斯特（Heinrich von Kleist，一七七七—一八一一），德國詩人。

唉，我的確發現，你們不知道什麼是孤獨。何處存在著強大的社會、政府、宗教、輿論——簡而言之，何處有專制，則它必仇恨孤獨的哲學家；因為哲學為個人開設了一個任何專制不能進入的避難所，一個內在的洞穴，一個心靈的迷宮，而這便激怒了暴君們。孤獨者們在那裡隱居，可是，那裡也潛伏著孤獨者們的最大危險。這些逃到內心尋求自由的人，也仍然必須在外部世界中生活，因而露其形跡，為人所見；由於出生、居留、教育、祖國、偶然性以及他人糾纏，他們身處無數的人際關係之中；人們假定他們也抱持無數的意見，只因為那些意見是主流的；每一個不置可否的表情，都會被理解為贊同；每一個不乾脆否決的手勢，都會被理解為肯定。這些精神上的孤獨者和自由者，他們知道，人們總是把他們看作別有所求，而不是在思想：當他們一心追求真理和真誠之時，誤解之網包圍著他們；儘管他們心懷熱切的渴望，卻不能驅散籠罩在他們的行為上的偏見、牽強附會、假惺惺的讓步、謹慎的沉默、曲解之濃霧。這使他們的額上布滿了愁雲，必須過一種虛假的生活，在這樣的天性看來真是生不如死；而因此鬱積的憤怒使他們變得暴躁不安，咄咄逼人。有時候，他們為了自己過分的自匿和被迫的自制而復仇。他們帶著可怕的表情，從洞穴中爬出；而後，他們的言行是爆炸性的，他們很可能毀在自己手上。叔本華就是這樣生活著的。正是這樣的孤獨者需要愛，需要同伴，在這些同伴面前，他們可以像在自己面前一樣自由自在，和這些同伴在一起，他們不必再痙攣於沉默與偽裝之間。你們奪走了這樣的同伴，致使危險陡增；亨利希・馮・克萊斯特便毀於這無愛的生活了，對付非凡之人的最可怕手段，就是這樣把他們深深逼入自我之中，使他們的每一回復出都變得愈加狂暴。然而，總有一些半神能承受在如此可怕的條件下生活，勝利地生活；倘若你們想聽他的孤獨之歌，就請聽貝多芬的音樂吧。

每個人在自身中都載負著一種具有創造力的獨特性，以作為他的生存的核心；而一旦他意識到了這種獨特性，他的四周就會呈現一種非凡者特有的異樣光輝。對於大多數人來說，這是難以忍受的，因為如上所述，他們是懶惰的，可是在那種獨特性上，卻繫著一副勞苦和重任的鎖鏈。毫無疑問，對於戴著這副鎖鏈的非凡之人來說，生命就喪失了一個人在年輕時對它夢想的幾乎一切，包括快樂、安全、輕鬆、名聲等等；孤獨的命運便是周圍人們給他的贈禮，無論他想在哪裡生活，那裡立刻就會出現荒漠和洞穴。現在他必須留神，切勿因此而屈服，變得愁眉苦臉，意氣消沉。為此，他不妨在自己周圍擺上勇敢卓絕的戰士肖像，叔本華便是其中之一。

——《作為教育家的叔本華》第三節摘錄

# 二十二、哲學的使命是解釋生命的意義

這是籠罩於叔本華生長過程的第一種危險：孤獨。第二種是：對真理的絕望。這個危險伴隨著每一個以康德哲學為出發點的思想家，只要他在受苦和渴望中是個更完整、更有活力的人，而不只是一架啪嗒作響的思想機器和計算機器。現在我們都很明白，符合這個前提反倒是一件令人慚愧的事情；真的，在我看來，康德好像僅在極少數人身上深入了骨髓，化作了血肉。雖則我們頻頻讀到，據說自這位沉靜的學者發難以來，在一切精神領域都爆發了革命；但是，我並不相信這一點。因為從這些人身上我看不出此種跡象，在任何一個完整領域能夠發生革命之前，他們自己本該首先被革命的。一旦康德開始產生廣泛的影響，我們想必會在具有腐蝕、瓦解作用的懷疑主義和相對主義中有所覺察；唯有那些最活潑也最高貴的心靈，因為不堪忍受懷疑，一種震撼以及對一切真理的絕望就會在他們身上取代懷疑，就好像亨利希・馮・克萊斯特讀了康德哲學所感受到的。他曾經以他那種扣人心弦的風格寫道：「最近，我認識了康德哲學——而我現在一定要向你傳達其中的一個思想，並且無須害怕它會使你受到如此深刻而痛苦的震撼，一如我受到的那樣。——我們不能斷定，我們名之為真理的東西，究竟真的是真理，抑或只是我們覺得如此罷了。倘若是後者，則我們此生所積累的真理在死後便蕩然無存了，我們為了獲得一筆可以帶入墳墓的財富，所做的全部努力都是徒勞。——如果這個思想沒有刺傷你的心，那麼，請不要嘲笑在最神聖的內心深處被它刺傷了的那個人。我的唯一目標、我的最高目標沉落了，我一無所有了。」是的，人們什麼時候會像克萊斯特這樣自然地感受，什麼時候會憑自己「最神聖的內心深處」來衡量一種哲學的意義？

但這是極其必要的，如此方能探討，繼康德之後，叔本華對於我們能是什麼——是一位嚮導，他帶領我們走出懷疑主義的不滿，或批判哲學的無為之洞穴，登上悲劇觀照之天穹，那浩渺無際地綿亙在我們頭頂之上、繁星閃爍的夜空，而作為先行者，他為自己指引了這條路。他站在整幅生命之畫前面，解釋它的完整意義，這便是他的偉大之處。而那些太機敏的頭腦卻不能擺脫一種謬見，以為只要詳盡地研究畫這幅畫所用的顏色和材料，就已經在接近對畫意的解釋了；其成果也許是指出，面前有一塊縱橫交錯編織成的亞麻畫布，上面有一些無法弄清其化學成分的顏料。為了理解一幅畫，必須對畫家有所瞭解，——叔本華懂得這一點。然而，現在整個科學行業卻都致力於瞭解那畫布和顏料，而不是理解畫本身；可以說，一個人唯有統觀生命和存在的整體畫面，才能利用具體科學而又不受其害，少了這一幅指導性的整體圖畫，它們就僅是一些絕對無法引導我們抵達終點的線條，只會使我們的生命歷程越發迷離混亂。

如上所述，叔本華的偉大之處就在於，他追蹤這圖畫，一如哈姆雷特之追蹤幽靈，不像學者那樣舍本求末，也不像狂熱的辯證法家那樣沉湎於概念的經院哲學。所以，針對一切冒牌哲學家的研究之所以有意思，只是因為藉之可以看到，在哲學的大廈中，他們立刻就陷在其中一些地方了，在那裡他們得以博學地贊同和反對，得以苦思、懷疑和辯駁，他們因此而違背了每種偉大哲學的要求，即作為整體，始終只是說道：「這是生命之書的全景，從中學知你的生命的意義吧。」以及反過來：「僅僅閱讀你的生命，從中理解普遍生命的象形文字吧。」而對叔本華的哲學也始終應該首先作如是解：將之視為個別的哲學，由個人僅僅為了自己而建立，以求獲得對自己的不幸和需要、自己的局限之洞察，並探究克服和安慰的手段，也就是棄絕自我，服從最高貴的目標，首先是正義和憐憫之目標。他教導我們，區分對人類幸福的真實促進與虛假促進：不論財富、名聲還是學問，都不能使個人擺脫自己對人生沒有價值的深深煩惱；對這些東西的追求，唯有透過一個高尚的、光芒普照的總體目標，才會有意義，即獲取權力，藉之補救軀體，成為對軀體之愚昧和笨拙的永恆矯正。儘管一開始也只是為了自己；但透過自己，最終是為了一切人。當然，這一努力骨子裡是導向聽天由命的：因為歸根到底，無論在個人還是在人類，有什麼東西、又在多大程度上還能被改善呢！

——《作為教育家的叔本華》第三節摘錄

# 二十三、哲學家與時代的緊張關係

除了因叔本華所賦有的整體素質導致的這些危險外，不論他生活在哪個世紀，還存在著由他的時代加於他的危險；為了把握叔本華天性的示範和教育意義，區分素質的危險和時代的危險是很重要的。讓我們想像一下這位哲學家審視存在的眼睛：他試圖重新確立其價值。因為做事物之尺度、貨幣、重量的立法者，乃是一切偉大思想家的真正使命。他一開始所看到的人類竟是一顆弱小並且蟲蛀的果實，這必定使他遭受了怎樣的挫折！為了對存在公正，他必須把多少東西添加到現代的無價值上面！如果說研究先輩或異族的歷史很有價值，那麼，對於哲學家就尤其如此，他要給整個人類命運下一個正確的判斷，況且不只是平均的命運，而首先是個人或整個民族可能獲得的最高命運。然而，現在種種現代事物近在眼前，影響和支配著眼睛，哪怕這位哲學家並不願意；於是在算總帳時，它們就被不由自主地高估了。

所以，哲學家必須在與別的時代的區別中衡量他的時代，並且，當他為了自己而克服當代性時，也必須在他所描繪的生命之畫中克服當代性，也就是使其難以辨認，彷彿被塗蓋住了。這是一項艱巨的、甚至近乎不可能的任務。古希臘哲學家針對存在價值的判斷，遠比現代人的判斷更有意義，因為他們看到和親歷的生活本身就十分絢爛豐滿，他們也不像我們的思想家，會因為求生命的自由、美、偉大的願望，以及求真理的衝動（它只問：存在究竟有何價值？）之間的分裂，而感覺迷離失措。恩培多克勒生活在希臘文化生命力最旺盛充溢的時代，知道他說了些什麼關於人生的話，對於一切時代始終是很重要的；他的話一言九鼎，在那個偉大的時代，其餘任何一個大哲學家都沒有說過一句與之相悖的話。他只是說得最明白而已，可是實質上——只要張開耳朵傾聽，他們全都說過同樣的意思。如上所述，一個現代思想家總是受那未實現的願望折磨，他會要求人們首先向他重新顯示生命，真正的、血紅的、健康的生命，隨後他才能對之下自己的判決。他堅持認為，在自信能夠做一個公正的判官之前，至少他自己必須先成為一個活生生的人。現代哲學家之所以屬於生命和求生命之意志的最積極支持者，之所以從其疲憊的時代渴望一種文化、一種神化的肉體，原因就在於此。但是，這種渴望也是他們的危險，在此渴望中，生命的革新者與哲學家（亦即生命的判決者）進行著搏鬥。不管誰勝誰負，都將是一種隱含著失敗的勝利。叔本華怎樣逃避這種危險呢？

如果每一個偉人都寧願被視為自己時代的嫡子，始終比每個普通人更加強烈、敏感地因時代的種種缺陷而痛苦，那麼，這樣一個偉人反對其時代的鬥爭，似乎只是一場反對他自己的荒唐自殺鬥爭。不過，也只是表面上看來如此；因為在時代之中，他反對的是那阻礙他成其偉大的東西，對他來說，成其偉大也就是自由地、完全地成為他自己。因此，他的矛頭所指正是那種雖然在他身上、卻並不真正屬於他的東西，亦即那種把不可混同、永遠不可統一的東西攙和在一起的做法，那種把時代特徵錯誤地焊接到他那不合時宜天性上的做法；所謂時代之子終於顯出原形，原來只是時代的養子。

——《作為教育家的叔本華》第三節摘錄

# 二十四、現代的世俗化潮流

目前，在世界的各個角落，尤其在德國，存在著準備相信這類鬼話的天真的人們，他們的確極其認真地談論著什麼「這些年來世界已得改善」，什麼「那種對人生懷抱沉重憂思的人已被『事實』駁倒」之類的話。在他們看來，新德意志帝國的建立似乎是對一切「悲觀主義」哲學的決定性致命一擊，對此是絲毫不容商量的。在我們的時代，哲學家作為教育家意味著什麼？誰想回答這個問題，他就必須回應上述那種十分流行的、尤其在大學裡倍受寵愛的觀點，並且應當這樣回應：這種如此令人厭惡、偶像崇拜式的、對時代的諂媚，居然會出自所謂可敬的思想家之口，並且受到傳播，這真是莫大的恥辱——它表明人們已經不再懂得，哲學的嚴肅與一份報紙的嚴肅有多麼不同。這樣的人不僅把哲學的觀念喪失殆盡，而且把宗教的觀念也喪失殆盡了，取代它們的絕不是樂觀主義，而是新聞主義，是日常生活和日報的精神以及缺乏精神。任何一種相信靠政治事件可以推開甚至解決存在問題的哲學，都是開玩笑的、耍猴戲的哲學。有史以來，國家頻頻被建立；這是一齣老戲了。一次政治改革，怎能使人類一勞永逸地成為心滿意足的地球居民呢？不過，假如有人誠心誠意地相信這是可能的，那麼，他應該去報到，因為他的確有資格到一所德國大學做哲學教授，就像柏林的哈姆斯（Harms）、波昂的于爾根・邁爾（Juergen Meyer）、慕尼黑的卡里埃（Carriere）①一樣。

然而，在這裡，我們領略了近來在所有屋頂下宣說的教條的後果，這種教條宣稱國家是人類的最高目的，而對於一個男人來說，沒有比效忠國家更崇高的義務了。我從中看到了一種倒退，不是退向異教，而是退向愚昧。這樣一個以效忠國家為自己最高義務的男人，事實上的確可能不知道其他更高的義務；但是，正因為此，世上還存在著別樣的男人和別樣的義務——其中一種義務，在我看來至少比效忠國家更高尚，便是要消滅各種形態的愚昧，也包括這一種愚昧。所以，我在此研究某一類型的男人，也就是研究哲學家，他們的目的論超越一個國家的利益，而研究他們是為了重獲一個獨立於國家利益的文化世界。人類的政治團體由許多縱橫交錯的環節組成，其中有些是真的金子，有些卻是假的金子。

那麼，這位哲學家是如何看待我們時代的文化的？當然和那些對自己的國家心滿意足的哲學教授截然不同。當他思索著普遍的匆忙和越來越快的生活節奏，思索著一切悠閒和單純事物的消失時，他似乎已經覺察到了文化整個被連根拔起的徵兆。宗教的潮水退落了，只剩下沼澤或池塘；民族又分崩離析，互相仇視和殘殺。各門科學失去任何尺度，盲目地推行 *laisser faire*（放任主義），打破和瓦解了一切堅固的信仰；有教養階層和國家被極其卑鄙的金錢交易拖著走。世界從來不曾如此世俗化，如此缺乏愛和善良。在這整個動盪不寧的世俗化潮流中，學者階層不再是燈塔或避難所；他們自己也一天天變得不安，越來越沒有思想和愛心。一切都在為日益逼近的野蠻效勞，包括今天的藝術和科學。有教養人士已經蛻化為教育的頭號敵人，因為他們諱疾忌醫。這些軟弱可憐的無賴，一旦有人議論他們的弱點，反對他們那有害的自欺欺人，他們就暴跳如雷。他們很想讓人相信，他們是前無古人的，他們動輒裝出興致勃勃的樣子。他們佯裝幸福的方式不乏動人之處，因為他們的幸福是如此難以捉摸。我們絲毫不想問他們，一如湯豪舍問彼特羅爾夫②：「最可憐的人，你究竟樂什麼？」唉，因為我們知道得更清楚，答案也很不同。冬日降臨我們，我們住在高山之巔，危險而又貧困。每個歡樂都那麼短暫，照臨雪山、沐浴我們的每束陽光都那麼蒼白。這時音樂聲起，一位老者撥響古琴，舞者們翩翩而起——一個漂泊者目睹此景，為之顫慄：一切都如此原始，如此與世隔絕，如此黯然無色，如此絕望，而現在其中卻響起了一個歡樂的聲音，無思無慮的、響亮的歡樂！可是，夜幕已經悄然落下，樂聲漸漸消逝，只聽見漂泊者嚓嚓的腳步聲；他目力所及，除了大自然荒涼殘酷的面貌，別無所見。

可是，如果說強調現代生活畫面的線條之柔弱、色彩之暗淡，這未免太片面的話，那麼，那另一面無論如何也絲毫不令人鼓舞，相反愈發令人不安。那是某種力量，巨大的力量，然而是野蠻、原始、極其殘酷的力量。人們懷著憂心忡忡的期待注視著它，猶如注視著巫婆施法現場的巫鍋：它隨時可能顫動閃亮，通報可怕的幻象。一百年來，我們對真正搖撼根基的震動已經有所準備；而近幾年來，即使人們試圖建立所謂民族國家那種有組織的力量，以對抗行將崩潰或爆炸這一深刻的現代趨勢，在相當長時間裡，其結果仍只是增加了普遍的不安全和威脅。有些人舉手投足都彷彿對這令人擔憂的情景毫無所知，但這迷惑不了我們：他們的不安表明，他們對此了然於胸；他們忙碌而又專心地替自己打算，還

①這三人均為當時德國大學裡的教授。

②均為華格納歌劇《湯豪舍》中人物。

未嘗有人這麼替自己打算過，他們為他們的日常生活慘淡經營，而追逐起幸福來絕不會像今天與明天之間所可見到的這樣急切，因為到了後天，也許一切追逐的時機都將告終。我們正在經歷一個原子時代，一個原子式混亂的時代。現在，世上的一切幾乎都僅僅由最粗俗邪惡的勢力決定，由巧取豪奪者的利己主義和軍事強權統治者決定。和巧取豪奪者的利己主義一樣，被軍事強權統治者把持的國家，企圖從自身的利益出發重新組織一切，成為所有那些敵對力量的束縛和壓力。這意味著它想要人們對它實行同樣的偶像崇拜，一如人們曾經對教會實行的那樣。結果怎樣呢？讓我們拭目以待。無論如何，我們現在仍然處在中世紀的冰川激流中；它正在解凍，勢如破竹，浩浩蕩蕩。冰塊衝撞著冰塊，一切堤岸都在被淹沒和毀壞。革命勢在必行，而且是原子的革命。然而，什麼是人類社會最小的、不可分的基本粒子呢？

毫無疑問，這一時期來臨時，人性所遭受的危險，甚至超過了處於混亂漩渦中的崩潰時期，充滿焦慮的期待和貪婪的攫取引發了靈魂中的全部卑鄙和私欲。與此同時，現實的困境、尤其是一種共同承受的重大困境，也在時時改善和溫暖著人們。那麼，面對我們時代的這種危險，誰將為了人性，為了由無數世代苦心積累、神聖不可侵犯的廟堂珍寶，而奉獻出他的衛士和騎士的忠誠呢？當所有人在自己身上只感覺到私欲的蠕動和卑劣的焦慮，就這樣從人的形象墮落，墮落為禽獸、甚至僵化的機械之時，誰將負著人的形象上升呢？

——《作為教育家的叔本華》第四節摘錄

# 二十五、自然產生人類的用意

由於動物為活著而受苦，卻缺乏反抗這痛苦和形而上地理解其生存的能力，天性深刻的人們總是對它們心懷同情；看到無謂受苦的現象，這的確有最深刻的理由令人憤怒。所以，在世界不止一個地方都有人猜測，是罪人的靈魂投胎到這些動物的身體裡了，於是，這乍看之下令人憤怒的無謂受苦，一旦面對永恆的公正，作為懲罰和贖罪，便在真正意義上得到了解脫。誠然，這樣作為動物在饑餓和欲望的支配下生活，毫無頭腦地度過一生，是很嚴重的懲罰；再也想像不出有比猛獸更悲慘的命運了，牠受最尖銳的欲望驅趕，穿行於荒漠，很少得到滿足，即使滿足了，也會因為與其他野獸的殊死搏鬥，或因為令人厭惡的貪婪和饜足，導致滿足變成了痛苦。這樣盲目而愚昧地執著於生命，沒有更高的報償，對於受罰的事實和原因全然不知，反而瘋狂愚蠢地把這種懲罰當作幸福來貪求——做動物就是這個意思。假如整個自然是以人為歸宿，那麼它是想讓我們明白：為了使自然從動物生活的詛咒中解脫出來，人是必需的；存在在人身上樹起了一面鏡子，在這面鏡子裡，生命不再是無意義的，而是顯現在自身的形而上意義中。我們該好好想一下：動物止於何處，人始於何處！自然僅僅關注這個意義上的人！如果一個人在生命中只求幸福，就代表他尚未超越動物的眼界，區別僅在於動物是在盲目的衝動中追求那些東西，而他是更加有意識地追求罷了。可是，綜觀一生的絕大部分時間，我們大家都是如此：我們往往並未擺脫動物性，我們仍是好像無謂地受著苦的動物。

然而，有這樣一個時刻，我們終於明白了這一點。於是，雲開霧散，我們發現，我們連同整個自然是怎樣迫切地走向人，宛如走向某種高於我們的東西。在這突然的光明中，我們顫慄著環顧周圍和身後：這裡迅跑著高雅的猛獸，而我們正置身於它們之中。這些活動於廣闊大地荒漠上的人無比靈巧，他們建立城市和國家，他們發動戰爭，他們無休止地聚集和分離，他們彼此競爭和模仿，他們互相欺詐和蹂躪，他們在痛苦時哀號，他們在勝利時歡呼——這一切都是動物性的延續：人彷彿有意要退化，隱瞞其形而上的稟賦，甚至彷彿連自然在如此長久地渴求和創造人之後，現在也在他面前畏縮了，寧願重返本能的無意識狀態。啊，它需要認識，卻又害怕它原本所必需的認識；火光閃爍不寧，宛如畏懼它自己，在抓住自然歸根到底需要認識的那個東西之前，先已燒著了成千的事物。在某些時候，我們大家都明白，我們生活中那些最流行的機構之所以被建立，是如何只為了逃避我們真正的任務；我們是如何喜歡把腦袋藏進隨便什麼地方，彷彿在那裡，我們那長著一百隻眼睛的良心就看不見我們了；我們是如何迫不及待地把我們的心獻給國家、賺錢、交際或科學，單純為了不必再擁有它；我們是如何熱心、不假思索地沉湎於繁重的日常事務，超出了生活似乎需要的程度，因為不思考確乎成了我們更大的需要。匆忙是普遍的，因為每個人都在逃避他的自我，躲躲閃閃地隱匿這種匆忙也是普遍的，因為每個人都想裝成心滿意足的樣子，向眼光銳利的觀者隱瞞他的可憐相，也因此，人們普遍需要新語詞的鬧鈴，繫上了這些鬧鈴，生活好像就有了一種節日般的熱鬧氣氛。每個人都熟悉一種特別的情境：當不愉快的回憶突然浮上心頭時，我們會藉強烈的表情和聲音將之逐出意識。可是，日常生活中的表情和聲音表明，我們大家始終處在這樣的情境中，在逃避著回憶和內心生活。如此經常擾亂我們的東西究竟是什麼，是什麼蚊蠅令我們不得安眠？它幽靈似地在我們身旁遊蕩，在生活的每時每刻都試圖叮囑我們，但我們不願聽這幽靈的聲音。當我們安靜獨處時，我們就害怕耳邊會響起喃喃的低語，因此我們憎恨安靜，要用交際來麻痺自己。

我們知道這一切，而且如上所述，有時我們還異常震驚於所有這令人眩暈的焦慮和匆忙，震驚於我們生命的這整個夢魘狀態；我們彷彿是在覺醒的前夕，而愈是臨近覺醒，夢境就愈激蕩不安。但是，我們同時也感到，我們是太衰弱了，難以承受那個深刻反省的時刻；我們不是整個自然為了自救而尋求的那種人。毋寧說，我們只是偶爾把頭露出水面，看見了我們深溺在怎樣的水流中。而且，連這稍縱即逝的上浮和覺醒，也並非我們靠自己的力量做到的，我們必須被舉起——誰是那舉起我們的力量呢？

是那些真誠的人，那些不復是動物的人，即哲學家、藝術家和聖人；當他們出現時，藉由他們的出現，從來不跳躍的自然完成了它唯一一次跳躍，並且是一次快樂的跳躍，因為它頭一次感到自己到達了目的地，它在這個地方發現，它無須再想著目標，它已經把生命和生成的遊戲玩得盡善盡美。它在這一認識中得以神化，它的面龐上籠罩著被稱作「美」的溫柔的黃昏倦態。此刻它以這神化的表情所表達的，正是對於存在的偉大解釋；而那些終有一死之人，所能懷抱的最高願望，便是屏息凝神地傾聽這個解釋。

——《作為教育家的叔本華》第五節摘錄

# 二十六、文化的目標是催生天才

有時候，接受一個事實要比認識它更加困難；對於多數人來說，當他們思索以下命題時，情況就是如此：「人類應該不斷地致力催生偉大的個體——他們的使命僅在於此，別無其他。」透過觀察任何一類動物和植物，人們明白了一個原理，即這些動植物存在的目的僅在於產生更高的個別標本，更不同尋常、更強大、更複雜、更有生產力的標本，人們多麼喜歡把這個原理應用到社會及其目標上，只要不和人們關於社會目標的幻想發生明顯的矛盾！這是很容易理解的：當一個物種達到極限，向更高的物種過渡時，它的發展目的就會呈現出來，這目的不在於標本的數量及其良好的狀態，甚至也不在於時間上最晚出現的標本，而是在於那些看似分散的、偶然的存在；當條件有利時，它們會在各個地方立足。同樣，也應該很容易理解：由於人類能夠意識到自己的目的，它理應發現和創造那些有利條件，使偉大的拯救者得以產生。可是，相反的言行不勝枚舉，什麼最終的目的應當是一切人或大多數人的幸福，或者應當是龐大政治團體的發展；有的人能夠毫不猶豫地決心為國家犧牲自己的生活，但倘若要求這種犧牲的不是一個國家，而是一個個人，他就猶豫不決了。一個人為了另一個人活著似乎是愚蠢的；「應該為了所有的他人，至少為了絕大多數人！」庸人啊，在涉及價值和意義的問題上，讓數量起決定作用彷彿是明智的！然而，實質的問題在於：你的個人生活，如何擁有最高的價值和最深的意義？如何做到不虛度年華？唯一的途徑是，你要為了極少數最有價值標本的利益生活，而不是為了大多數人的利益，就是說，不是為了那些個別看來缺乏價值的標本。在一個年輕人身上正應該培植這個觀念，使他把自己看作自然的失敗之作，但同時又是這位藝術家極其偉大奇特的意圖的一個證據；他應該說，她把我造得很差，可是我願為她效勞，使她得以提高手藝，藉此向她的偉大意圖致敬。

憑藉這個想法，他就置身於文化領域之中；因為文化源自每一個個人的自我認識及對自己的不滿。每個擁護文化的人都這樣說：「我看見在我之上有一種比我自己更高、更人性的東西，請你們都來幫助我達到它，一如我願意幫助每個有相同認識和相同痛苦的人：這樣一來，最終會產生一種人，他在認識和愛、觀照和能力方面都感到充實而無限，全身心地依靠和屬於自然，成為事物的裁判者和價值評估者。」我們很難使一個人進入這種毫不氣餒的自我認識狀態，因為我們不可能教人以愛。唯有在愛之中，靈魂不但用清晰、透徹、輕蔑的眼光看自己，也渴望超越自己，全力尋求一個尚隱藏在某處的更高自我。所以，一個人只有心繫某個偉大人物，才能感受到文化的第一典禮；其標誌是無怨的自慚、厭惡自己的狹隘和猥瑣、同情那不斷地從我們的愚昧枯澀中脫穎而出的天才、對一切生成者和戰鬥者的預感，以及一種最深刻的信心，相信幾乎到處都必然與自然相遇，彷彿它迫不及待地要走向人，它痛苦地發現又做壞了一個作品，但也到處成就了最神奇的開端、特徵和形式，以至於我們周圍的人們宛如一個瓦礫場，堆滿了極有價值的雕塑毛坯，其上的一切都向我們呼喚：來吧，幫助我們吧，把能配套的加以收集和完成，我們多麼渴望成為整體。

我把這些內心狀態的總和稱作文化的第一典禮；那麼，現在我該描述第二典禮的效果了，我清楚地知道，我在這裡的任務更為困難。因為現在要從內在現象轉而判斷外部現象，目光要向外，到運動著的廣闊世界中，去重新發現那種文化渴望，就像已從最初的經驗中認識了這種渴望一樣，個人要把自己的奮鬥和渴望當作字母表，現在他借助這字母表就能讀懂人類的追求了。但是，他還不可停留於此，而必須從這一階段邁向更高的階段，文化不僅要求他有那種內心體驗，能夠判斷在他周圍洶湧的外部世界，而且歸根到底還要求他行動，亦即為文化而抗爭，反對那些使他不能重新認識自身目標的影響、習慣、法則和方向，這目標就是：天才的誕生。

倘若一個人能夠上升到第二階段，他首先會發現，對於這個目標的知識貧乏而可憐得異乎尋常，相反，為文化付出的努力是多麼普遍，其中浪費的力量巨大得難以形容。他會吃驚地自問：「這樣一種知識難道不是必要的嗎？即使多數人都錯誤地規定了自己努力的目標，自然仍然能夠實現其目的嗎？」誰若一貫深信自然具有無意識的合目的性，他也許就會毫不困難地回答：「是的，正是這樣！讓人們去思考它的終極目的，談論它的意圖吧，冥冥中自有一股力量使它知道正確的道路。」想要反駁這個論點，一個人必須有相當的體驗；可是，誰若堅信文化的目標是要催生真正的人，而非其他，並且比較一下，即使在今天，在文化的全部奢華和浪費之中，這種人的產生與一種持續的動物性痛苦相去不遠，那麼，他必定會懂得，那種「冥冥中的力量」終究應當取代為自覺的意志。這尤其也是出於另一個理由，即如此一來，方可杜絕以下的可能性：為了完全不同的目的，而利用這種目標不明的衝動、這種著名的冥冥力量，把它引上一條永遠無法實現催生天才這個最高目標的道路。我們必須了解，世上存在著一種為己所用、被糟蹋了的文化——你們只要看看自己的周圍好了！今天那些推動文化最活躍的勢力，恰恰是別有用心的，它們與文化打交道時並不懷著純潔無私的信念。

——《作為教育家的叔本華》第六節摘錄

## 二十七、對學者的解剖

科學與智慧的關係正相當於道德與神聖的關係：它是冷漠而枯燥的，它沒有愛，絲毫不了解那些深刻的不滿和渴望之情。它為自己謀利的程度，正相當於它對其僕人的損害，因為它把自己的特質轉嫁給那些僕人，使他們的人性也變得僵硬。只要文化在本質上被理解為科學的發展，它便冷酷無情地從偉大的受難者身旁走過，因為科學不論在何處都只看見認識問題，在其視野之中，苦難本就是某種與己無關、不可理解的東西，至多又是一個問題罷了。

然而，一個人一旦習慣於把一切經驗轉換成辨證的問答遊戲，轉換成純粹理智的事情，那麼，令人驚奇的是，當他這樣做的時候，他會在多麼短的時間內就乾枯了，多麼快地就幾乎只剩下一副咯吱響的骨架了。人人都知道和目睹這種情形，儘管如此，年輕人絲毫沒有被這副骨架嚇退，一代代仍然盲目地、輕率地、無節制地獻身於科學，這怎麼可能呢？這不會是出於所謂「追求真理的衝動」，因為歸根到底，怎麼可能會有一種追求冷漠、純粹、無結果的認識的衝動！毋寧說，唯有不受拘束的目光，才能洞察在科學的僕人身上，真正的推動力量是什麼。我竭誠建議，既然學者們喜歡肆無忌憚地觸摸和肢解世上的一切，包括最值得尊敬的事物，那麼，我們也不妨研究和解剖一下他們。如果要我說出我的想法，我的論點便是：學者身上交織著極不相同的動機和刺激，他是一種極不純淨的金屬。首先，我們可以舉出越來越亢奮的強烈好奇心、在認識領域冒險的渴望，以及人心喜新厭舊、重難輕易的本性。我們還可以加上某種辯證法的思辨衝動和遊戲衝動，像獵人追蹤狐狸一樣追蹤狡猾的思想軌跡的樂趣，因此他們真正要尋求的不是真理，而是尋求本身，主要的享受在於施狡計包抄、圍獵和巧妙地捕殺。我們還可舉出對抗的衝動，他們面對其餘一切人，想要確認和表現自己；鬥爭本身成了樂趣，個人的勝利是目的，而為真理鬥爭只是藉口罷了。學者還懷著想要發現某一些「真理」的強烈衝動，目的是向權貴、金錢、輿論、教會、政府獻媚，因為他相信，如果主張「真理」在它們那裡，對他自己是有好處的。

在學者身上，以下這些特徵即使不是規律性地出現，也是經常性地出現。第一，厚道而具備常識，倘若這不只是表現為拙於偽裝（偽裝當然需要一點機智）的話，是應該給予高度評價的。事實上，無論何處，只要有人顯得十分機智和機敏，人們就會對他有些警惕，懷疑他的人品是否正直。另一方面，那種厚道往往價值甚小，對於科學也很少助益，因為它恪守常規，喜歡說些老生常談或者不置可否的話；在這些方面，直言比隱瞞更加省事。而由於一切新事物都要求人們重新學習，因此，只要出現這種情形，厚道便尊重保守的輿論，責備新事物的倡導者缺乏對合理事物的意識。他之所以反對哥白尼學說，是因為他認為視覺和習慣在這裡都是支持他的。在學者身上不乏對哲學的仇恨，尤其是仇恨冗長的推理和證明的技巧。的確，每一代學者大致上都有一個不自覺的標準，規定著所容許的敏銳程度；超出於此的便遭懷疑，被當作懷疑一個人是否忠厚的理由。

第二，敏於觀察眼前的事物，卻對遠處和整體極為近視。他的視野通常很窄，眼睛必須和對象湊得很近。學者倘若想從某個業已透徹研究過的點轉向另一個點，就要把整個觀察裝置轉向那個點。他把一幅圖畫分解成純粹的碎塊，就像一個人用望遠鏡看舞臺，一下子看見一個腦袋，一下子看見一塊服裝，但從未看到全景。他從不把那些個別的碎塊聯繫起來看，而只是推導它們的銜接關係；所以，他對整體沒有深刻的印象。例如，對於一篇文章，由於他不會觀其大體，就只好根據某些段落、句子或欠缺來評論；他內心也許認為，一幅油畫只是顏料雜亂堆積的成果。

第三，他的本性在好惡兩方面都平庸而且乏味。由於這個特徵，他在歷史學領域裡感到格外幸福，因為他能按照自己熟悉的動機去揣摩古人的動機。一隻鼴鼠在鼠洞裡才感到最自在。他防止一切人為的、過分的假設；如果他堅韌頑強，他就挖掘過去時代的所有卑鄙動機，因為他以己度人。正由於此，在絕大多數時候，他當然不善於理解和評價稀少、偉大、獨特的事物，亦即重要和根本的事物。

第四，感情貧乏而枯燥。這使他適合於從事活體解剖。他感覺不到有的認識本身會給人帶來痛苦，所以不怕涉足令別人心驚膽戰的領域。他是冷靜的，因而容易顯得殘酷。別人還覺得他大膽，其實不然，就像騾子並非大膽，只是不懂得頭暈而已。

第五，自視甚卑，是的，或可稱為謙虛。即使被圈在一個可憐的角落裡，他們也絲毫不感到是犧牲和浪費，他們彷彿總是刻骨銘心地知道自己不是飛禽，只是爬蟲。因為這個特徵，他們竟顯得令人感動。

第六，對他們的師輩忠心耿耿。他們誠心誠意地想幫助師輩，而且明白自己能用真理給予最好的幫助。他們心懷感激，因為正是靠了這些師輩，他們才得以走進莊嚴的科學殿堂，如果僅僅憑藉自己的摸索，他們是絕不可能進入的。如今，當老師的只要善於開闢一塊地盤，讓庸才們在其上也能做出一些成績，他就準會一舉成名，求學者立刻蜂擁而至。當然，每一個這樣忠心耿耿、心懷感激的弟子，也是大師的不幸，因為他們全都是在模仿他，而大師的缺點一旦出現在如此渺小的個人身上，就顯得極大而誇張，相反，優點則按照相同的比例被縮小了。

第七，學者在被推上某一條路之後，就在這條路上作慣性運動，他的真理意識毫無思想性，只遵循過去所養成的習慣。這種天性的人是目錄和植物標本的搜集者、講解者、製作者；他們之所以在一個領域裡學習和探究，只是因為他們未嘗想到還存在著別的領域。他們的勤奮與極其蠢笨的重力有相似之處，所以他們常常十分多產。

第八，逃避無聊。真正的思想者最嚮往閒暇，平庸的學者卻避之唯恐不及，因為他不知道拿它做什麼好。書本是他的慰藉：這就是說，他傾聽另一人如何思考，以這種方式來消磨漫長的日子。他特別挑選的書，是能夠激勵他本人以某種方式參與的，使他因為贊同或反對而稍稍陷入一種亢奮中；在那些書當中，被考察的是他自己，是他的階層，他的政治的、美學的或者哪怕僅僅是語法的觀點；他只要有了一門自己的學科，就絕不會缺少消遣的手段和驅趕無聊的蒼蠅拍了。

第九，謀生的動機，大體上也就是著名的「轆轆饑腸的命令」。他願為真理效勞，倘若它能夠直接帶來薪金和職位，或者至少能夠討好那些分發麵包和榮譽的人；但是，也僅僅為這樣的真理效勞。所以，應該在有利可圖的真理和無利可圖的真理之間劃一界限，前者有許多人為之效勞，後者卻只有極少數人為之獻身，他們可不認為肚子是才華的贈與者。

第十，留心注意自己的同行，怕遭他們小看，與前一動機相比，這個動機較稀少卻更高級，而且畢竟相當普遍。所有同行之間都滿懷嫉妒，互相監視，使得真理——維繫著麵包、職位、榮譽等這許多東西的真理，真正是以其發現者命名。一個人發現了真理，大家便對他表示高度的重視，這樣，一旦自己也發現真理時，就可以要求回報。錯誤和失誤招致輿論譁然，被轟然推翻，從而使競爭的人數不會太多；然而，不論何處，真正的真理有時也會被轟然推翻，從而至少在短期內，騰出位置給那些頑固的、厚顏無恥的謬誤；正像在任何地方一樣，這裡也不缺乏「道德白癡」，人們一向稱之為尋開心。

第十一，從虛榮心出發的學者，這是一個更稀少的品種了。他想盡可能擁有一個完全屬於自己的地盤，於是就選擇冷僻古怪的項目，最好這些項目還需要異乎尋常的經費開支、旅行、發掘以及大量的國際聯繫。他基本上滿足於以怪異之處使人驚奇的名聲，並不想靠他的專業賺取麵包。

第十二，從遊戲衝動出發的學者。他的樂趣是尋找和解決學科中的難點；當他這樣做時，他不是很用功，因為他不想失去遊戲的感覺。所以，雖然淺嘗輒止，他卻常能真切地把握那些謀生學者辛苦爬行的眼睛從未看見的東西。

最後，第十三，如果我舉出追求正義的衝動作為學者的動機，人們也許會反駁我說，這種高貴的、甚至已經被形而上地理解的動機，我們簡直無法把它和別的動機區分開來，它本質上是人的眼睛無法把握也確定不了的；所以，在談及這最後一點時，我要補充一個虔誠的願望，但願在學者之中，這個衝動要比看起來更普遍，也更發生作用。因為正義的火種一旦播入學者的心靈，就足以照亮並且耗盡他的生命和追求，從此他不得安寧，永遠失去了平庸學者做日課時所具有的那種溫和平淡的心境。

現在，我們只要設想一下所有這些成分，將它們按照不同的比例混合和搖勻，便可以製造出真理的僕人了。令人十分驚奇的是，為了做成那件本質上是非人性、超人性的事情，也就是缺乏結果、因而也缺乏動力的純粹認識，許多非常人性的細小衝動和動機是如何被放到一起，發生了化合反應，而作為其產物的學者，又如何顯現在超凡脫俗、絕對純粹的事情的光輝中，被如此神化，以至於人們完全忘記了造就他的那許多成分及其混合。然而，終究有那樣一個時刻，人們會思考和想起這一點，這也就是學者質疑自己對於文化的意義之時。有誰懂得觀察並且發現，學者在本質上和來歷上都是不孕的，而且他對有創造力的人懷著本能的仇恨；所以，在任何時候，天才和學者都是互相敵對的。後者想要殺死、解剖和理解自然，前者想要用活潑的新自然來加強自然；這就存在著觀念和做法的爭論。最幸運的時代不需要也不承認學者，最怨氣沖天的病態時代則把他看作最高貴、最有價值的人，授予他最顯赫的地位。

——《作為教育家的叔本華》第六節摘錄

# 二十八、讓哲學家們自發地生長

仔細看來，如今國家為了哲學的利益，惠贈給一些人的那種自由，根本就不是自由，而是一種養活臣僕的設施。因而，所謂對哲學的推動僅僅在於，國家現在至少使一定數量的人能夠靠他們的哲學生活，亦即他們能夠把哲學當作謀生手段了。相反，古希臘的哲人卻不從國家那裡領取薪水，而最多是像芝諾①那樣，獲得一頂金冠和克拉美科斯山②上一塊墓碑的榮耀。為真理效勞，是否代表要指點一條路，告訴人們如何靠真理生活，對此我無法籠統地回答，因為這完全取決於被告知這條路的那些人擁有何種品性和素質。我完全可以想像一種很高的驕傲和自尊，它使一個人敢於向別人說：「關心我吧，因為我有更好的事要做，那就是關心你們大家。」在柏拉圖和叔本華身上，這樣大器的信念及其表達是不會令人吃驚的；所以，即使他們也可以成為學院哲學家，就像柏拉圖一度做過宮廷哲學家那樣，卻並不會降低哲學的價值。然而，康德卻不脫學者的故態，患得患失，低聲下氣，在對國家的關係上有失風度，所以，一旦學院哲學遭到譴責，他就無法為之辯護。但是有一種人是能夠為之辯護的——一如叔本華和柏拉圖——我只擔心一點：他們永遠不會有這樣的機會，因為國家絕不敢重用這種人，授以相當的職位。原因何在？因為任何國家都害怕他們，國家永遠只會重用它不怕的哲學家。實際情況是，國家一般來說總是害怕哲學的，在此情形下，它就愈發想把更多的哲學家吸引到自己身邊來，他們給了它一種假象，彷彿哲學是站在它這一邊的——因為這些頂著哲學之名的人站在它這一邊，而且他們如此不會令人害怕。可是，假如出現了一個人，這個人果真鐵面無私地要用真理之刀解剖一切，包括解剖國家，這時，由於國家首先要肯定自己的存在，它就有權排斥這樣的人，把他當敵人對待；這就好像它要排斥企圖淩駕於它、充當審判者的宗教，把這種宗教當敵人對待一樣。所以，如果誰甘願做一個御用哲學家，他就必須同時甘願讓國家相信，他已經放棄無所禁忌地追求真理。最低限度，只要他還受著垂顧和僱傭，他就必須承認有一種東西高於真理，那就是國家。而且不僅僅是國家，還包括國家為自身利益而要求的一切，例如某種宗教形態、社會秩序、軍事憲法——在所有這些東西上都寫著：*noli me tangere*（勿碰我）。可曾有學院哲學家弄清楚他的責任和限制範圍？我不知道；假如有人弄清楚了而仍然受僱於國家，他就必定是真理的一個壞朋友；假如他從未弄清楚——那麼，我要說，他也就從來不是真理的朋友。

這是最一般的思考，然而，對於今天的人們來說，類似的思考當然是極其無力和無所謂的。大多數人會滿足於聳一聳肩膀說：「好像這世界上偉大純潔的事物都能夠站住腳，絕不向人的卑下本性讓步似的！難道你們寧願國家迫害哲學家，而不願國家養活他並讓他為自己服務？」我暫時不回答這後一個問題，僅僅補充一點：目前，哲學對國家的這種讓步走得太

①古希臘有兩位名叫 Zeno 的哲學家，一位是約公元前四九五至前四三〇年的「埃利亞的芝諾」，另一位是約公元前三三五至前二六三年的「季蒂昂的芝諾」。這裡說的是前者。

②克拉美科斯山（Ceramicus），古代雅典兩座公墓的名稱，分布在城牆內外，其中城牆外的那座埋葬最有功績的雅典人。

遠了。首先，國家為自己挑選它的哲學奴僕，並且其數量恰好符合它的機構之所需；它裝出能夠區分哲學家之優劣的樣子，甚至假定總是有足夠的好哲學家來填滿全部的教席。如今，不光是在好哲學家的性能上，也在好哲學家的必要人數上，它都是權威。其次，它強迫自己所選出的哲學家留在一個確定的位置上，處在一群確定的人中，從事一種確定的工作；他們必須給每個對課程有興趣的學生上課，並且日復一日，有固定的鐘點。請問，一個哲學家真的能夠良心坦然地承擔起這一責任，每天都有可以教給別人的東西嗎？他能夠把這東西教給每一個想聽的人嗎？他不會顯得比他實際所知更博學嗎？他豈非必須在不熟悉的聽眾面前，談論唯有向最知心好友才能準確表達的想法？歸根到底，他豈非被剝奪了最神聖的自由，即當內心的天才召喚和指引他時，加以順從的自由？——於是，他有了一種義務，便是要在確定的鐘點當眾思考預定的問題。而且是在年輕人面前！這樣的思考，豈非一開始就好像去了勢？倘若有一天他覺得：「今天我想不出什麼，沒有任何驚人的思想。」可是儘管如此，他仍必須裝出在思考的樣子，該是什麼情景！

然而，也許有人會反駁說，他本來就不是思想家，最多是模仿和重複別人思想的人，只是熟知以往所有思想家的博學家罷了；關於這些思想家，他總是能夠講述一些他的學生所不知道的東西。——哲學向國家承擔義務，首先和主要成為一種廣博的學識，特別是哲學史知識，這正是它向國家做出的第三種最危險的讓步。相反，天才則像詩人那樣懷著愛心單純地看事物，而不能沉溺於其中，因此對於他來說，在無數別人彼此矛盾的意見中翻掘，乃是最討厭、最不適宜的事情。無論在印度，還是在希臘，淵博的歷史知識從來都不是一個真正的哲學家的事；一個哲學教授卻必須做這件事，當他專心於這類工作時，在最好的情形下，如果人們說他是一個出色的語文學家、古董鑒賞家、語言學家、歷史學家，而從不說他是一個哲學家，他就應該滿意了。這僅是最好的情形，因為觀察表明，當學院哲學家們從事學術工作時，一位語文學家會覺得他們多半做得很差，缺乏科學的嚴格性，往往還沉悶得令人生厭。例如，里特爾③、布蘭迪斯④和策勒⑤的博學的著作儘管不很科學，可惜卻十分沉悶，給希臘哲學家的歷史罩上了一層使人昏昏欲睡的迷霧，誰能把它從中解救出來？至少我寧願讀第歐根尼·拉爾修⑥而不是策勒，因為在前者那裡，古代哲學家的精神至少還活著，而在後者那裡，不論是古代哲學家的精神還是別的什麼精神都死去了。最後，哲學家的歷史與我們的青年究竟何干？難道要他們在別人意見的迷宮裡，喪失獨立思考的勇氣？難道要訓練他們，為我們把歷史追溯得如此遙遠而一同歡呼？難道要他們學會徹底憎恨和蔑視哲學？我們幾乎要相信這一點了，倘若我們知道，由於哲學考試，大學生們是如何倍受折磨，不得不把人類精神產生過的最瘋狂、最尖銳的想法，連同最偉大、最難懂的想法一起，統統塞進可憐的頭腦。對於一種哲學，唯一可能的、有意義的批評，便是檢驗一下能否依據它生活，但

③里特爾（Heinrich Ritter，一七九一—一八六九），德國哲學教授，著有《用哲學史教育哲學家》。
④布蘭迪斯（August Brandis，一七九〇—一八六七），德國哲學家、古典語文學家，著有《希臘羅馬哲學手冊》、《希臘哲學發展史》。
⑤策勒（Eduard Zeller，一八一四—一九〇八），德國哲學家，著有五卷本《希臘人的哲學的歷史發展》。
⑥第歐根尼·拉爾修（Diogenes Laertius），活動於公元三世紀的希臘作家，著有《哲人言行錄》。

是，在大學裡從來不教這樣的批評，所教的只是用文字批評文字。我們不妨想像一顆缺乏生活經驗的年輕頭腦，其中雜陳著五十種文字的體系和五十種同樣是文字的批評——何等的混亂，何等的野蠻，對於哲學教育何等的諷刺啊！事實上，這種教育與哲學毫無關係，僅僅是為了哲學考試，其眾所周知的通常結果是，考生（唉，被考得筋疲力盡的考生）深深歎一口氣，對自己說：「感謝上帝，我不是哲學家，而是一個基督徒和普通國民！」

我們不妨如此自問：倘若這一聲歎息正是國家的目的，「哲學教育」僅是教人離棄哲學，又怎樣呢？——但是，如果事情真是這樣，只有一點是可擔憂的：年輕人終將追究哲學在這裡遭到濫用的動機。難道，造就哲學天才這個最高目標只是一個藉口？真正的目的也許正是阻撓其產生？難道意義被顛倒了？那麼，走著瞧吧，機關算盡、狼狽為奸的國家和教授們！

個中消息是否已經流傳開來了？我不知道；無論如何，學院哲學業已遭到了普遍的蔑視和懷疑。一部分原因是，如今恰好是一幫孱頭占據著講臺；叔本華如果現在來寫他那篇論學院哲學的文章，他就無須再用大棒，一根稻草便足以取勝。這是那些用肛門思考的思想家（其頭腦曲裡拐彎，還曾遭叔本華痛打）的後裔，他們看上去形同嬰兒和侏儒，令人不由得想起一句印度格言：「人依業而生，愚、啞、聾、畸皆然。」正如這句格言所說，依據他們的「業」，那些父親只配有這樣的後代。由此我們不必懷疑，大學生們很快就會撇開學院裡教授的哲學而自助，而校外的青年們現在已經撇開它而自助了。人們只需回顧一下自己的大學時代；譬如說，我當時就覺得，那些學院哲學家是完全不值得認真對待的人，在我眼裡，這些人無非從其他學科的成果中替自己搜羅點什麼，業餘時間讀讀報紙、在上面尋找音樂會的消息，他們的同事則彬彬有禮地掩飾著輕蔑態度來對待他們。只要確信他們所知甚少，絲毫不為含糊其辭地轉移話題而感到尷尬，人們也就不會因為他們的無知而失望了。所以，他們懷著偏愛堅守在那些光線朦朧的地方，在那裡，一個眼睛明亮的人是無法長期忍受的。

我們承認這些壞哲學家是可笑的——誰會不承認這一點呢？——但他們有害的程度有多大？簡短地回答：看他們在多大程度上把哲學弄成了一個可笑的東西。只要國家認可的肛門思想家體制仍然存在，一種真正哲學的任何偉大影響就會遭到遏制，至少會被推遲，而在這方面為害最烈的莫過於對它的醜化了，那些偉大事物的代表每每招致這種醜化，並為其所累。所以，我認為這是文化的要求：取消對哲學的一切國家的和學院的認可，從根本上廢除國家和學院甄別真偽哲學的任務，這是它們所不能勝任的。讓哲學家們始終自發地生長，不給他們以任何獲取公職的希望，不再用薪金鼓勵他們，甚至更進一步，迫害他們，歧視他們——你們便會目睹一種奇景！他們將作鳥獸散，四處尋找一片屋頂，這些可憐的假哲學家；這裡顯出了一個牧師的原形，那裡顯出了一個中學教員的原形，有人鑽進報紙編輯部，有人給女子高中編寫教科書，他們中最理智的人握起了犁鏵，最虛榮的人向宮廷投奔。轉瞬間萬物皆空，鳥雀俱飛，因為要擺脫壞哲學家是很容易的，只消不再優待他們就可以了。比起以國家的名義，公開庇護任何一種哲學——不管它自以為是怎樣的哲學——這無論如何是一個更好的建議。

國家從來不關心真理，只關心對它有用的真理，更確切地說，只關心一切對它有用的東西，不管這東西是真理、半真理還是謬誤。因此，只有當哲學能夠許諾無條件地有益於國家，亦即置國家利益於真理之上時，國家與哲學的聯盟才有某種意義。當然，倘若有真理來為國家服務，替它賣命，這對國家未嘗不是美事；可是，它很明白，真理在本質上是絕不服務和絕不賣命的。這樣，它所擁有的只是假的「真理」，一個戴假面具的角色，而且遺憾的是，這個角色也不能做到國家從真正的真理那裡求之不得的事情，亦即：宣告它的有效性和神聖性。在中世紀，如果一個國王想讓教皇為他加冕，卻未能如願，他就會任命一個與教皇敵對的人為教皇，由這人來替他做這件事。這在一定程度上是行得通的；但是，如果現代國家任命一種與哲學敵對的東西為哲學，由這東西來使自己合法化，就行不通了，因為始終有哲學與它為敵，現在更是如此。我極其認真地相信，對哲學毫不關心、不抱任何希望、盡可能長久地聽之任之、視同可有可無，這對國家是更為有利的。倘若哲學不甘於如此可有可無，起而威脅和攻擊它，它就可以對其施加迫害了。——既然國家對大學別無興趣，只想通過大學培養順從的、有用的公務員，它就應該想到，如果它強求這些年輕人參加哲學考試，他們的順從和有用就會成問題。雖則對於那些愚鈍的腦瓜來說，把哲學變成一個考試的鬼魂，也不失為一種嚇退他們的辦法，可以使他們不敢從事哲學的研究；但是，遇到大膽活潑的學生時，這個好處也不能抵償上述強迫性考試產生的害處；他們學會了閱讀禁書，開始批判他們的老師，並且終於看清了學院哲學及其考試的目的。

可是，說到底——既然我們首先關心的是哲學在世上的存在，國家的存在、大學的發展與我們何干！或者——為了明確無疑地表達我的意思——既然對於我們來說，一個哲學家的誕生，無限地高於一個國家或一所大學的持續存在。按照這一尺度，輿論的壓迫愈嚴重，自由愈是遭到威脅，哲學就愈有尊嚴；在羅馬共和國崩潰時期和羅馬帝國時期，它的尊嚴達到了頂峰，當時它和歷史變成了令帝王們不快的名字。布魯特斯[7]比柏拉圖更能證明它的尊嚴；這是那樣一個時代，其時倫理學不復是陳詞濫調了。如果說哲學在今天不太受尊敬，那麼，人們不妨問一下，為何今天沒有大統帥和大政治家研習哲學——原因只在於，當他們尋找哲學的時候，以哲學之名迎接他們的是一個虛弱的幽靈，是那種博學的聰明談吐和謹慎口風，簡而言之，是因為對於他們來說，哲學暫時成了一種可笑的東西。可是，它對於他們應該是一種可怕的東西；這些以謀取權力為職業的人應當明白，哲學中湧流著怎樣的英雄主義源泉。有一位美國人可以告訴他們，一個來到這個世界上的偉大思想家，作為一個新的巨大力量的中心，他將意味著什麼。愛默生[8]說：「當偉大的上帝讓一個思想家來到我們的星球上時，你們要小心。那時候，萬物都有危險了。這就好像一座大城市爆發了火災，沒有人知道到底什麼東西還是安全的，火災又將在何處結束。科學中的一切都不要想逃脫一夜之間被顛覆的下場，任何學術名望都不再有效，包括所謂永恆的名聲；迄今為止對於人們寶貴的和有價值的一切東西，現在只被看作出現在其精神視野中的一些觀念，它們造就了現有的事物秩

⑦布魯特斯（Marcus Junius Brutus，約公元前八五—前四二），密謀刺殺羅馬獨裁者朱利烏斯・凱撒之集團的領袖。在莎士比亞戲劇《凱撒大帝》中，只有他是出於正義才參與謀殺凱撒的暴動。同時是一名斯多噶派學者，著述甚多，均已佚失。

⑧愛默生（R.Waldo Emerson，一八三〇—一八八二），美國作家、思想家，美國文藝復興的領袖。

序，就像樹結果實一樣。頃刻之間，一種新的文化水準將迫使整個人類追求系統發生徹底的變革。」[9]如果說這樣的思想家是危險的，那麼，為什麼說我們的學院思想家是毫不危險的，當然就很清楚了：因為他們的思想如此平穩地在傳統中生長，一如樹結果實一樣。他們不令人生畏，他們毫無盎格魯人的氣質；而關於他們全部的所作所為，可以用第歐根尼[10]的一句話來說明，他在聽人稱讚一個哲學家時反駁道：「既然他搞了這麼久哲學，卻沒有傷害過任何人，他究竟有什麼偉績可炫耀？」是的，應該在學院哲學的墓碑上刻寫：「它沒有傷害過任何人。」這誠然更像是對一個老婦的稱讚，而不像是對一位真理女神的讚美，如果有人把真理女神僅僅看作一個老婦，那麼，這種人毫無男子氣，並因此遭到有男子氣的人鄙視，便是毫不奇怪的了。

可是，假如我們的時代情況如此，哲學的尊嚴就要遭到踐踏了，它似乎變成了一種可笑的或可有可無的東西，因此，它所有真正的朋友都有責任作證反對這種混淆，至少要指出，唯有哲學的那些假僕人和不夠格的從事者，才是可笑或可有可無的。更好的是用行動來證明，對真理的愛乃是可怕的、強而有力的。

——《作為教育家的叔本華》第八節摘錄

⑨語出愛默生隨筆名篇〈圓〉。

⑩第歐根尼（Diogenes），生年不明，死於約公元前三二〇年，希臘犬儒派哲學家的代表。

## 二十九、歷史和哲學的改革力量

華格納同樣不懂得用歷史和哲學來修身養性，絕不讓它們對自己產生一種催眠的、清靜無為的效果。無論創造的藝術家，還是戰鬥的藝術家，都不會因為學歷教養而偏離自己的生活道路。一旦他突然意識到自己的造型力量，歷史就會在他手裡變成一塊柔軟的黏土，然後他立刻以與任何學者不同的方式對待它，毋寧說更近似希臘人對待神話傳說的方式，如同對待正在加以塑造和創作的一種東西，儘管懷著愛和某種敬畏，卻也有著創造者的主權。對他來說，正因為歷史比任何夢境更加柔軟可塑，他便可以在單個事件裡創作出整個時代的典型，從而達到了歷史學家望塵莫及的逼真。在什麼地方，騎士的中世紀如此有靈有肉地移置到一個作品中，如同在《羅恩格林》中所顯示的那樣？大歌唱家們難道不會向未來的時代講述德意志性格，甚至不僅僅是講述，毋寧說，他們難道不會是德意志性格最成熟的果實嗎？——這種性格始終追求變革而反對倒退，它在最有理由心滿意足之時，也不曾忘掉高貴的不滿足，不滿足於改良之舉。

華格納恰好一再地被他對歷史和哲學的研究逼向這種不滿足：他從歷史和哲學之中不僅找到了武器裝備，而且在這裡尤其感覺到了鼓舞人心的氣息，那是從所有偉大的鬥士、所有偉大的受苦者和思想家的墓地散發出來的。沒有什麼東西比歷史和哲學的應用更能使人脫離他所屬的整個時代了。按照通常所理解的歷史觀，今日的使命似乎已經派給了現代人，他們正氣急敗壞地奔赴自己的目標，但求喘一口氣，能暫時感到彷彿卸下了軛具。在宗教革命精神的震盪之中，唯有蒙田代表一種內在的安寧，一種恬靜的自為存在和舒展（莎士比亞就是這樣體會他的，他無疑是蒙田最好的讀者），如今，對於現代精神來說，這種心境已成為歷史。一個世紀以來，自從德國人特別著力於歷史的研究，他們便在近代世界運動中表現為一種阻力、緩衝力和墮力：或許有些人會讚揚他們。然而，倘若一個民族的精神追求主要傾向過去，這就完全是危險的徵兆，是鬆懈、退化和羸弱的標記；於是，他們現在會以最危險的方式陷入每一種流行的狂熱，例如政治的狂熱。在現代精神的歷史中，我們的學者體現了這種虛弱的狀態，這種狀態與一切革新運動和革命運動背道而馳；他們不是向自己提出值得驕傲的任務，而是孜孜於保住一己的小康幸福。一切更自由、更有男子氣的步伐越過他們而向前，——誠然絕不是越過歷史本身！恰如華格納這樣的天性所預感的，歷史蘊含著全然不同的力量。不過，它必須首次以十分嚴肅確切的意義，出於一個強大的心靈來加以記載，完全不像以往那樣過於樂觀，也不同於迄今為止德國學者的所作所為。他們的全部工作帶有某種塗脂抹粉、卑躬屈膝和自滿自足的性質，在他們看來，事物的進程總是合理的。每每看到有人流露，既然事情可能更糟，他也就只有知足了。其中多數人無意中相信，凡是已經發生的，便是極好的。歷史倘若並非偽裝的基督教神正論，它倘若是滿懷公正和同情的熱忱寫成的，那它就絕不會被弄得像它現在所侍奉的東西，像麻醉一切變革和革新的鴉片。

相似的情況是哲學：多數人竟然只想從中學會安全地——極其安全地——理解事物，以便使自己適應事物，除此之外便不想學會任何別的東西。甚至它的最高貴的代表，也格外強調哲學使人寧靜和給人慰藉的力量，以致好靜和懶散的人們不禁要想，他們所尋求的東西也正是哲學所尋求的。相反，在我看來，所有哲學的最重要問題是，事物在多大程度上有著不可改變的本性和面貌。在這個問題得到解決之後，便可以奮不顧身地投身於改善世界，改變那些認為尚可改變的方面了。真正的哲學家是透過行動來作這個教導，他們為改善人類異常多變的認識而工作著，不為自己保守他們的智慧；真正哲學家的真正弟子也作此教導，他們中的有些人，例如華格納，懂得堅定果敢地貫徹自己的意願，而不需要麻醉劑。華格納在他精力極其充沛和充滿英雄氣概的場合，最是個哲學家。正是作為哲學家，他不但毫不畏懼地經歷了種種哲學體系的烽火，並且經歷了淵博學識的煙霧，卻依然忠誠於他那高貴的自我，這自我要求他的多聲部性格進行一個總體行動，囑咐他為了實現這個行動而受苦和學習。

——《華格納在拜羅伊特》第三節摘錄

# 三十、語言到處都生病了

在如今靠文明聯結的民族中，語言到處都生病了，在整個人性的發展中，留下了這個可怕疾病的痕跡。因為語言毫不停頓地登上了疆界的最後一層階梯，儘量遠離那種它原本在完全的質樸性中，曾經能夠加以滿足的強烈感情衝動；為了占領與情感相對立的領域，也就是思想，語言在近代文明的短時間內，不得不過度自我擴展，因此耗盡了自己的力量。於是，現在它再也不能獨立做到這一點：使受需求煎熬的人，彼此傳達最簡單的生命衝動。人在其需求中再也不能靠語言來自我介紹，因而再也不能真正地自我傳達。在這種模糊感知的狀態中，語言到處成為一種暴力，它好像伸開鬼臂摟住人們，把他們推向他們原本不想去的地方。只要他們試圖互相通知和聯合從事一項工作，一般概念甚至純粹字音的幻覺就抓住了他們，由於在自我傳達這方面的無能，所以，他們形成的集體精神又帶有自我誤解的特徵，就此而言，它並非滿足真正的需要，而僅僅反映了獨斷專行的詞和概念的空洞性。於是，人類在其一切痛苦之外，又加上了約定俗成這種痛苦，也就是說，情感上並無一致，卻要在語言和行動方面達成一致。正如每種藝術在衰落的過程中終究會達到一個點，在這時，它病態繁衍的方法和形式要求專制地統治藝術家的年輕心靈，使之成為自己的奴隸；現在，在語言的衰落中，人們也成了詞的奴隸。在這種強制下，無論誰都再也不能樸素地說話，而且一般來說，很少人能夠藉由抗爭一種教育來保住自己的個性；這種教育認為，倘若它形象地接受清晰的感覺和需要，就顯得沒有本事了，只有當它把個人置於「清晰的概念」之網中，教會他正確地思考，才能證明自己的成功。彷彿把某個人造就成一個正確思考和推論的生靈，而不首先把他造就成一個正確感覺的生靈，真有什麼價值似的。現在，在這樣一個受了傷害的人類中，一旦響起我們德國大師們的音樂，實際上是什麼東西在奏響呢？恰好是正確的感覺，它起來反對一切約定俗成，反對人與人之間一切人為的疏遠和互不理解。這種音樂是向自然的復歸，但同時又是自然的淨化和改造，因為這一個復歸的衝動是在溫柔的人們心中發生的，而在他們的音樂中奏響的是轉變為愛的自然。

——《華格納在拜羅伊特》第五節摘錄

## 三十一、現代藝術和現代人的精神危機

### 1

音樂與人生的關係，不但是一種語言對另一種語言的關係，而且也是完美的聽覺世界對全部視覺世界的關係。如果拿視覺現象同以往的生活現象作比較，那麼，現代人的生活就顯得難以形容地貧乏和枯竭，儘管也難以形容地五光十色，但唯有淺薄的眼光才會從中感覺到幸福。人們只看見刺眼的東西，只獲得急劇顫動的色彩遊戲的破碎印象：這整個情景豈不就像人們收藏了昔日文化的無數瓦礫碎片，正在閃爍爭輝？這裡的一切豈非都是不合禮儀的奢華，東施效顰的動作，自命不凡的外表？豈非一件披在凍餒裸體上的襤褸彩衣？豈非一場苦命人的昇平歌舞？豈非一個受了致命傷的人裝出高傲的誇張面相？而且在這中間，只有靠了急遽的活動和忙亂，才能加以遮掩——面無人色的昏厥，煩惱不堪的糾紛，忙忙碌碌的無聊，鬼鬼祟祟的隱痛！現代人的形象已經成為徹頭徹尾的假象；現代人不是裡表一致地出面，毋寧說是隱藏在他現在扮演的角色裡。在某個民族那裡殘存著的一點藝術創造力，譬如說在法國人和義大利人那裡，也被用在這種隱藏自己的做戲藝術上了。如今凡是要求「形式」的場合，諸如社交和娛樂、寫作、外交，人們都不自覺地把「形式」理解為一種討人喜歡的外表，與真正的形式概念正好相反。其實，形式是一種必然的形態，它與討不討人喜歡毫不相干，因為它恰好是必然

的，而不是隨意的。然而，如今在文明民族中並不明確要求形式的場合，人們也很少擁有那種必然的形態，他們只是在追求討人喜歡的外表時不那麼走遠罷了，縱然他們至少同樣努力地追求。也就是說，對於外表在各處有多討人喜歡、又為何人人都必定喜歡現代人這樣孜孜不倦地追求外表，每個人都按照他本人是現代人的程度，有所感覺了。

我們的教育是現代社會中最陳腐的東西，其陳腐正在於抱著何種態度對待唯一的新鮮教育力量，現在人比以往世紀高明就是因為有了這種力量——或者該說，能夠有這種力量，倘若他們不想再這樣渾渾噩噩、得過且過地生活下去的話！可是，如今假如有誰在自身中感覺到真正的、有創造力的生命（在今天，就是音樂），他又豈能讓自己受到隨便什麼想要成為形象、形式和風格的東西誘惑，哪怕只有一瞬間繼續懷抱希望呢？他擺脫了所有這類虛榮心；他既不想到自己理想的聽覺世界之外去尋找造型奇蹟，也不期望我們失去活力的褪色語言會產生偉大作家。他不願聽取空洞的許諾，寧可以深深不滿的眼光，忍耐地注視著我們現代的風氣。這樣，一旦音樂令許多人肅然起敬，使他們信賴它的最高目的，對待如此神聖藝術的玩物喪志態度就要宣告結束了；我們的消遣藝術、劇場、博物館、音樂會所賴以存在的基礎，即那些「藝術之友」，就要被驅逐了；國家對於他們願望的照顧，要變成虐待了；本來，公眾的判斷力認為訓練出這種藝術之友乃是具有特殊價值的事，現在它要被一種較好的判斷力取代了。目前我們甚至還必須把公開的藝術之敵看作真正的有益盟友，他在那裡公開反對的，正是「藝術之友」所理解的那種藝術，後者除這種藝術外就別無所知！他至少可以給這種藝術之友推算出，他們在劇場和公共紀念場所的建築、在招聘「著名」歌唱家和演員、在維持毫無成效的藝術學校和美術館等方面，造成了多少荒唐的金錢浪費，這裡還完全沒有算上為臆想的「藝術趣味」而在家政和教育上耗掉了多少精力、時間和金錢。這裡沒有饑餓和滿足，始終只有對二者外表的無精打采的玩弄，挖空心思地作虛浮的陳列，以擾亂別人對自己作出判斷。更糟糕的是，人們在這裡一旦比較認真對待藝術，就要求它製造出一種饑餓和渴望，認為它的使命正在於這種人為製造的亢奮。人們彷彿害怕自毀於厭倦和麻木，於是喚出一切惡魔，讓它們像獵人驅趕野獸一樣來驅趕自己。人們渴望痛苦、憤怒、仇恨、激昂、出其不意的驚嚇和令人窒息的緊張，把藝術家當作呼喚這場精神狩獵的巫師，召到自己面前。現在，在有教養人士的心靈中和家庭開銷中，藝術要不是一種完全虛構的需要，就是一種有傷體面的可恥需要，它要不什麼也不是，就是一樣壞東西。極少數比較優秀的藝術家，好像沉浸在一個令人暈眩的夢境裡，對這一切視而不見，他們宛如幽靈，心神不寧，徘徊吟哦著自以為依稀聽到、來自縹緲遠方的美麗詞句。相反，另一些藝術家則完全秉承現代的脈搏，無比蔑視他們那些較高貴同行的夢遊和夢囈，率領著浩浩蕩蕩的激情，如同率領著狂吠的狗群，按照現代人的要求放開它們，讓它們向現代人撲去，因為現代人寧願被捕獵、咬傷、撕碎，也不願在寂靜中與自己相處。與自己相處！——這個想法使現代人不寒而慄，這是他們的恐懼和害怕。

當我在鬧市觀望行人，看成千上萬的人表情遲鈍或行色匆忙地走過去，我就總是對自己說，他們一定心情惡劣。那麼，對於所有這些人來說，藝術就只是那種使他們心情更加惡劣、更加遲鈍和渾渾噩噩、或者更加匆忙和貪婪的東西。因為不正確的感覺駕馭著他們，根本不容許他們向自己承認自己的不幸，只要他們想說話，習俗就在他們耳旁叮嚀點什麼，使他們忘記了他們本來想說的話；只要他們想互相傳達，他們的理智就彷彿因咒語的魔力而癱瘓了，以致他們把自己的不幸說成幸福，並且相當自願地聯合起來奔赴自己的厄運。這樣，他們被徹頭徹尾改變了，被貶作了錯誤感覺的馴順奴隸。

## 2

我只想舉兩個例子來說明，在我們時代，感覺是如何顛倒，而對於這種顛倒又如何毫無意識。從前，人們以正直高貴的態度鄙視從事金錢交易的商人，儘管他們也少不了這種人，也承認每個社會都必須有自己的內臟。現在，商人是支配現代人類心靈的力量，成了現代人類最令人羨慕的一部分。過去，人們最忌諱的是過於珍惜寸陰，主張無動於衷（*nil admirari*）並關心永恆。現在，只有一種認真還保留在現代人心中，他們只對報紙新聞和電訊認真。利用每一個瞬間，為此盡可能當機立斷！——不妨認為，現代人大約也僅僅保留了一種美德，即果斷。遺憾的是，實際上，毋寧說永不饜足的骯髒貪欲比比皆是，人人身上都有一種到處探頭的好奇心。一般來說，現在精神是否還存在著——我們寧願讓未來的法官們去探究這個問題，他們有朝一日將用他們的篩子把現代人篩選一遍。但是，這個時代是一個卑鄙的時代，現在已經可以看清這一點了，因為它尊敬以往高貴時代所蔑視的東西。當它霸占了過去的智慧和藝術的全部珍寶，穿戴華麗地朝我們走來時，它就表明它對於自己的卑鄙有了一種極其不快的自我意識：它需要這些行頭，不是為了暖和身子，而是為了遮醜哄人。在它看來，偽裝和掩飾自己的需要，比禦寒的需要更迫切。今日的學者和哲學家並非利用印度人和希臘人的智慧使自己變得真正睿智寧靜，他們的工作純粹是為了給現代製造一種智慧的虛假名聲。動物史學家竭力把如今國與國之間、人與人之間的關係中，那些暴力、詭計和復仇欲的獸性發作，描述為永遠不變的自然規律；歷史學家在兢兢業業地證明一個命題，也就是每個時代均有其固有的權利和條件，以便替我們時代所面臨的審判準備辯護的根據。國家學說，民族學說，經濟學說，貿易理論，法學——如今一切都帶有那種預備辯護的性質；真的，看起來，凡是尚未在龐大的職業機構和權力機構的活動中耗盡的、仍然積極的精神力量，其唯一使命便是為現代進行辯護和開脫罪責了。

原告又是哪一位呢？人們可能會詫異地問。

就是自己不安的良心。

在這裡，現代藝術的使命也第一次變得一目了然：呆滯或沉醉！催眠或麻醉！用種種方法麻痺良心！幫助良心擺脫有罪的感覺，而不是促使它復歸於無罪！至少奏效於一時！在人的自我面前為人辯護，卻又封住他的自我的嘴，堵住他的自我的耳朵！——少數人一旦真正感覺到藝術這種可恥的使命和這種可怕的降格，他們的心靈就將始終滿懷哀憐，但也滿懷新的熱望。誰要解放藝術，恢復藝術的不容褻瀆的神聖性，首先就必須使自己擺脫現代心靈。只有作為一個純潔的人，他才能發現藝術的純潔，他要完成兩項偉大的淨化和聖化。倘若他成功了，他出於解放了的心靈，用他解放了的藝術向人們說話，那麼，這時候他才進入了最大的危險和最艱巨的鬥爭；人們將會寧願把他和他的藝術撕碎，而不是給予承認，就像他們面對他和他的藝術時，必定會羞愧得無地自容一樣。很有可能，藝術的拯救——現代唯一充滿希望的一線光明，始終只屬於少數孤獨的心靈。相反，多數人也許會繼續忍受下去，凝視著他們那種藝術的、冒著濃煙的熊熊火舌；他們不要光明，寧要頭暈目眩，他們甚至仇恨自己頭上的光明。

所以，他們逃避新的光明使者。可是，他受到他由之誕生的愛的驅動，朝他們走來，並且想去驅動他們。他向他們呼籲：「你們應當經歷我的祕儀，你們需要它的淨化和震撼。要勇於追求你們的幸福，放棄你們僅知的、那一小斛蒙昧的自然和人生；我引你們去一個同樣真實的世界，當你們從我的岩洞返回你們的天日之下，你們自己會說，哪一種人生是真實的，何處是真正的光天化日，何處是真正的洞穴。自然實質上要豐富、有力、幸福、富饒得多，只要你們像往常那樣生活，你們就不會瞭解她。學會重新成為自然，並且依靠我的愛與火的魔力，讓你們自己與自然一起變化，在自然之中變化。」

——《華格納在拜羅伊特》第五、六節摘錄

# 三十二、論靈感和天才

1

**對靈感的信仰。**——藝術家們喜歡讓人們相信頓悟，即所謂靈感；彷彿藝術品和詩的觀念、一種哲學的基本思想，都是天上照下的一束仁慈之光。實際上，優秀藝術家和思想家的想像力源源不絕地生產著，產品良莠不齊，但他們的判斷力高度敏銳而熟練，拋棄著、選擇著、拼湊著，正如人們現在從貝多芬的筆記中所看到的，他是逐漸積累而成，在一定程度上，是從多種草稿中挑選出最壯麗的旋律。誰若不太嚴格地取捨，縱情於再現記憶，他也許可以成為一個比較偉大的即興創作家；但藝術上的即興創作較不如嚴肅刻苦精選而出的藝術構思。一切偉人都是偉大的工作者，不但不倦地發明，而且也不倦地拋棄、審視、修改和整理。

2

**再論靈感。**——如果創造力長期被堵塞，其流動被一種障礙阻擋，最終突然地奔瀉，宛如一種直接的靈感，彷彿此前並沒有任何內心的工作，就像發生了一種奇蹟；這造成了常見的錯覺，而這種錯覺的延續，如上所述，與所有藝術家對此的興趣有相當關係。資本只是積累起來的，它並非一朝從天而降。此外，這種看似為靈感的情況在別處也有，例如在善、道德、罪惡的領域裡。

## 3

**天才的痛苦及其價值。**——藝術天才願給人快樂，但如果他站在一個很高的水準上，他就很容易曲高和寡；他端出了佳餚，可是人家不想品嘗。這有時會使他產生可笑而傷感的激動，因為他根本無權強迫人家快樂。他的笛子吹起來了，可是沒有人願跳舞：這會是悲劇嗎？——也許是吧。但作為對這種缺憾的補償，他畢竟在創造中擁有更多的快樂，勝過別人在所有其他種類的活動中所得到的快樂。人家覺得他的痛苦言過其實，因為他的喊聲太響，他的嘴太會說；有時他的痛苦真的很大，但也只是因為他的虛榮心和嫉妒心過重。像克卜勒、斯賓諾莎這樣的科學天才一般不如此急於求成，對於自己真正巨大的痛苦也不如此大事張揚。他可以有相當把握指望後世、捨棄現在，但一位藝術家這樣做，卻始終是在演一齣絕望的戲，演出時不能不傷心之至。在極稀少的場合——當一個人集技能、知識天才與道德天才於己一身之時——除上述痛苦外，還要增添一種痛苦，這種痛苦可視為世上極特殊的例外：一種非個人的、超個人的、面向一個民族、人類、全部文化以及一切受苦之存在的感覺；這種感覺因其與極為困難而遠大的認識相聯而有其價值（同情本身價值甚小）。——然而，要用什麼尺度、什麼天平來衡量它的真實性呢？一切談論自己這種感覺的人豈非幾乎都使人生疑嗎？

## 4

**偉大的厄運。**——每種偉大的現象都會發生變質，在藝術領域裡尤其如此。偉人的榜樣會促使天性虛榮的人們作表面上的模仿或競賽；此外，一切偉大的天才還有一種厄運，便是使許多較弱的力量和萌芽給窒息，似乎把自己周圍的自然弄得荒涼了。一種藝術發展中最幸運的情況是，有較多的天才互相制約；在這種競爭中，即使天性較柔弱，往往也能得到一些空氣和陽光。

## 5

**出自虛榮心的天才迷信。**——我們自視甚高，但我們根本不期望自己有朝一日能夠畫出一張拉斐爾式的草圖，或寫出一場莎士比亞式的戲劇，於是我們自我解嘲說：這種才能乃是異乎尋常的奇蹟、極為罕見的偶然，或者，倘若我們有宗教感情，還會說是天賜的恩惠。所以，我們的虛榮心和自愛心促進了「天才迷信」：因為只有當天才被設想得離我們十分遙遠，如同一種神蹟，他才不會傷人（即便是歌德，這位毫無嫉妒之心的人，也把莎士比亞稱作他的最遙遠高空的星辰；在這裡不妨回想一下那句詩：「人不會渴慕星星」）。然而，如果不去理會我們虛榮心的暗示，那麼，天才的活動看起來與機械發明師、天文學家、歷史學家、戰術家的活動絕無根本的區別。如果我們想像這樣的一種人：他們的思想積極地朝著一個方向，把一切用作原料，始終熱烈地注視著自己和別人的內心生活，到處發現範型和啟示，不倦地組合著自己的方法；那麼，所有這些活動都一目了然了。天才所做的無非是學著奠基、建築，時時尋找著原料，時時琢磨著加工。人的每種活動都複雜得令人吃驚，不只天才的活動如此，但沒有一種活動是「奇蹟」。——僅僅在藝術家、演說家和哲學家中有天才，僅僅他們有「直覺」，這種想法是緣何而生的呢？（「直覺」似乎成了他們的一副神奇的眼鏡，他們借此可以直接看到「本質」！）人們顯然只在這種場合談論天才：巨大智力的效果對於他們是極為令人愉快的，使他們無意再嫉妒了。稱某人為「神聖」意味著：「在這裡我們不必競爭。」再者，一切完成的、完滿的東西都令人驚奇，一切尚在製作中的東西都遭人小看。沒有人能在藝術家的作品上看出它是如何製成的，這是它的優越之處，因為只要能看到製作過程，人們的熱情就會冷卻下來。完美的表演藝術會拒絕任何對其排演過程的考察，而作為當下直接的完美作品產生強烈效果。正因如此，相較於科學家，表演藝術家更容易被視為擁有天才。實際上，揚彼抑此不過是理性的一種孩子氣。

## 6

**手藝的嚴肅。**——且不說天才、天生的才能吧！有許多天賦有限的人值得一提，他們靠某些素質贏得了偉大，變成了人們所說的「天才」，對於人們缺乏這些素質的情況，大家心中有數卻又諱莫如深。他們全都具有那種能幹匠人的嚴肅精神，這種匠人先學習完美地建造局部，然後才敢動手建造巨大的整體；他們捨得為此花時間，因為他們對於精雕細刻的興趣要比對於輝煌整體效果的興趣更濃。例如，做一個出色小說家的方子是很容易開出的，但要實行就必須具備某些素質，當一個人說「我沒有足夠的才能」時，他往往忽略了這些素質。不妨寫出百篇以上的小說稿，每篇不超過兩頁，但要寫得十分簡潔，使其中每個字都是必要的；每天記下趣聞軼事，直到善於發現其最言簡意賅、最有感染力的形式，不懈地搜集和描繪人的典型和性格；抓住一切機會向人敘述，也聽人敘述，注意觀察、傾聽在場者的反應；像一位風景畫家和時裝畫家那樣去旅遊；從各種學科中，摘錄那些若是加以生動描寫，便能產生藝術效果的東西；最後，沉思人類行為的動機，不摒棄這方面的每種教誨提示，白天黑夜都做此類事情的搜集者。不妨在這些多方面的練習中度過幾十年，然後，在這工場裡造出的東西就可以公諸於世了。——但是多數人是怎麼做的呢？他們不是從局部開始，而是從整體開始。他們也許一度幹得挺漂亮，引人注目，但由於公正的、自然的原因，從此幹得愈來愈糟。——有時候，理智和性格不足以制定這樣一種藝術家的人生計劃，便有命運和困苦代替它們，引導未來的大師一步步通過他的手藝的所有必經階段。

## 7

**天才迷信的利弊。**——對於偉大、卓越、多產的才智之士的信仰，經常（雖然未必）與一種純粹宗教或半宗教的迷信相聯，即以為這些才智之士是超人的源泉，具有某種奇異的能力，借之而可以經由迥異於常人的途徑獲取知識。大家相信他們彷彿洞穿了現象之外衣，直視世界的本質，他們無需經歷科學的艱辛刻苦，憑著這種神奇的眼光，便能傳達關於人與世界的某種最終有效的、決定性的東西。只要奇蹟在知識領域裡還有信徒，也許就可以認為，信徒們自己必因之而受益，他們只須絕對服從這些偉大的才智之士，便可使自己尚在發育的才智獲得最好的培養和訓練。相反，倘若對於天才及其特權、特殊能力的迷信，在天才自己心中也根深蒂固，這種迷信對他本人是否有益，至少還是個問題。無論如何，如果人類被一種自我恐懼襲擊，不管是著名的「對凱撒的恐懼」，還是現在所考察的「對天才的恐懼」，如果那理應只奉獻給一位神祇的熏香也熏入了天才的腦中，使他開始飄飄然自以為是超人，這終歸是危險的症候。漸次的後果是：自以為可以不負責任，擁有特權，相信自己有法術賜福赦罪，若有人試圖將他跟別人比較，甚至評價更低，揭露其作品的缺點，便狂怒不已。由於他停止了自我批評，他羽毛上的健翎終於紛紛脫落；迷信掘斷了他那份力量的根子，在他失去力量之後，甚至可能使他變成偽君子。對於有巨大才智的人們來說，也許更為有益的是，對自己的力量及其來源有一個明確認識，明白某些純粹人類的特性在他們身上匯合了，他們是遇到了哪些幸運的情形：首先，是充沛的精力、堅定地朝著一個目標、巨大的個人勇氣；其次，是教育方面的幸運。當然，如果他們的目標是盡可能產生影響，就會愈加裝作不瞭解自己，順便做出半瘋狂的姿態；因為人們總是驚詫和嫉妒他們身上的力量，他們便憑藉這種力量使人喪失意志，陷於幻覺，覺得前面走著的是超自然的導師。是的，相信某人有超自然的力量，這是令人振奮鼓舞的。在這個意義上，正如柏拉圖所說，瘋狂極大地造福人類。

——在某些罕見的場合，這一種瘋狂也可以是牢牢規束漫無節制的天性的手段。在個人生活中，瘋狂的幻念也常有毒藥的治療價值；但是，在每個自信有神性的「天才」身上，它終究會隨著「天才」年老而發揮毒性。作為例子，不妨回想一下拿破崙，他的性格無疑正是透過他對自己、對他的命數的信念，以及由此產生的對人類的蔑視，而生長為強而有力的整體，這使他高出所有現代人之上，但這種信念最後轉變為一種近乎瘋狂的宿命論，奪走了他的敏銳眼光，導致了他的毀滅。

# 8

**天才與無價值之作。**——在藝術家中，恰是那種獨創的、自為源泉的人有時會寫出極其空洞乏味的東西來；相反，有所依賴的天性，所謂的才子，倒是充滿對一切可能的美好事物的記憶，即使在才力不足時也能寫出一些說得過去的東西。可是，獨創者卻是與自己隔絕的，所以記憶無助於他們，導致他們變得空乏了。

——《人性的，太人性的》第一卷第四章155—158、162—165

## 三十三、論女人

**完美的女人。**——和完美的男人相比，完美的女人是一個更高層次的類型，也是某種更稀少的東西。——動物學就能很好地證明這一命題。

**上流社會女子的錯誤想法。**——上流社會的女子認為，倘若不能在沙龍裡談論一件事情，這件事情就壓根不存在。

**一種嫉妒。**——母親很容易嫉妒她兒子的朋友，如果這些朋友擁有特殊影響的話。一個母親通常愛兒子身上的她自己，勝於愛兒子本身。

**無聊。**——許多人、特別是女人感覺不到無聊，因為她們從來不喜歡有條理地工作。

**害羞。**——一般來說，女人的害羞是隨她的美貌增長的。

**普洛提斯①的本性。**——女人因為愛情，會完全變成愛上她的男人所想像的樣子。

**愛和占有。**——女人愛一個重要人物，便往往想要獨占他。她恨不得把他鎖起來，只不過被她的虛榮心給勸阻了：虛榮心希望他在別人面前也顯得重要。

**讓任何人改變主意的方法。**——人們可以這樣用不安、憂慮以及大量的工作和思想，把每個男人弄得精疲力竭，使他對一件貌似複雜的事情不再反對，而是屈從，——外交官們和女人們精於此道。

**正派和誠實。**——有些少女想單靠她們的青春魅力享福終生，吃過虧的母親們還提醒她們更精明從事。她們的所求與妓女毫無二致，只是她們比妓女更精明也更不誠實罷了。

**面具。**——有一些女人，如果也在她們身上尋找的話，便會發現她們沒有內心，而只是純粹的面具。如果男人和這種幾乎像鬼魂一樣的、必定不滿足的東西打交道，他可要受到同情了，可是偏偏她們能把男人的欲望刺激到最強烈的程度。他尋找她們的靈魂——而且堅持不懈地尋找。

**少女的夢想。**——缺乏經驗的少女以這種夢想自誇：她們有能力使一個男人幸福；後來她們就明白了，倘若認為一個男人只需要一個少女就能幸福，這恰恰意味著低估了這個男人。——女人的虛榮心對一個男人要求得更多，而不只是要男人做個幸福的伴侶。

**作為文科中學學生的少女。**——絕不要再把我們的文科中學教育強加給少女們！它總是把充滿靈性的、渴望知識的、生動活潑的青年造就成——那些老師的摹本！

**沒有情敵。**——對於一個男人，女人容易注意他的心是否已經被自己占有；她想被愛，並且不能有情敵，所以責怪他的抱負、他的政治使命、他的科學和藝術（倘若他對這些東西懷有熱情的話）。不過，假如他藉這些東西出名了，——那麼，在和他共同生活的情況下，她就希望她的光彩也立即增加；一旦如願以償，她就寵愛這個情人。

**仇恨中的女人。**——處在仇恨狀態中，女人要比男人危險；首先是因為她們的敵意一旦被激起，便不會顧及公平，而是聽任仇恨自行增長，一瀉到底。其次，是因為她們慣於發現傷口（每個人、每個政黨都有傷口）並刺入那裡，在這方面，她們利如刀鋒的理智非常稱職。（相反，男人看到傷口就會猶豫，每每會生出一種和解和寬容的心情。）

**女人判斷中的靈感。**——女人慣於作出即興取捨的決定，憑藉突如其來的好惡使私人關係迅速明朗。女人這些不公正的表現，都被愛她們的男人罩上了一層光彩，彷彿所有的女人皆擁有智慧的靈感，而且無需德爾斐的神龕和月桂花的飾帶：在那以後，她們的話語仍然像

①普洛提斯（Proteus），希臘神話中海神波塞頓的兒子，以變幻無常聞名。

女巫口中的神諭一樣被詮釋和重視。可是，人們只要想一想，對於每個人、每件事，總有一些東西是適合的，同樣也總有一些東西是不適合的，一切事物不只有兩面，而是有三面和四面，那麼，用這樣即興的決定，要完全落空就幾乎太難了；人們甚至可以說，事物的本性就是安排得讓女人一貫站在正確的一方。

**女人頭腦中的矛盾。**——由於女人看重人遠甚於看重事情本身，因此，在她們的思想中並存著邏輯上自相矛盾的傾向。她們恰好慣於給這些傾向的代表輪流鼓勁，並且對他們的體系兼收並蓄；不過，不論何處，如果有一個新的人物後來居上，那裡便會出現一個廢墟。也許，一個老婦人頭腦中的全部哲學，就是由這些純粹的廢墟組成的。

——《人性的，太人性的》第一卷第七章摘錄

## 三十四、論性別和愛情

**來自母親。**——每個男人都從母親那裡獲得一幅女人的圖像：他將由此決定，自己一般來說是敬慕女人呢，還是蔑視女人，抑或對她們根本無所謂。

**一種男性疾病。**——治療男人的自卑病，最可靠的辦法就是，被一個聰明女人愛上。

**女人的友誼。**——女人完全能夠和男人結成友誼；可是，倘若要保持這段友誼——卻必須借助一點肉體上的反感。

**愛情的一個要素。**——在各種女性的愛中，總有一些母愛顯露出來。

**愛情中沒有停頓。**——一個喜歡慢節奏的音樂家，會把同一支曲子演奏得越來越慢。同理，在愛情中不存在停頓。

**女人的理智。**——女人的理智表現為非常自制，頭腦始終清醒，善用一切有利條件。她們把它作為自己的基本特徵，遺傳給她們的孩子，而父親提供的則是比較幽暗的意志背景。

他的影響彷彿決定了新生命將要據以演奏的節奏與和聲；而旋律卻是來自女人。——對善動腦筋的人而言，女人擁有理智，男人擁有情感和激情。至於男人事實上運用他們的理智卓有建樹，並不與此矛盾。他們擁有更深刻強大的原動力；就是這種原動力，承載著他們那原本消極的理智走得這麼遠。常常令女人暗自驚奇的是，男人們竟如此敬慕她們的情感。在選擇配偶時，男人最想要一個深刻的、情感豐富的人，而女人最想要一個聰明、頭腦清醒並且有光彩的人，這就使我們十分清楚地看到，男人是在尋找理想化的男人，女人是在尋找理想化的女人，因此，他們都不是在尋找互補，而是在尋找完成自己優點的人。

**近視者墮入情網。**——有時候，只要一副高度眼鏡就足以治癒熱戀者了；而如果誰具備想像力，能看到二十年後的那張臉蛋和那個身材，他也許就很容易走出愛情了。

**愛情。**——女人用愛情發動的偶像崇拜，完完全全是一個精明的發明，她們藉由將所有的愛情理想化，來提高她們的權力，把自己描繪成在男人眼裡越來越值得追求。然而，由於幾百年來人們已習慣對愛情的這種誇張評價，便使她們也在自己的網裡轉圈，忘記了那個起源。現在，她們自己比男人更受到迷惑，因而更為覺醒而痛苦，這覺醒在每個女人的愛情中幾乎是必然會到來的——只要她大體來說有足夠的想像力和理解力，能夠受惑和覺醒。

**讓自己被愛。**——由於在一對情人中，通常一方是愛者，另一方是被愛者，因而產生了一種信念，似乎在每一段愛情中都存在著一個愛的常量。一方從中占有得愈多，對另一方來說就剩下得愈少。有時，會發生一種例外情況，虛榮心使雙方都相信自己是必須被愛的一方；於是，雙方都想讓自己被愛。婚姻中形形色色、半是滑稽半是荒唐的爭吵，大多由此而生。

**誰更痛苦？**——一個女人與一個男人發生私人衝突和口角之後，一方往往因為想像自己給對方造成了傷害，而感到痛苦；相反，另一方往往因為想像自己對對方傷害得不夠，而感到痛苦，於是竭力用眼淚、啜泣和哀戚的表情，持續使對方心情沉重。

——《人性的，太人性的》第一卷第七章摘錄

# 三十五、論婚姻

**友誼和婚姻。**——摯友非常可能成為佳偶，因為好的婚姻是基於交友的才能。

**不同的悲歎。**——一些男人悲歎他們的妻子被人拐走了，大多數男人悲歎沒有人想把她拐走。

**為愛結婚。**——因愛情而締結的婚姻（所謂為愛結婚）對於父親是種謬誤，對於母親是必要（需要）。

**地點的一致與戲劇。**——如果夫婦不在一起生活，美滿婚姻就會更常見了。

**婚姻的通常結果。**——每一種交往，若不使人提升，就會使人向下沉淪，反之也一樣；所以，男人娶了女人，他通常便向下沉淪，而女人卻有所提升。當太精神性的男人如同忌醫諱疾一般地抵制婚姻之時，他們恰恰最需要婚姻。

**希望真能愛上。**——順從習俗訂了婚的人，常常努力使自己真能愛上對方，以免被譴責為出於冷冰冰的利益。那些為了私利皈依基督教的人，同樣也努力使自己真能虔信；因為這樣一來，他們臉上的宗教表情變化會容易一些。

**狀態良好的婚姻。**——在婚姻中，每一方都想靠另一方達到一種個人的目的，這樣的婚姻就相當牢固，譬如說女方想靠男方出名，男方想靠女方邀寵。

**對一個好婚姻的考驗。**——一個婚姻的質量，就看它是否一度容忍了一個「例外」。

**作為漫長交談的婚姻。**——在接受一樁婚姻時，應該提出這個問題：你是否相信自己和這個女人能夠一直聊得來，持續到老？婚姻中的其餘一切都是短暫的，而相處的大部分時間都是在交談。

**女人大度的機會。**——如果我們暫時拋開對社會風俗要求的考慮，那麼，不妨設想一下，天性和理性豈不會引導男人先後結多次婚，譬如說以這種方式：在兩歲到二十歲時，他先和一個年齡較大的姑娘結婚，她在心智和品德方面都優於他，能夠帶領他渡過二十歲的危險（野心、仇恨、自卑、各種激情）。然後，她的愛情將會完全轉變成母愛，在男人三十歲時，她不僅容忍、而且以有益的方式，鼓勵他和一個非常年輕的姑娘聯姻，並由他擔負起教育姑娘的職責。——婚姻在二十歲是必修課；在三十歲，是有用卻非必要的課程；在更晚的年歲，它常常是有害的，會導致男人的精神退化。

**從婚姻的未來考慮。**——那些有自由思想、以教育和提升婦女為使命的上流社會女子，她們不該忽略一個觀點：按照較高層次的理解，婚姻是異性之間的心靈友誼，同時，人們在踏入婚姻時又希望，能在婚姻中繁衍並教育新一代——這樣的婚姻，彷彿只是把性欲當成一種暫時的、不常用的手段，藉以達到一個更偉大的目的，所以很可能需要一種自然的協助，即姘居關係。倘若為了男人的健康這個理由，妻子應當是他滿足性欲的唯一途徑，那麼，在選擇配偶時，另一種違背上述目的的錯誤觀點反倒會發揮最大的影響力。如此一來，順利繁衍後代將成為偶然，良好的教育將幾乎不可能。一個好配偶應該是女友、助手、產婦、母親、家長、管家，甚至也許還必須在丈夫之外獨立擔當她自己的事業和職務，那麼她就不可能同時做姘頭，因為這對她來說要求太高了。於是，有朝一日，雅典伯里克里斯時期發生的情況可能會重演，當時，男人在其妻子身上不過擁有一個姘頭而已，此外便求諸於阿斯帕齊婭[①]們，因為他們需要一種令頭腦和心靈輕鬆的交際的魅力，而這樣一種交際唯憑女人的嫵媚和心智的柔順才能締造。就像婚姻一樣，一切人類制度在實踐中都只允許適度的理想化，否則就必然會遭到粗俗的糾正。

**太近。**——倘若我們和一個人一起生活得太近，那麼，結果就會像我們老是用裸手去觸摸一張精緻的銅版畫一樣。總有一天，我們手中除了一張糟糕的髒紙，就不再剩下什麼了。

一個人的靈魂，也會因為不斷的觸摸而最終被磨損；至少在我們眼中，它最終會顯得如此，——我們便不再看到那幅原初的圖畫和美麗了。——人們始終因為與女人及朋友交往得太密切而有所失；有時候，人們還因此失去了他們生命的珍寶。

**自願的犧牲。**——優秀女子沒有任何辦法可以讓她們的丈夫感到輕鬆，如果那些丈夫出名而且偉大的話，生活往往如此；唯一的方法是，他們成了一個容器，接納其餘男人的普遍不滿和一時的怒氣。同時代人太喜歡在他們的偉大男子身上探尋失誤和蠢事，乃至明顯不公正之舉，只要找得到一個人，他們可以把他當做真正的犧牲來虐待和屠宰，以放鬆自己的心情。女人身上不乏作此犧牲的抱負，這當然使男人十分滿意，——倘若他足夠自私，因而樂意自己身邊有一個引開暴風驟雨的志願者。

——《人性的，太人性的》第一卷第七章摘錄

①阿斯帕齊婭（Aspasia），活動時期為公元前五世紀，伯里克里斯的情婦，著名交際花。

## 三十六、婚姻不宜於自由思想家

**自由思想和婚姻。**——自由思想家是否要和女人一起生活？我大致上相信，他們像古代說真話的鳥一樣，作為當代的真理思考者和宣告者，必須做到單獨飛行。

**婚姻的幸福。**——一切習慣之物都在我們周圍織成越來越堅固的蜘蛛網；而我們很快就發現，蛛絲變成了繩索，我們自己像蜘蛛一樣坐在中央，這蜘蛛把自己囚禁於此，不得不靠它自己的血為生。所以，自由思想家仇恨一切習慣和規則、一切持存者和確定者，所以，他不斷地忍痛撕扯開圍繞著自己的網，雖然結果是他會被許多大大小小的傷口折磨，——因為他必須把那些絲從自己身上，從他的肉體、他的心靈扯開。他必須在他從前恨的地方學會愛，反之亦然。是的，對他來說，往他從前曾經散播豐饒善意的同一塊田裡播下龍牙，這絕非不可能之事。——他完全不考慮，他是不是為了婚姻的幸福而這樣做的。

**金色的搖籃。**——當一顆自由靈魂終於下定決心，擺脫女人們藉以控制他的那種母性的關懷和監護之時，他總會鬆一口氣。因為與金色搖籃、孔雀開屏、壓抑感之類的不自由相比，她們如此大驚小怪替他提防的那一陣涼風，實際上對他有什麼害處呢？他生活中多少有點實際的禍害、損失、不幸、疾病、過錯、迷惑，算得了什麼？何況，他竟然得為這種不自由心懷感激，就因為他像一個嬰兒一樣受到期待和溺愛？所以，那些哺育他的女人的乳汁雖然傳遞了母愛，卻又是如此容易變成膽汁。

**可愛的敵人。**——女人本能地傾向於平靜、穩定、幸福和諧的生活和交往，在生活之海上，她們具有如油一樣潤滑消解的作用，這一切無意中正與自由思想家內心的英雄主義衝動相敵對。她們對此毫無察覺，女人的行為就像這樣一種人，會替一位漫遊的礦物學家搬走路上的石頭，以免礦物學家踢著它們，——殊不知礦物學家正是為了要踢著它們才上路的。

**兩個和音的失調。**——女人願意服務，她們的幸福正繫於此。可是自由思想家不願意被服務，他的幸福也繫於此。

**贊西佩**[1]**。**——蘇格拉底找到了一個女人，一如他所需要的，——可是，假如當時他對她充分瞭解，他也就不會找她了，這位自由思想家的英雄主義不至於走得如此之遠。事實上，贊西佩把他弄得有家不能歸，從而迫使他越來越邁向他獨特的使命之中，教會他在街頭以及任何可以閒談和發懶的地方生活，如此把他造就成雅典最偉大的街頭論辯家。他最後只好自譬為一隻叮人的牛虻，因神的吩咐停留在雅典這匹美麗的馬的脖子上，為了不讓牠安靜下來。

---

① 贊西佩（Xanthippe），蘇格拉底的妻子，相傳是著名的悍婦。

**盲於遠視。**——正如母親壓根只感覺到、看到孩子明顯的痛苦一樣，一個擁有崇高追求的男子，其伴侶也忍不住用同情、困苦乃至輕蔑的眼光，看待自己的丈夫，——相反，對他們來說，這一切也許不僅是正確選擇自身生活方式的可靠標誌，而且也是在某個時候必定實現其偉大目標的保證。女人們總是在對丈夫的崇高心靈暗施詭計；為了一個沒有痛苦的舒適現在，她們試圖騙丈夫忘記他們的將來。

**權力和自由。**——女人尊敬自己丈夫的程度，趕不上她們對社會所承認的勢力和觀念的尊敬。幾千年來，她們已經習慣於向一切統治力量鞠躬和作揖，譴責任何反對正統權力的行為。所以，她們並非有意充當自由心靈那獨立追求之輪上的制動器，而毋寧說是出於本能，有時把她們的丈夫弄到忍無可忍的地步，尤其是當她們嘮叨什麼女人這麼做完全是受愛情驅使之時。反對女人的手段，卻又尊重這手段的高尚動機，——這是丈夫們的方法，常常還是丈夫們的絕望。

**附帶的斷定。**——如果由赤貧者組成的團體宣布廢除遺產權，當然是可笑的；如果一群無後的人忙於訂立一個國家的實際法規，其可笑的程度並不稍減，——在他們的航船上，並沒有足夠的重量能保證在未來的海洋上安全航行。但是，同樣荒唐的是，一個以全人類的最普遍認識和評價為己任的人，卻擔當起照看一個家庭及生計、安全、妻兒撫養的私人負擔，在他的望遠鏡前罩上一層不透明的紗巾，使得遠方星辰的光芒幾乎完全透不進來。我也由此得出一個命題：在關於最高哲學類型的事情中，一切已婚者都是可疑的。

**終結。**——世上存在著各種各樣的毒草，而命運通常能找到一個機會，把一杯這樣的毒汁端到自由思想家的唇邊，——目的是為了「懲罰」他，如同人們事後所說的。那麼，他身邊的女人們做了什麼？她們會哭喊悲歎，也許攪擾了思想家在黃昏的寧靜，正像她們在雅典監獄裡所做的那樣。「哦，克利多，讓人把這些女人帶走吧！」蘇格拉底最後說道。

——《人性的，太人性的》第一卷第七章摘錄

# 三十七、父母的愚蠢和童年的悲劇

**雙親的繼續生存。**——在性格和觀點的方面，雙親之間未消解的不和諧音，會在孩子的心靈中繼續奏鳴，並造成他的內心痛苦史。

**修正自然。**——如果一個人沒有好父親，就應當給自己造出一個來。

**父與子。**——為了重新成功地擁有兒子，當父親的有許多事情要做。

**母親的好心。**——有的母親需要幸福的、受尊敬的孩子，有的則需要不幸的：否則她便不能表現出做母親者的好心。

**合理的無理。**——當一個人的生命和理智成熟時，他會突然感到他的父親無權生他出來。

**教導命令。**——對於出生在恭謙家庭的孩子，應該透過教育使他們學會命令，正如應該教其他的孩子們學會服從一樣。

**童年的悲劇。**——這種情況或許並不少見：高貴的、有崇高追求的人，是在童年就承受了最艱苦的鬥爭。其方式也許是，他們不得不反抗一個心智低下、忠於假象和謊言的父親，以貫徹他們的信念；或者，更有甚者，是如同拜倫伯爵那樣，持續與一個幼稚可笑、喜怒無常的母親鬥爭。如果有過這番經歷，便終生不會忘記，對一個人來說，究竟誰做過自己最偉大也最危險的敵人。

**父母的愚蠢。**——在判斷一個人時，最嚴重的錯誤是由他的父母做出的；這是一個事實，但是怎麼來解釋它呢？是因為父母對孩子有了太多的經驗，因此不再能把這些經驗概括為一體？我們發現，當旅行者身處異鄉時，唯有在最初的日子裡，他們才能正確把握一方人民獨特而普遍的特徵；他們愈是熟悉當地人民，就愈不懂得識別後者身上的典型和獨特之處了。他們一旦近觀，他們的眼睛便不再遠眺。因此，既然父母始終站得離孩子不夠遠，他們豈不當然會判斷失誤？——也許還可以作如下完全不同的解釋：人們慣於對自己周圍最靠近的事物不復深思，而只是接受。父母這種習慣性的無所用心也許是一個原因，使他們在必須對自己的孩子下判斷的場合不能中的。

——《人性的，太人性的》第一卷第七章摘錄

# 三十八、瘋狂在道德史上的意義

儘管從紀元前好幾千年開始，一直到紀元後，大致上持續到今天（我們自己住在狹小的例外世界裡，彷彿在一個惡人區），存在著人類一切群體賴以生活的「習俗道德」所帶來的可怕壓力——儘管如此，新的異端思想、評價、舉動依然不斷爆發出來，由此看來，這裡應該隱含著非同小可的引發力量：無論何處，幾乎必然是瘋狂在為新思想開路，衝破莊嚴的習俗和迷信的禁令。你們明白為何必是瘋狂嗎？為何必是那聲色皆恐怖而莫測、如天氣和大海一樣惡魔般喜怒無常，因而同樣令人畏懼和提防的東西？為何必是那明顯帶著完全不能自主的跡象，有如癲癇病人之抽搐、口吐白沫，卻在瘋子眼裡是神性的面具和傳聲筒的東西？為何必是那使新思想的承載者自己也敬畏和害怕自己，因而不再有良心不安，驅策他去做新思想的先知和殉難者的東西？

既然我們今天也常常明白，派給天才的不是鹽粒[1]而是瘋草籽，那麼，從前的所有思想者便遠比我們懂得，凡有瘋狂之處也就有天才和智慧的種子，——某種「神性之物」，如他們所自語的。或者更確切地說：他們有力地作了表達。「希臘藉瘋狂獲得了最偉大的財富，」柏拉圖以及所有古人說。讓我們更深入一步：所有出類拔萃的人，都不可遏止地要打破任何一種倫理的束縛，創立新的法則，如果他們不是原本就真的瘋了，則他們除了把自己弄瘋或者假裝發瘋之外，別無出路——而且不限於宗教和政治制度的改革者，一切領域的改革者皆如此：——甚至詩律的改革者也必須藉瘋狂獲得自信。（因此，直到相當溫和的時代，詩人們仍保留著瘋狂的遺風，例如，古希臘政治家梭倫在動員雅典人收復薩拉米斯[2]時曾追述此風。）

「倘若一個人不是瘋子，也不敢裝瘋，他怎樣使自己瘋呢？」古代文明中，幾乎所有優秀的人都曾陷入這個可怕的思路；一種傳授這方面訣竅和飲食指南的祕說大行其道，人們覺得這種考慮和企圖是無辜的，乃至聖潔的。在印第安人是做一個巫醫，在中世紀基督徒是做一個聖徒，在格陵蘭人是做一個司鼓巫[3]，在巴西人是做一個巴基[4]，為此開出的方子本質上是相同的：荒唐的齋戒，持久的禁欲，遁入沙漠，隱入深山，攀上柱頂，或「踞於一棵臨湖的朽柳」，並且斷絕雜念，一心想著能致人迷醉和心智錯亂之事。在一切時代中，最有創造力的人可能遭受了最無情、最大量的靈魂痛苦，有誰敢一瞥其中的荒涼！有誰敢一聽孤獨者和迷亂者們的悲歎：「啊，快賜我以瘋狂吧，你們這些天神！那使我終於相信自己的瘋狂！賜我以譫妄和抽搐，突然的亮光和突然的黑暗，嚇我以世人未嘗經歷過的嚴寒和酷熱，喧囂和幢幢鬼影，讓我咆哮和哭嚎，如獸一樣爬行：只要我能在自己身上找到自信！懷疑在吞噬

①雙關語，Salz在德語中兼有鹽和才智的含義。
②薩拉米斯（Salamis），希臘的島嶼。
③司鼓巫（Angekok），愛斯基摩人的巫醫。
④巴基（Paje），巴西土著的巫師。

我，我殺死了法則，法則令我懼怕，就像屍體令活人懼怕一樣：如果我不高於法則，我就是天下最墮落的人了。附在我身上的新精神，如果它不是來自你們，又會來自何方？證明給我看，我是屬於你們的；唯有瘋狂能給我這證明。」而這種熱忱只在那個時代常常如願以償：當時，基督教在聖徒和沙漠隱居者身上極其充分地證明了它的成效，因而誤以為也證明了它自己，在耶路撒冷建有大量瘋人院，以收留發病的聖徒，收留那些為之給出了最後一粒鹽的人。

——《朝霞》14

# 三十九、論自我和同情

**假個人主義。**——絕大多數人，不管他們對於自己的「個人主義」一向如何想、如何說，一生的所作所為都從未是為他們的自我，只不過是為了周圍人們的頭腦中形成、並傳達給他們的自我幻象，——結果是，他們全都生活在無個性或半個性的輿論之中，以及任意、異想天開的評價的迷霧之中；一個頭腦活在另一個頭腦裡，這另一個頭腦又活在第三個頭腦裡，構成了一個古怪的幻象世界，它還賦予了自己一種乍看如此清醒的外表！這迷霧幾乎獨立於它所籠罩的人而生長和生存；關於「人」的一般看法在它之中發生著巨大的作用——所有這些不自知的人們都信仰沒有血肉的抽象的「人」，亦即信仰一種虛構的東西；由強而有力的個別人物（例如王公貴人和哲學家）針對這個抽象概念所作的改變，對這絕大多數人有著異乎尋常的、不可思議的巨大影響，——原因僅在於，大多數人中的每一個人，都無法樹立一個自己真能實現和探究的真實自我，以對抗那蒼白的、虛構的一般概念，並將它摧毀。

**道德的時尚。**——整體而言，道德判斷經歷了怎樣的變遷啊！那些最偉大的古代倫理奇才，例如愛比克泰德[1]，絲毫不知如今流行的風尚，也就是頌揚為他人著想和生活的風尚；

---

①愛比克泰德（Epictetus，約五五—約一三五年），斯多噶派哲學家。

依照我們的時尚，我們必定會說他們簡直不道德，因為他們竭盡全力捍衛他們的自我，反對他人的同情（確切地說，是對他人的痛苦和道德缺點）。也許他們會回答我們說：「如果你們覺得自己是一個這般無聊或可惡的對象，那就更努力為他人而不是為自己著想吧！你們這樣是做對了！」

**鄰人的不幸是如何振奮人心。**——他遭遇不幸，於是「同情者」來到，向他描繪他的不幸，——末了他們滿足而又興奮地離去了：他們享受了不幸者的驚駭，一如享受了自己的驚駭，度過了一個美好的下午。

**環境的選擇。**——一個人要謹防生活在以下這種環境裡：既不能尊嚴地沉默，又不能說出他較高尚的東西，於是剩下就只有我們的牢騷、需要、我們的整個倒楣經歷可說了。在此情形下，他會對自己不滿，對這個環境不滿，是的，在這個使我們發牢騷的倒楣處境之外，還加上因感覺到自己總是牢騷滿腹而生的煩惱。一個人應該生活在這樣一種地方：他在那裡羞於談論自己，並且也無須這樣做。——然而有誰關心這種事，關心這種事上的選擇！人們談論著自己的「厄運」，弓著寬闊的背站在那邊歎道：「我這悲慘的阿特拉斯②！」

**靈驗的方子。**——對於需要安慰的人，最好的安慰手段莫過於斷言他的處境無可安慰。其中隱含著一種激勵，能使他重新抬起頭來。

**同情的喜劇**。——不論我們多麼真誠地同情一個不幸者，只要他在場，我們就總是有點像在表演喜劇，我們諱言許多我們所想的以及我們怎樣想的，帶著醫生在重病人床前的那種謹慎。

**別讓他的魔鬼跑到鄰人那裡**！——我們不妨同意，在我們的時代裡，善意和善行是善人的標記；只是請允許我們補充一句：「前提是，他也對自己有善意和善行！」因為倘若不是如此——倘若他逃避自己，憎恨自己，傷害自己——他就絕不是善人。那樣他就只好去別人那裡拯救自己，把自己從自己手中救出了：但願這些別人小心，謹防因此受害，不管他們覺得他看上去多麼好心！——然而，正是逃避和憎恨自我、在他人中並且為他人生活，這樣的特質至今被人們不加思索又振振有辭地稱作「無私」，從而又稱作「善」！

**誘使人愛**。——有誰憎恨自己，我們當知畏懼，因為我們會成為他那怨毒和憎恨的犧牲品。所以，讓我們留意，我們怎樣來誘使他愛自己！

**「自我逃避」**。——那種智力痙攣的人，對自己焦躁而陰鬱，就像拜倫和阿爾弗雷德・繆塞[3]一樣；他們做任何事，都像脫韁之馬，從自己的創作中僅獲得一短暫的、幾乎使血管

---

②阿特拉斯（Atlas），希臘神話中泰坦巨人之一，因反對宙斯而被罰肩負天空。
③阿爾弗雷德・繆塞（Alfred de Musset，一八一〇—一八五七），法國浪漫主義作家。

崩裂的快樂和熱情，接著便是嚴冬一般的悲涼和憂傷，這種人該如何忍受自己呵！他們渴望上升到一種「無我」的境界；懷此渴望的人，如果是基督徒，則祈求上升到上帝之中，「與上帝合為一體」；如果是莎士比亞，則上升到熱情人生的形象中方感滿足；如果是拜倫，則渴望行動，因為行動比思想、情感、作品更能把我們從自身引開。那麼，行動欲骨子裡也許就是自我逃避？——帕斯卡會這樣問我們。事實也是如此！行動欲的最高典範可以證實這個命題。不妨以一個精神病醫生的知識和經驗公正地考慮一下，——歷代最渴望行動的四個人（即亞歷山大、凱撒、穆罕默德和拿破崙）都是癲癇病患者；拜倫同樣也備嘗此種痛苦。

——《朝霞》105、131、224、364、380、383、516、517、549

## 四十、苦難者的認識

長年受重病折磨但並不因此神志模糊的病人，其境況對於認識不無價值，——姑且不論那些深刻的孤獨、突然並且合法地擺脫一切義務和習慣，帶來多少理智上的享受。受大苦難的人極其冷靜地從他的境況出發看事物：當健康人看事物時，事物往往漂浮在細小騙人的魔術中，所有這些魔術在受苦者的眼裡都消失了；是的，連他自己也沒有絨毛和色彩地袒露在了自己的面前。假如迄今為止他一直生活在某種危險的夢想中，則痛苦是最有力的清醒手段，足以把他從中拉出；而且也許是唯一的手段。（基督教的創始人在十字架上遇到的，很可能正是這種情況：因為一切話語中最悲慘的那一句，「我的上帝，你為何離棄我！」若從最深刻的含義上理解，如同它可以被理解的那樣，便是對他終生幻覺的徹底失望和覺醒的證詞；他在最痛苦的瞬間看清了自己，就像詩人所描述的，可憐的唐・吉訶德在彌留時的情形一樣。）

心智竭力對抗痛苦，處於極度的緊張之中，使他現在所看到的一切都沐浴在一片新的光輝裡：而所有這新的光照賦予的魅力往往十分強大，足以抵禦一切自殺的誘惑，使受苦者覺得活下去乃是最值得嚮往的事情。他輕蔑地回想起那個舒適溫暖的如霧世界，健康人無所用心地漫遊其間；他輕蔑地回想起他從前藉以自娛的、那些最高貴最可愛的夢幻；他彷彿從最深的洞穴中召喚出這輕蔑的心情，樂此不疲，如是使靈魂受最烈的痛苦：靠了這樣的平衡力量，他恰好能承受肉體的痛苦了，——他感覺，現在正是這平衡力量在使他受苦！在對他自己整個生存的可怕洞察中，他向自己喊道：「做一回你自己的檢舉人和劊子手吧，把你的受苦當作你施於你自己的懲罰！欣賞你當法官的威風；更進一步：欣賞你的意願，你那暴君式的為所欲為！超越你的生命，如同超越你的痛苦一樣，俯視一切根據以及不能成立的根據！」我們的自尊心空前地生長：對它具有無比魅力的事便是，對抗痛苦這樣一個暴君，以及對抗痛苦給我們造成的、致使我們作證反對生命的一切影響，——亦即代表著生命對抗暴君。在這樣的境界中，一個人會無情地拒絕一切悲觀主義，使之不能冒充我們處境的產物，不能把我們貶為失敗者。在判決的公正性方面，同樣也從未有過像現在這樣誘人的機會，因為現在是要戰勝我們自己，戰勝一切情形中最易受誘惑的一種情形，它足以原諒判決的任何不公正；——然而我們並不想被原諒，正是這時我們想證明我們能夠做到「無辜」。我們的驕傲在一絲不苟地抽搐。

而現在柔化和康復的第一線曙光來臨了——最早的跡象就是，我們反對自己的過於負氣了：我們自嘲這樣做的幼稚和虛榮，——彷彿我們體驗了什麼獨一無二的東西似的！我們不知感恩地羞辱那威力無比的自尊心（正是自尊心使我們忍受住了痛苦），迫切地尋求它的解藥：在痛苦太強烈、太長久地使我們具有個性之後，我們希望自己異化而沒有個性。「滾吧，滾吧，這個自尊心！」我們喊道，「它也是一種病和一種抽搐！」我們重又抬眼看人們和自然——用渴望的眼睛：我們帶著憂鬱的微笑想起，與從前相比，我們現在對之已經知道了一些新的不同的東西，一層面紗已經落下，——可是，重睹生命的朦朧光輝，走出我們曾在其中觀察並且看破萬物的那可怕而冷靜的強光，這使我們神清氣爽。如果健康的魔術重新上演，我們並不生氣，——我們如同換了個人似地，溫和地看待事物了，而且總是疲憊。在這種狀態裡，一個人不可能不含著淚聽音樂。

——《朝霞》114

# 四十一、健康與哲學的關係

一個心理學家很少遇到這麼有趣的問題，例如健康與哲學的關係問題，以及如果他本人病了，他會把他的全部科學興趣帶入他的疾病這樣的問題。因為倘若人有一種個性，他也就必定有屬於他個性的哲學：不過其間有著顯著的區別。那化為哲學的，在一個人是他的缺點，在另一個人則是他的富有和力量。前者必須有他的哲學，無論是作為支柱、安慰、藥物、拯救、昇華還是對自己的疏離；對於後者，哲學只是一種美麗的奢侈品，至多是一種凱旋著的、謝忱的狂喜，這狂喜最後只好用宇宙的大寫字母，將自己書寫在概念的天空上。

然而，在另一種比較常見的情形中，是由困乏驅動哲學，比如在一切病態的思想家身上（在哲學史上，病態的思想家也許占多數）：當思想遭受了疾病的壓迫，會從中產生什麼呢？這正是那個心理學家遇到的問題，而在這裡可以做一個試驗。正如一個旅行者，提醒自己要在某個時刻起床，然後便安心地入睡；我們哲學家假如病了，也會在一段時間內這樣全身心地沉人疾病中，彷彿閉眼不看自己。而正像那個旅行者知道，有某樣東西沒有入睡，有某樣東西算著時間並會把他喚醒，我們也知道，在決定性的時刻我們會醒來，然後會有某樣東西一躍而起，在現場逮住心靈，也就是在軟弱、回轉、沉湎、僵化、陰鬱之時。我們知道所有這些心靈的病態現象意味著什麼，在健康的日子裡，它們令驕傲的心靈感到厭惡（因為正如一首古詩所云：「驕傲的心靈、孔雀、駿馬是世上最驕傲的三種動物」）。

在如此自問自審之後，一個人便學會了用更純淨的眼光，審察迄今為止被化為哲學的一切；他比過去更善於發現思想中無意識的歧路、岔道、靜止點和陽光點，受苦者由此被引導和誘惑到受苦的思想家那裡，從此以後他知道，患病的身體及其需要無意中把心靈壓迫、推撞、吸引向何方——向著陽光、靜止、寬厚、忍耐、醫療、任何一種意義上的提神之物。對於一切把和平看得比戰爭更高的哲學，一切對幸福概念作消極理解的倫理學，一切熟悉一個終局、任何類型的終極狀態的形上學和物理學，一切追求避世、出世、世外桃源和天國的美學傾向或宗教傾向，我們都可以問一下，激勵了哲學家的事物是否就是疾病。在客觀、理想、純粹精神等外衣下，生理需要的無意識的偽裝極其普遍，達到了驚人的地步，——而我常常自問，大體而論，迄今為止哲學是否僅是肉體的一種解釋和一種誤解。在迄今為止支配著思想史的最高價值判斷背後，隱藏著對肉體特性的誤解，不管這誤解是出自個人、階層抑或整個種族。形上學的所有那些胡言亂語，尤其是對人生價值問題的答案，我們可以始終把它們視作特定軀體的症候；而倘若從科學上衡量這種對世界的全盤肯定或全盤否定，明白其中沒有一點意義，則它們給歷史學家和心理學家的提示就更有價值了，如上所述，是作為軀體和它的成功與失敗的症候，它在歷史上的豐盈、有力、自我輝煌的症候，或者它的受挫、疲憊、衰落的症候，它對滅亡的預感、它求滅亡的意志的症候。我還一直期待著，會有一位哲學醫生（以這個詞的特定意義而言），一個潛心研究民族、時代、種族、人類的整體健康問題的人，有朝一日他將有勇氣把我的懷疑推至極端，敢於作出結論：在全部哲學研究中，迄今為止所涉及的完全不是「真理」，而是別的東西，譬如說健康、未來、生長、權力、生命……

——《快樂的科學》第二版序摘錄

# 四十二、從痛苦中分娩思想

你們可以猜到，在告別久臥病榻的那段歲月時，我不願忘恩負義，那時的收穫直到今天仍是我用之不盡的。正如我非常清楚，當我的健康狀況變化無常時，我畢竟比所有那些精神上的矮胖子高明在哪裡。一個哲學家，如果他經歷過、而且不斷重新經歷著種種健康狀況，那麼他同時也就經歷了種種哲學：他每次所能夠做的，無非是把他的狀況轉換成最精神的形式和遠景，——哲學正是這種變容的藝術。

我們哲學家不能如一般人那樣，隨心所欲地把靈魂和肉體分開，更不能隨心所欲地把靈魂和思想分開。我們不是會思想的青蛙，不是有著冰冷內臟的照相機和打字機，——我們必須不斷地從我們的痛苦中分娩我們的思想，慈母般地向它們貢獻我們身上擁有的一切，我們的血液、心臟、火焰、快樂、熱情、痛苦、良心、命運和災難。對於我們來說，生命就意味著不斷地把我們所是的一切，以及我們所遇到的一切，都變為光和烈火，我們完全不能是別的樣子。

至於說到疾病，我們不妨試問一下，它對於我們究竟是否可以或缺？唯有大痛苦才是心靈最後的解放者，是大疑惑的導師，把每個災禍都變成一個X，一個貨真價實的X，即字母表上的倒數第三個字母……唯有大痛苦，那曠日持久的痛苦，彷彿把我們架在溼柴堆上熏烤，才迫使我們躍入我們最後的深淵，與一切信任、一切善心、面紗、柔情、中庸相決裂，從前我們或許在那些事物中安置了我們的人性。我懷疑這樣一種痛苦能否使人「變好」；不過我知道，它能使我們變深刻。我們也許學會了用我們的驕傲、我們的嘲諷、我們的意志力對付它，像某個印度人那樣行事，此人也是倍受折磨，於是借惡嘴毒舌在折磨他的人身上出了氣；我們也許為逃避痛苦而退入東方的虛無之境（所謂涅槃），退入斷絕言、視、聽的禪定狀態，經過這樣漫長而危險的自制練習，人便脫胎成了另一個人，有了更多的疑問，尤其是有了一種意志，即與過去之所問相比，今後要更加經常、深刻、嚴格、堅定、惡毒、平靜地發問。

對生命的信任已經喪失：生命本身變成了問題。——但不要以為一個人因此就必定變成一個憂鬱者！甚至對生命的愛也仍然是可能的，——只不過是用另一種方式愛。這就像愛一個使我們生疑的女人……然而，在這些超凡脫俗的人身上，一切可疑之物的魅力、對未知之物的興趣實在太大，因此，這種興趣必然如同一片絢麗的紅霞，不斷地重新落向一切可疑之物的困境、一切不確定性的危險、乃至戀人的嫉妒。我們發現了一種新的幸福……

——《快樂的科學》第二版序摘錄

# 四十三、從深刻回歸膚淺

最後，不可遺漏了最重要的：一個人擺脫了這深淵、這久臥的病榻、這疑慮重重的病患，又獲新生，蛻了一層皮，與以往任何時候相比，更敏感了、更淘氣了、對快樂有了更精微的品味，對一切美好事物有了更溫柔的品嘗，有更活躍的感官，冒險而又無辜地置身於快樂，同時卻更稚氣、百倍地狡黠了。啊，從此以後，那粗糙沉悶的黃褐色享樂，那班享樂者、我們的「有教養人士」、我們的富翁、統治者一向所理解的享樂，多麼令人反感！從此以後，我們多麼厭惡聽到集市上的大噪音，如今「有教養人士」和大都市居民帶著這噪音，借著藝術、書籍和音樂，借精神飲料之助，自虐於所謂「精神享受」！現在劇場上狂熱的喊叫多麼刺痛我們的耳朵，有教養的烏合之眾所喜好的全部浪漫騷動和感官紛亂，連同他們對於崇高、高雅、怪誕的渴望，於我們的品味多麼陌生！

不，倘若我輩痊癒者還需要一種藝術，那必是另一種藝術——一種譏諷、輕快、飄逸、逍遙如仙、靈巧如神的藝術，似一朵明麗的紅焰，閃耀在無雲的天穹！首先是一種屬於藝術家、僅僅屬於藝術家的藝術！隨後我們諳知為此最需要什麼：開朗，每種開朗，我的朋友！也就像藝術家那樣：——我願加以證明。我輩求知者，我們如今對一些事情看得太明白：啊，此後我們當如何學習善於忘卻，善於無知，就像藝術家那樣！

至於我們的未來：人們大約不會再在那些埃及青年的路上找到我們，這些青年深夜驚擾神廟，抱住畫柱，想把以好理由來遮蓋著的一切揭穿，置於光天化日之下。不，這種惡劣的趣味，這種求真理、「不惜一切代價求真理」的意志，這種年輕人愛真理的癡狂——使我們掃興：於此我們是太世故，太嚴肅，太興致勃勃，太灼熱，太深沉了……我們不再相信，當真理被揭去了面紗，它依然是真理；我們活得太久了，已經不相信這些。如今適宜於我們的事情是，不赤裸地看一切、不貼近一切、不試圖理解和「明白」一切。「親愛的上帝真的無所不在嗎？」一個小女孩問她的母親，「可是我覺得這是不規矩的。」——對哲學家的一個暗示！人應當尊重那羞怯，大自然正是以這羞怯，自匿於謎和光怪陸離的未知數之後。也許真理是一位女子，有理由不讓人看見她的底裡？也許用希臘語來說，她的名字就叫包玻①？……這些希臘人呵！他們懂得怎樣生活：為此必須勇敢地停留在表面、皺摺、皮膚上，崇拜外觀，相信形式、音調、文辭和整個奧林匹斯外觀領域！這些希臘人是膚淺的——出於深刻！我輩精神探險者，我們攀登過現代思想最險絕的頂峰，從那裡環視過、俯瞰過，豈不又正回到了這裡？在這裡我們不正是——希臘人？不正是形式、音調、文辭的崇拜者？因而不正是——藝術家？

——《快樂的科學》第二版序摘錄

①包玻（Baubo），在希臘神話中，據說她為了逗笑大地女神而提起裙襬，露出自己的下體。

# 四十四、我們對藝術的最後感謝

如果我們未曾高揚藝術，未曾發明這種對於虛幻事物的崇拜：那麼，如今有科學家賦予我們的、對於普遍虛幻現象和欺騙的洞察——察覺到認知與感受的前提就是幻覺和誤解——就簡直讓人忍受不了。隨誠實而來的便是厭惡和自殺。然而我們的誠實具有一種相反的力量，幫助我們避開這樣的結局，這就是藝術，即對於外觀的美好意志。我們從不禁止我們的眼睛去修圓和完成對象，於是，我們渡過生成之河時，負載的不再是永恆的缺陷，——我們倒自以為負載著一位女神，因而自豪而又天真地為她服務。作為審美現象，生存於我們總還可以忍受，而透過藝術，我們的眼睛、手，尤其是良知，就能夠從我們自身造成這樣的審美現象。我們有時必須離開自己休息片刻，即從一個人為的遠處，瞭望和俯視我們自己，為我們自己一笑，或為我們自己一哭；我們必須發現藏在我們求知熱情中的英雄和傻子，我們必須間或欣喜於我們的愚蠢，以求能夠常樂於我們的智慧！正因為我們歸根結柢是持重嚴肅的人，是比人更重的重量，所以沒有比調皮鬼的帽子更適合於我們的了：我們需要它以對付我們自己——我們需要一切恣肆、飄逸、舞蹈、嘲諷、傻氣、快樂的藝術，以求不喪失那種超然物外的自由，那是我們的理想所要求的。倘若帶著我們敏感的誠實完全陷在道德之中，並且為了我們對自己提出的過分嚴格的要求，甚至變成道德的怪物和嚇鳥的草人，這於我們會是一種退步。我們也應當能夠站在道德之上：不僅是如同每一瞬間都害怕滑跤墜落的人，帶著戰戰兢兢的僵硬姿態那樣站著，我們還要在道德之上飄浮和嬉戲！為此我們豈能沒有藝術，沒有傻子呢？——只要你們仍然以不論何種方式自羞自慚，你們就還不屬於我輩！

——《快樂的科學》107

# 四十五、閒暇與優遊

像美國人那樣的拜金，是一種印第安式的、印第安血統所特有的野蠻；而他們令人窒息的匆忙工作步調——新大陸真正的惡習——業已開始透過傳染，鼓勵歐洲野蠻化，在歐洲傳播了一種極為奇怪的無精神性。人們現在已經羞於安靜；長久的沉思幾乎使人產生良心責備。人們手裡拿著錶來思想，吃午飯時眼睛盯著商業新聞，——人們像一個總是「可能耽誤」了什麼事的人那樣生活著。「寧可隨便做點什麼，勝於一事不做」——這條原則也是一根繩索，用來縊死一切教養和一切高級品味，很顯然，一切形式都因工作者的這種匆忙而毀滅了，甚至連對於形式的感覺、感受動作旋律的耳朵和眼睛，也毀滅了。其證據存在於如今到處提倡的粗笨的明確性之中，存在於人與人之間一旦想真誠相處時所面臨的種種情形之中，存在於同朋友、女人、親戚、孩子、教師、學生、長官、王公的交往之中，——對於禮儀、委婉的情誼、交談的一切風趣，總之，對於一切閒適，人們不再有時間和精力了。因為，逐利的生活不斷地迫使他殫精竭慮，置身於經常的偽裝、欺騙或競爭之中。現在，用比別人少的時間做成一件事，才是真正的道德。所以，只有很少幾個鐘頭可以允許人真誠；可是，在這幾個鐘頭裡，人已經疲倦，不只想「放鬆」自己，還想要四肢攤開地躺直，甚不雅觀。現在人們按照這種嗜好寫自己的書信，其風格和精神將不斷成為真正的「時代標誌」。如果還有對社會和藝術的娛樂，那也只是工作疲勞的奴隸替自己準備的一種娛樂。唉，我們的有教養者和無教養者的「快樂」多麼容易滿足！唉，對一切快樂如何愈來愈懷疑！工作愈益成為唯一使人問心無愧的事情；求快樂的意向業已自稱為「休養的需要」，開始自羞自慚。人們在野餐時倘若給人撞見了，就要解釋一番：「這對於健康是必要的。」是的，不用多久，就會走到如此之遠，人們倘若對於一種求沉思的生活（這意味著與思想和朋友偕遊）的意向讓步，將不無自蔑和內疚。——罷了！從前與此相反：工作使人內疚。一個好出身的人不得不工作時，要把他的工作隱藏起來。奴隸工作時受到這種感覺的壓抑：他在做某種可鄙的事——「做」本身就是某種可鄙的事。「唯有在閒適和優美之中才有尊貴和光榮」：古代的偏見如此迴響！

——《快樂的科學》329

# 四十六、我們的快樂有何含義

新近最重大的事件——即「上帝死了」，對基督教上帝的信仰變得不值得相信了——其最初的陰影業已投向歐洲。面對這場戲劇，少數人的目光以及目光中的警惕足夠強烈和敏銳，至少在他們看來，某一輪太陽已經沉落，某一種古老而深刻的信任已經轉變為懷疑：他們一定覺得我們的舊世界在日漸黯淡、可疑、陌生、「衰老」。然而，大體而論，我們可以說：這件事是過於重大，過於遙遠，過於超出多數人的理解能力了，以至於這項消息甚至不能到達他們那裡；更不用指望多數人會明白，究竟什麼事情已經隨之發生——而且，在這一信仰被埋葬以後，一切必將跟著倒塌，因為它們建築在這信仰之上，依靠於它，生長在它裡面；例如我們的整個歐洲道德。廣浩連鎖的崩潰、毀壞、沒落、傾覆正在顯現：可是今日有誰已經懂得，我們需要這驚人巨變的導師和報信者，需要這一次晦暗和日食的預言者，而這樣的人在地球上很可能尚未出現？……

甚至連我輩這些天生的猜謎者——我們好像在山上等待，置身於今日和明日之間，緊張於今日和明日之間的矛盾中；我輩這些新世紀的頭生子和早生兒，我們現在應該已經看見不久必將籠罩歐洲的陰影了：究竟是為什麼，我們眼睜睜看著它的來臨，卻並不十分擔心這晦暗，也並不為我們自己憂心忡忡？也許我們還過分沉浸在這件事的最切近結果中——和人們可能期待的相反，這最切近的結果，特別是它對於我們的結果，全然不是令人悲哀沮喪的，反而宛如一種新的、難以描繪的光明、幸福、慰藉、喜悅、鼓舞、曙光……事實上，聽到「舊的上帝已死」的消息，我輩哲學家和「自由靈魂」感到就好像被一輪新的旭日照耀一樣；其時我們心中洋溢著感激、驚奇、預感和期待，——在我們眼裡，地平線彷彿終於重新開拓了，即使它尚不明晰，我們的航船終於可以重新出航了，可以駛向任何風險了，認知者的任何冒險又重獲允許，海洋——我們的海洋又重新敞開了，也許從來還不曾有過如此「開闊的海洋」哩。

——《快樂的科學》343

# 四十七、我們在多大程度上也是虔誠的

人們有充足的理由說，在科學中，每一種信念皆不擁有公民權：只有當它們決心自貶至於謙虛，甘為一種假說、一種臨時的試驗性立場、一種相對的虛構，它們才可以被允許進入認識領域，甚至具有某種價值，——但始終帶著一個限制，即要不斷受員警的監視，受「不信任」這個員警的監視。——更仔細地看，這豈不是說：只有當信念不復是信念的時候，它才有權進入科學？科學精神的訓練豈非始於禁絕一切信念？……

情況很可能是這樣的，只是還有一個問題要問：如果說科學訓練藉此才能開始，那麼，難道不是已經有了一種信念，而且是一種如此專橫和絕對的信念，以至於它讓其餘一切信念成了自己的犧牲品，我們看到，即使是科學，也是建立在一種信念之上的，根本不存在「無前提的」科學。「真理是否必要」這個問題不但必須先行作出肯定的回答，而且必須肯定到這個地步，在如下命題中表達了一種信念：「沒有比真理更加必要的東西了，與之相比，其餘一切都只有次要的價值。」

這個無條件的求真理的意志——它是什麼？它是不讓自己受騙的意志嗎？它是不去騙人的意志嗎？我們也可以用後者這種方式來解釋求真理的意志，假如我們把「我不想騙人」加以擴展，使之也包括「我不想騙自己」這一特殊情形的話。可是為何不騙人？可是為何不讓自己受騙？——我們發現，前者的理由與後者的理由毫不相干：人們不想受騙，因為人們認為受騙是有害、危險、凶多吉少的，——在這意義上，科學該是一種深謀遠慮、一種謹慎、一種有用，不過，我們有權對此表示異議：怎麼，不讓自己受騙真的較少害處、較少危險、較少凶象了嗎？你們一開始對於存在的性質知道些什麼，竟然能夠決定「絕對不信任」和「絕對信任」何者更有好處？然而，倘若充分的信任和充分的懷疑這兩者都是必要的：那麼，科學究竟可以從哪裡獲得它所立足的絕對信念、它的信心，認為真理比任何別的事物重要，包括比任何別的信念重要？如果真理和非真理兩者都不斷地證明自己各有其用，一如目前的場合所示，那麼，這種信念恰恰是不可能產生的。所以，從這樣對於效用的考量中，現在無疑存在的科學信仰是找不出其根源的，反而無視了一個事實：「求真理的意志」、「不惜一切代價追求真理」不斷被證明是有害無益的，相反倒是無視「求真理的意志」、「不惜一切代價追求真理」之不斷被證明對其有害無益這一事實的。「不惜一切代價」：當我們在這個祭壇上貢獻和屠殺了一個又一個信仰之時，我們對此是多麼瞭解啊！

由此可見，「求真理的意志」並非意味著「我不想讓自己受騙」，而是意味著（不可能做出別的解釋）「我不想騙人，包括騙自己」：——而我們因此就站在道德的立場上了。如果應該有假象，——並且的確有假象！——因為生命被安置在假象之上，我的意思是說，被安置在謬誤、欺騙、偽裝、障蔽、自我障蔽之上；又如果生命的偉大形式事實上總是出現在最不可思議的一方，那麼，人們不妨自問：「你為何不想騙人？」說得溫和些，這種意圖也許是一種唐・吉訶德遺風，一種輕微的迷醉癲狂；不過，它也可能是更糟的東西，是一種敵視生命的毀滅性原則……「求真理的意志」——這可能是一種隱蔽的求死亡的意志。

於是，「為何有科學」這個問題便導回一個道德問題：既然生命、自然、歷史是「非道德」的，那麼，道德究竟何求？毫無疑問，一個誠實的人，就那種勇敢和徹底的意義而言，一如對科學的信仰所要求他的，他因此而肯定了一個與生命、自然、歷史的世界不同的世界；而在他肯定這個「另一個世界」的程度上，他豈非也因此必須否定其對立面，即這一個世界、我們的世界？……

你們該明白我欲由此得出的結論了，那便是：我們對科學的信仰，始終是建立在一種形上學信仰之上的，——即使是我們這些今日的求知者、我們這些無神論者和反形上學者，連我們的火種也是從那同一個火堆上取來的，點燃那火堆的是數千年的古老信仰，基督徒們的信仰，它也曾是柏拉圖的信仰，即相信神是真理，真理是神性的……但是，倘若這個信仰變得越來越不可信，倘若無物再能證明自己是神聖的，也許一切皆是謬誤、盲目和謊言，——倘若連上帝也被證明是我們最悠久的謊言，那將如何呢？

——《快樂的科學》344

# 四十八、玩世不恭者的話

我對華格納音樂的反對，是生理上的反對。為何要喬裝在美學形式之下呢？我的「事實」是，當這音樂開始作用於我，我就不再輕鬆呼吸了；我的腳立刻因為這音樂而不馴、暴動——腳需要的是節拍、舞蹈、行進，它從音樂中首先要求的是好的步行、邁進、跳躍、舞蹈所洋溢的那種興奮。——起來抗議的豈不還有我的胃？我的心臟？我的血液循環？我的內臟？我在這時豈非不知不覺地嘶啞了？

我這樣自問：我的整個軀體究竟想從音樂得到什麼？我相信，是它的舒展作用：一切動物性機能彷彿因輕盈、勇猛、恣肆、自信的節律而加速了；鐵和鉛的人生，彷彿因美好溫柔、金般的和聲而鍍了金。我的憂愁要躲在完美性的這個隱蔽處和深淵裡休養：為此我需要音樂。

戲劇與我何干！它那使「民眾」感到滿足的、道德狂喜的痙攣，與我何干！演員的全部表情姿勢的戲法與我何干！……可以猜到，我本質上是反對劇場的，——而華格納則相反，本質上是劇場人物和演員，是史無前例的狂熱戲子，當他作為音樂家時同樣如此！……順便說說，華格納的理論是：「戲劇是目的，音樂始終只是戲劇的手段。」他的實踐則相反，自始至終，「姿態是目的，戲劇和音樂始終只是姿態的手段。」音樂成為戲劇姿態和演員派頭清晰化、強化、內在化的工具；而華格納戲劇不過是尋求許多戲劇姿態的一個場合！除了其餘一切本能，他還有一個大演員的指揮本能，在所有一切事情上均如此，如上所述，作為音樂家也是如此。

我曾經相當費力地向一位正直的華格納信徒說明這一點；我還有理由補充說：「請你對自己稍微誠實些：我們並非在劇場裡！在劇場裡，人們唯有在群眾之中是誠實的，作為個人卻自欺欺人。當人們走進劇場時，便把他們的自我留在家裡，放棄發言權和選擇權，放棄自己的品味，甚至放棄當他們在自己的四壁之內，面對上帝和他人時所具有的、運用的那種勇敢。沒有人把他對藝術的最純淨官能帶進劇場，連為劇場工作的藝術家也不這樣做。在那裡，人是民眾、公眾、畜群、女人、法利賽人、選舉動物、民主主義者、鄰人、隨從。在那裡，最個人的良知輸給了『最大多數』的平均化魔力。在那裡，愚蠢像淫欲和傳染病一樣發生作用。在那裡，『鄰人』統治著。在那裡，人化為鄰人……」（我忘記講述，對於我生理上的反對，這位開明的華格納信徒如此回答：「那麼，實際上不過是您對於我們的音樂來說還不夠健康吧？」）

——《快樂的科學》368

# 四十九、什麼是浪漫主義

人們也許記得，至少我的朋友中會有人記得，我從前迷誤甚深，估計太高，總是作為期望者向這現代世界衝擊。我之理解十九世紀悲觀主義哲學（誰知道是出於什麼個人經驗？），就好像它是思想的較高力量的表徵、無所畏懼的勇敢的表徵、人生凱旋豐滿的表徵，其實這些特徵屬於十八世紀，屬於休謨、康德、康底拉克和感覺論者的時代；以至於在我看來，悲劇認識似乎是現代文化的真正奢侈，是它的一種最昂貴、最顯赫、最危險的揮霍，然而無論如何，由於現代文化的過於豐富，又是它的一種可允許的揮霍。同樣地，我認為德國音樂正是德國靈魂的一種酒神式強力的表達：我相信在其中聽到了地震，一種自古積壓的原始力量隨著這隆隆震聲終於得到釋放——毫不顧及向來稱作文化的一切因此搖搖欲墜。可以看到，我當時無論是對於哲學悲觀主義，還是對於德國音樂，均未認清構成其真正性質的東西——也就是浪漫主義。

什麼是浪漫主義？每種藝術，每種哲學，都可以看作服務於生長著、戰鬥著的生命之藥劑和輔助手段，它們始終是以痛苦和痛苦者為前提的。然而，有兩種痛苦者：一種是苦於生命之過剩的痛苦者，他們需要一種酒神藝術，同樣也需要一種悲劇的人生觀和人生理解；另一種是苦於生命之貧乏的痛苦者，他們借藝術和認識來尋求安寧、平靜、靜謐的海洋、自我解脫，或者迷醉、痙攣、麻痺、瘋狂。與後者的雙重需要相呼應的，是藝術和認識中的全部浪漫主義，曾經也依然與之相呼應的是叔本華和華格納，我這是舉出最著名最露骨的浪漫主義者的名字，當時我誤解了他們——順便說說，眾所周知，這於他們無損。生命最豐裕者，也就是酒神式的神和人，不但能直視可怕可疑的事物，而且歡欣於可怕的行為本身以及一切破壞、瓦解、否定之奢侈；在他身上，醜惡荒唐的事情好像也是許可的，由於生殖力、致孕力的過剩，簡直能夠把一切沙漠造就成果實纍纍的良田。相反，最苦難者，生命最貧乏者，在思想上和行動上大多需要溫柔、平和、善良，可能的話還需要一個上帝，它真正完全是病人的上帝，一個「救世主」；同樣也需要邏輯，需要對人生的抽象理解——因為邏輯使人平靜，提供信任感。簡而言之，需要某種溫暖的、抵禦恐怖的密室，關閉於樂觀的眼界之內。這樣，我漸漸學會了理解伊比鳩魯，這個酒神式悲觀主義者的對立面；同樣也理解了「基督徒」，事實上僅是伊比鳩魯主義者的一個類型，兩者實質上都是浪漫主義者。我的眼光愈來愈敏銳地洞察反推論的那種最艱難棘手的形式，大多數錯誤都是在其中造成的，——亦即由作品反推到作者，由行為反推到行為者，由理想反推到需要此理想的人，由每種思想方式和評價方式反推到在背後起支配作用的需要。

在考察一切審美價值時，我現在使用這個主要尺度：我在每一個場合均問「這裡從事創造的是饑餓還是過剩」。另一種尺度從一開始就好像要自薦——畢竟它醒目得多——也就是著眼於創作的動機究竟是對凝固化、永久化的渴望，以及對生存的渴望，抑或是對破壞、變化、更新、未來、生成的渴望。然而，只要加以深究，這兩類渴望仍然顯得含混不清，並且正是按照前面那種在我看來更佳的方案才能解釋清楚。對破壞、變化、生成的渴望，可以是過於充沛的、孕育著未來的力量的表現（人所共知，我對此使用的術語是「酒神精神」這個詞），但也可以是失敗者、欠缺者、落伍者的憎恨，這種人破壞著，也必須破壞，因為常存者乃至一切常存、一切存在激怒著他，刺激著他——要理解這種情緒，人們不妨就近觀察一下我們的無政府主義者。求永久的意志同樣應該有兩種解釋。一方面，它可以出於感謝和愛：——這種淵源的藝術永遠是神化的藝術，也許熱情奔放如魯本斯，快樂嘲諷如哈菲茲，明朗慈愛如歌德，使萬物披上荷馬式的光輝和榮耀。另一方面，它也可以是苦難深重者、掙扎者、受刑者的那種施虐意志，這種人想把他最個人、最特殊、最狹隘的東西，把他對於痛苦的實際上的過敏，變成一種有約束力的法則和強制，他把他的形象——他受刑的形象，刻印、擠壓、烙燙在萬物上面，彷彿以此向萬物報復。後者在其最充分的表現形式中便是浪漫悲觀主義，不論它是叔本華的意志哲學，還是華格納的音樂：——浪漫悲觀主義，這是我們文化命運中的最後的重大事件。（還可能有一種全然不同的悲觀主義，一種古典悲觀主義——我有這種預感和幻覺，簡直擺脫不掉，好像成了我的所有物和專有物：不過「古典」這個詞使我感到逆耳，它被用得太舊了，太圓滑了，變得面目全非了。我把那種未來的悲觀主義——因為它正在到來！我看到它在到來！——命名為酒神悲觀主義。）

——《快樂的科學》370

# 五十、「科學」之為偏見

由於等級秩序的規律，學者只要還屬於精神上的中產階級，就根本不可能有真正偉大的問題和問號進入他們的視野：他們的勇氣和他們的眼光都不夠格，——特別是把他們造就成研究者的需要、他們內心想使事物有這種或那種性質的計劃和願望、他們的恐懼和希望，都太快地靜息和滿足了。例如，英國學究赫伯特・史賓塞異想天開，要劃出一條理想的分界線、水準線，奢談什麼「利己主義與利他主義」的最終和解，這使我們這樣的人幾乎感到噁心：——在我們看來，人類倘若以這種史賓塞式的前景為最終前景，就只配受蔑視，只配毀滅！不過，他心目中的最高希望，在另一些人看來只是一種令人厭惡的可能性，這是史賓塞所不能預見到的一個問號……處於同樣情況的是，現在許多唯物主義的自然科學家欣然接受一種信念，即相信這樣一個世界，它應當在人的思想和人的價值觀念中有具有等價物和尺度，相信一個「真理的世界」，人借著自己渺小的、四方形的人類理性，便可以一勞永逸地將它把握住！

怎麼？我們真願意這樣把人生貶低為一種計算的苦役和練習，貶低為數學家的蟄居斗室？人們尤其不該企圖消除生存的多義性質：這是良好品味的要求，各位先生，這種品味對於超出你們眼界的一切肅然起敬！有一種對於世界的解釋，它把你們的存在合理化，使你們能夠所謂科學地（你們其實是指機械地吧？）研究和工作下去，這種世界解釋除了數學、計算、度量、觀察和掌握之外，其餘一概不容許。如果以為只有這種解釋是正確的，那麼這就是愚蠢和幼稚，倘若不是精神病和白癡的話。正確的解釋豈非可能正好相反：人們首先把握的，可能正是生存最表面、最外部的東西——它的外觀、它的皮膚和感性特徵？甚至也許只有它們被人把握？所謂「科學的」世界解釋，在一切可能的世界解釋中，永遠是最愚蠢的、最無意義的一種。這是說給機械論者先生們聽的，他們如今喜歡冒充哲學家，極其謬誤地認為，力學是關於最初和最終規律的學說，全部人生都必須建立在力學的基礎之上。然而，一個本質上機械的世界，也就是一個本質上無意義的世界！假如評價一種音樂的價值，就看它有多少東西可以被點數、計算，可以納入公式，——這樣一種「科學的」音樂評價何等荒謬！從中能把握、理解、認識些什麼！其中被當作「音樂」的東西一錢不值。實在一錢不值！……

——《快樂的科學》373

# 五十一、超人和末人

## 1

查拉圖斯特拉三十歲時，離開他的故鄉和他故鄉的湖，進到山中。他在這裡享受他的心性和他的孤獨，十年樂此不疲。但是，他的心情終於變了，——一日清晨，他與朝霞同起，走到太陽面前，對它如是說：

「你這偉大的星球！倘若你沒有那些被你照耀之物，你的幸福會是什麼！

「十年來，你在這裡照臨我的洞穴，倘若沒有我、我的鷹和我的蛇，你想必已經厭倦了你的光和你的路了吧。

「然而，我們每日清晨等候你，接受你的盈餘，並為此向你祝福。

「看啊！現在我厭倦了我的智慧，如同採集了太多蜜的蜜蜂，我需要伸出的手。

「我欲贈送和分發，直到人群中的智者重又快意於他的愚蠢，貧者重又快意於他的富足。

「為此我必須下降到深處，一如你傍晚之所為，那時你沉入大海後面，又給那一邊的世界帶去光明，你這太富足的星球！

「我必須像你那樣落山，就像我要下去見的人們所稱呼的那樣。

「祝福我吧，你這能夠無妒地觀賞最大幸福的寧靜眼睛！

「祝福滿溢的杯吧，讓金漿從中流出，帶著你的福澤流向四方！
「看啊！這杯又要空了，查拉圖斯特拉又要變成人了。」
——如此，查拉圖斯特拉開始下山。

## 2

查拉圖斯特拉獨自下山，沒有遇見任何人。可是，當他進入森林，一個白髮老人突然站在他的面前，這個老人離開了自己的神聖茅舍，在森林裡尋找樹根。老人向查拉圖斯特拉如此說：

「這位行客在我並不陌生，若干年前，他曾經過這裡。他名叫查拉圖斯特拉，但他已經改變。

「當時你帶著你的灰燼上山，今天你要把你的火帶入山谷嗎？你不怕加於縱火犯的懲罰嗎？

「是的，我認出了查拉圖斯特拉。他的眼睛清澈，他的嘴角不藏厭惡。他不是像一個舞者那樣正在走來嗎？

「查拉圖斯特拉已經變了，變成了一個孩子，查拉圖斯特拉是一個清醒者。現在你想在昏睡者那裡做什麼呢？

「從前你生活在孤獨中，如同生活在大海上，而大海負載著你。唉，你要上岸了？唉，你又要自己拖曳你的軀體了？」

查拉圖斯特拉答道：「我愛人類。」

聖者說：「我為何走進了密林和荒野？不正是因為我太愛人類嗎？

「現在我愛上帝，人類非我所愛。對於我來說，人是一個太不完美的東西。對人的愛會把我殺死。」

查拉圖斯特拉答道：「我何必說愛！我給人類帶來了一樣禮物。」

聖者說：「什麼也不要給他們，寧可從他們取走一些東西，和他們分擔——這對於他們是最好的，倘若對於你也算是好的話！

「即使你要給他們，最多給一點施捨吧，並且要讓他們乞討！」

「不，」查拉圖斯特拉答道，「我不給施捨，對此我還不夠窮。」

聖者嘲笑查拉圖斯特拉，如此說：「那麼想辦法讓他們接受你的財寶吧！他們猜疑隱者，不相信我們來是為了送禮。

「在他們聽來，我們穿過街巷的足音太孤單。就像他們在遠未到日出時辰的夜裡，在床上聽見有人走路，便自問道：這小偷要去哪裡？

「不要去人類那裡，留在森林裡！寧可去禽獸那裡！那何不像我一樣，——做群熊中一頭熊，眾鳥中一隻鳥？」

「可是聖者在森林裡何所為？」查拉圖斯特拉問。

聖者答道：「我自編自唱，當我編歌時，我又哭又笑，喃喃自語。我如此來讚美上帝。

「我用唱歌、慟哭、歡笑、低語讚美上帝，那是我的上帝。但你給我們帶來了什麼禮物呢？」

查拉圖斯特拉聽了這話，便向聖者作揖道：「我能給你們什麼呢！可是快讓我走吧，免得我從你們那裡拿走什麼！」——他們就這樣告別了，這老人和這男子，大笑著，笑得像兩個頑童。

但是，當查拉圖斯特拉獨自一人時，他對他的心如此說：「這怎麼可能呀！這個年老的聖者在他的森林裡，竟對上帝死了這件事還一無所聞！」

## 3

查拉圖斯特拉來到森林旁最近的城市，發現許多人聚集在那裡的市場上，因為有布告讓大家觀看一個走繩索藝人的表演。查拉圖斯特拉向眾人如是說：

我教你們以超人。人是一種應當被克服的東西。你們為克服人做了些什麼呢？

迄今為止，一切存在者都創造了超過自己的東西，而你們寧願做這大潮中的退潮，不願克服人嗎？

猴對於人是什麼呢？一個笑柄或一個奇恥大辱。人對於超人也應是同樣的東西：一個笑柄或一個奇恥大辱。

你們從蟲進到了人，而你們身上有許多東西仍是蟲。你們曾經是猴，可是即使在今天，人仍比任何一隻猴更像是猴。

哪怕你們中最智慧的人，也不過是植物和妖怪的衝突和同體。然而我叫你們變成植物或妖怪嗎？

看啊，我教你們以超人！

超人是大地的意義。讓你們的意志說：超人應當是大地的意義！

我向你們發誓，我的兄弟們，你們要忠實於大地，不要相信向你們宣說出世希望的人！他們是下毒者，不管他們是否故意的。

他們是生命的蔑視者，是垂死者和自毒者，大地已經厭倦他們，但願他們快快滅亡！

對上帝的褻瀆曾經是最大的褻瀆，可是上帝死了，而這些褻瀆者也就一同死了。現在，最可怕的褻瀆是褻瀆大地，對不可知之物的內臟大加尊崇，超過尊崇大地的意義！

靈魂曾經用輕蔑的眼光看肉體，當時這是最高的蔑視：——靈魂願肉體瘦弱、難看、餓得要死。它想逃離肉體和大地。

哦，這靈魂自己正是瘦弱、難看、餓得要死的，殘酷乃是這靈魂的狂喜！

可是，我的兄弟們，也請你們告訴我：關於你們的靈魂，你們的肉體說了什麼？你們的靈魂豈不是貧乏、骯髒和一種可憐的滿足？

真的，人是一條濁流。一個人必須是大海，才能接納一條濁流，而不致自己變髒。

看啊，我教你們以超人：他就是這大海，你們的大蔑視可以在其中沉沒。

什麼是你們能夠擁有的最偉大經歷？就是大蔑視的時刻。在這個時刻，你們的幸福，連同你們的理性和你們的德行，都使你們厭惡。

在這個時刻，你們說：「我的幸福算什麼！它是貧乏、骯髒和一種可憐的滿足。然而我的幸福應當為生存本身辯護！」

在這個時刻，你們說：「我的理性算什麼！它之渴望知識，就像獅子渴望食物嗎？它是貧乏、骯髒和一種可憐的滿足！」

在這個時刻，你們說：「我的德行算什麼！它竟不曾使我憤怒。我是多麼厭倦於我的善和我的惡！它們全是貧乏、骯髒和一種可憐的滿足！」

在這個時刻，你們說：「我的正義算什麼！我未看到我是火焰和燃煤。可是正義者是火焰和燃煤！」

在這個時刻，你們說：「我的同情算什麼！同情豈不是那位愛世人者被釘於其上的十字架？可是我的同情不是十字架。」

你們這樣說了嗎？你們這樣吶喊了嗎？唉，但願我聽見你們這樣吶喊了！

不是你們的罪惡——而是你們的滿足在向天吶喊，是你們的罪惡中，你們的吝嗇在向天吶喊！

那用舌頭舔食你們的閃電在哪裡？那必須給你們注射的瘋狂劑在哪裡？

看啊，我教你們以超人：他就是這閃電，他就是這瘋狂！——

查拉圖斯特拉如此說完了，眾人中有一人喊道：「我們聽夠了這走繩索藝人所說的話，現在也讓我們看一下他吧！」於是所有的人都朝查拉圖斯特拉哄笑。可是那個走繩索藝人相信這話是對他說的，便開始了他的表演。

# 4

但查拉圖斯特拉望著眾人，感到奇怪。然後他如是說：

人是連接獸和超人的一條繩索，——是架在深淵上的一條繩索。

過渡是危險的，在路上是危險的，回顧是危險的，顫抖和站住是危險的。

人之偉大在於他是渡橋而非目標；人之可愛在於他是過渡和沒落。

我愛那些人，他們除非作為沒落者，便不知如何生活，因為他們是過渡者。

我愛偉大的蔑視者，因為他們是偉大的敬仰者，是射向彼岸的渴望之箭。

我愛那些人，他們不在眾星背後尋找沒落和犧牲的理由，而是為大地犧牲，要使大地成為超人的大地。

我愛那人，他生存是為了知識，而他求知是為了有朝一日超人能生存。他就這樣期望著他的沒落。

我愛那人，他工作著和發明著，想給超人建造屋宇，為超人準備大地、動物和植物。他就這樣期望著他的沒落。

我愛那人，他愛他的德行，因為德行是求沒落的意志和渴望之箭。

我愛那人，他一丁點的精神都不留給自己，而願把全部精神獻給他的德行，他就作為這樣的精神走過渡橋。

我愛那人，他用他的德行釀造了他的癖好和他的厄運，他就這樣為了他的德行而繼續活下去和不再活下去。

我愛那人，他不願有太多的德行。一個德行比兩個德行更是德行，因為它更是繫掛厄運的結。

我愛那人，他有慷慨的靈魂，不求謝也不報答，因為他一直在饋贈，不想自我保存。

我愛那人，當骰子一擲而他走了運時，他感到羞愧，並自問：我是一個作弊者嗎？——因為他願滅亡。

我愛那人，他在自己行動前立下金言，而且信守總是多於所許諾，因為他願他的沒落。

我愛那人，他辯護未來，救贖過去，因為他願在現在滅亡。

我愛那人，他愛他的上帝，為此他責罰他的上帝，因為他必須毀於他的上帝的憤怒。

我愛那人，他的靈魂即使在創傷中也是深刻的，他可能毀於一個微小的經歷，所以他樂於走過渡橋。

我愛那人，他因靈魂過於滿溢，而至於忘我，萬物都在他的心中，所以萬物都成為他的沒落。

我愛那人，他有自由的精神和自由的心，所以他的頭腦只是心的器官，但他的心驅使他沒落。

我愛所有那些人，他們如同大雨點，從壓在人類頭頂的烏雲裡零散地落下，他們預告著閃電的來臨，並且作為預告者而滅亡。

看啊，我就是閃電的一個預告者，來自烏雲的一個大雨點，而這閃電的名字叫超人。

## 5

查拉圖斯特拉說了這些話，他又望著眾人，沉默著。「他們站在這裡，」他對自己的心說，「他們哄笑著。他們不理解我，我不是為這些耳朵準備的嘴。

「難道必須先打碎他們的耳朵，他們才會學習用眼睛聽嗎？難道必須像定音鼓和勸人懺悔的布道者那樣虛張聲勢？或者他們只相信說話吞吞吐吐的人？

「他們擁有某種引以為傲的東西。他們是怎樣稱呼那使他們驕傲的東西的？他們稱之為教化，教化把他們和牧羊奴區別開來。

「所以他們由衷地不愛聽『蔑視』這個詞。那麼，我願對他們的驕傲說話。

「我願對他們說一說最可蔑視的東西，而那就是末人。」

於是查拉圖斯特拉對眾人如是說：

現在是人樹立他的目標的時刻。現在是人培植他最高希望之幼芽的時刻。

他的土地對此還足夠豐饒。可是，這土地有朝一日將變得貧瘠溫和，不再有大樹能夠從中長出。

唉！那個時代正在到來，人將不再射出超越人類的渴望之箭，他的弓弦忘記了轟鳴！

我告訴你們：人的身上必須仍有混沌，方能誕生一顆跳舞的星球。我告訴你們：你們的身上仍有混沌。

唉！那個時代正在到來，人將不再誕生星球。唉！最可蔑視的人的時代正在到來，最可蔑視的人不再能夠蔑視自己。

看啊！我指給你們看末人。

「什麼是愛？什麼是創造？什麼是渴望？什麼是星球？」——末人如此發問，眨巴著眼。

大地將變得渺小，其上蹦跳著把一切變得渺小的末人。他的種族如地虱一樣不會滅絕；末人活得最長久。

「我們找到了幸福。」——末人說，眨巴著眼。

他們離開了艱於生存的地方，因為他們需要溫暖。人們仍然愛鄰人，並在鄰人身上摩擦，因為人們需要溫暖。

生病和失去信任被他們視為罪惡，於是他們小心翼翼地走路。那仍然被石頭或人絆倒的人，就是傻瓜！

偶爾服少量的毒，這造就了舒適的夢。最後服大量的毒，則成就了舒適的死。

人們依然工作，因為工作是一種消遣。但人們留心著，不讓消遣傷害自己。

人們不再變窮和變富：兩者都太麻煩。誰還願意命令？誰還服從？兩者都太麻煩。

沒有牧人，只有一群畜生！人人要平等，人人皆平等。誰有不同的感覺，就自願進瘋人院。

「從前全世界都瘋了。」——那些最規矩的人說，眨巴著眼。

人們都很聰明，通曉所發生的一切，所以沒有了嘲笑的目標。人們仍然爭吵，但立刻就和解——否則會傷脾胃。

人們有白天的小小樂子和夜晚的小小樂子，但他們重視健康。

「我們找到了幸福。」——末人說，眨巴著眼。——

然而，查拉圖斯特拉這場被稱作「前言」的首次演講，就在這裡結束了，因為這時人群的叫喊和興頭打斷了他。「把這末人給我們吧，查拉圖斯特拉呀，」他們如此喊道，「把我們變成這末人吧！那樣我們就把超人送給你！」於是所有的人都歡呼跳躍，咂舌作聲。但查拉圖斯特拉黯然了，對自己的心說：

「他們不理解我，我不是為這些耳朵準備的嘴。

「我住在山上真是太長久了，傾聽溪流和森林太長久了，所以我現在對他們說話正如對牧羊奴說話。

「我的靈魂是寧靜的，澄明如拂曉的山谷。可是，他們卻認為我是冷酷的，是一個開著可怕玩笑的嘲諷者。

「現在他們望著我哄笑，當他們哄笑時，他們也以此仇恨我。在他們的哄笑中有冰。」

——《查拉圖斯特拉如是說》前言1—5

# 五十二、創造者之路

我的兄弟，你要到孤獨中去嗎？你要尋找屬於你自己的路嗎？請滯留片刻，聽我之言。

「尋找的人容易迷失。一切孤獨都是罪行。」群眾如此說。而你久已屬於群眾。

群眾的聲音仍將在你的心中鳴響。而當你說「我不再和你們共有同一個良心」之時，那會是一種怨恨和疼痛。

看吧，這疼痛本身仍是生自同一個良心，這良心的餘光仍閃爍在你的悲傷上。

然而，你願走你的悲傷之路，那通向你自己的路嗎？那麼，請向我證明你這樣做的權利和力量！

你是一種新的力量和一種新的權利嗎？一個初始的運動嗎？一個自己轉動的輪子嗎？你也能迫使眾星圍繞你旋轉嗎？

唉，有如此多好高騖遠的貪欲！有如此多虛榮之徒的痙攣！請向我證明你不是一個貪欲者和虛榮者！

唉，有如此多偉大的思想，它們的作為不超過一隻風箱：它們吹鼓起來，變得更加空洞。

你稱你是自由的？我願聽你支配的思想，而不是你從軛下逃脫了。

你是有權從軛下逃脫的那種人嗎？有一種人，他一旦拋棄了他的服役，也就拋棄了他的最後一點價值。

從何自由？這與查拉圖斯特拉有什麼關係！可是，你的眼睛應當明白告訴我：為何自由？

你能給你自己以你的惡和你的善，將你的意志如同法律高懸在你之上嗎？你能做你自己的法官，和你這法律的復仇者嗎？

與自身法律的法官和復仇者獨自相處，是可怕的。那樣，一顆星就被拋到了荒涼的空間裡，孤寂的冰涼呼吸中。

今天你還在因許多人而受苦，你這卓而不群的人，所以今天你還完全擁有你的勇氣和你的希望。

但是，總有一天孤獨會令你疲憊，總有一天你的驕傲會蜷縮，你的勇氣會崩潰。總有一天你會喊道：「我太孤單了！」

總有一天你會不再看到你的高貴之處，卻十分親近你的卑賤之處；你的崇高本身會像鬼魂一樣讓你害怕。總有一天你會喊道：「一切皆虛幻！」

有那樣一些情感，它們想要殺死孤獨者；假使它們不成功，那麼，它們自己就必須死去！可是你有能力做一個殺手嗎？

我的兄弟，你可懂得「蔑視」這個詞？可經受過你那樣一種正義感的折磨，對於蔑視你的人們也公正相待？

你迫使許多人重新認識你；他們把這視為你的冷酷。你走近他們，又從他們身旁走過，他們為此永遠不會原諒你。

你越過了他們，但你登得越高，嫉妒的眼睛看你就越小。可是，最遭嫉恨的是飛行者。

「你們怎會願意對我公正呢！」你必須說，「我替自己選擇了你們的不公正，作為我應得的份額。」

他們把不公正和汙穢投向孤獨者。可是，我的兄弟，倘若你想做一顆星，你就不可因此而少照耀他們！

提防正人君子！他們喜歡把發明了自己的道德的人釘在十字架上，——他們仇恨孤獨者。

也提防聖潔的簡單腦筋！他們把不簡單的一切都視為不聖潔的；他們也喜歡玩火——玩燒死異教徒的柴火堆。

也提防你的愛襲來！孤獨者太快地朝他遇到的人伸出手去。

對有些人你不可伸出手，只可伸出爪子，而且我希望，你的爪子也有利鉤。

然而，你所能遇到的最厲害的敵人，將永遠是你自己；你在洞穴和森林裡伏擊你自己。

孤獨者，你走著通向你自己的路！你的路沿著你自己和你的七個魔鬼伸展！

對於你自己，你將是異教徒、女巫、預言者、傻瓜、懷疑者、不聖潔者、惡棍。

你必須願意在你自己的火焰中焚燒你自己：倘若你不是首先變成灰燼，你如何想更新！

孤獨者，你走著創造者之路：你要把你的七個魔鬼造就成一個上帝！

孤獨者，你走著愛者之路：你愛你自己，所以你蔑視你自己，正如唯有愛者才蔑視。

愛者願創造，因為他蔑視！一個人若不是恰恰必須蔑視自己所愛的東西，這樣的人懂什麼愛！

帶著你的愛和你的創造走進你的孤獨吧，我的兄弟；以後正義才會跛足隨你而行。

帶著我的淚走進你的孤獨吧，我的兄弟。我愛那願意超越自己而創造，並且也因此滅亡的人。——

查拉圖斯特拉如是說。

——《查拉圖斯特拉如是說》〈創造者之路〉

# 五十三、老婦和少婦

「你為何這麼躲躲閃閃地在黃昏時潛行，查拉圖斯特拉？你把什麼小心翼翼地藏在了大衣下面？

「是別人送你的一件寶貝？或者是別人給你生的一個孩子？抑或你此刻正走在行竊的路上，你這惡人之友？」——

真的，我的兄弟，查拉圖斯特拉說，是別人送我的一件寶貝，那便是我懷裡揣著的一個小小的真理。

但它像嬰兒一樣不好管束；如果我不捂住它的嘴，它就會大叫。

今天我獨自走著我的路，正是日落時分，我遇到了一個老婦，她對我的靈魂如此說：

「查拉圖斯特拉對我們女人也說了許多話，但他從未對我們談論女人。」

而我回答她：「關於女人的話，只應該向男人去講。」

「請也向我這個女人講一講吧，」她說，「我足夠老了，馬上就會忘掉。」

我聽從了這個老婦，對她如此說：

女人身上的一切是一個謎，女人身上的一切只有一個答案，它叫做懷孕。

男人對於女人是一個手段，目的始終是孩子。但女人對於男人是什麼呢？

真正的男人想要兩樣東西：危險和遊戲。所以他想要女人，當做最危險的玩具。

男人應該被培養來打仗，女人應該被培養來慰勞戰士，其餘一切都是愚蠢。

太甜的果子——戰士不喜歡。所以他喜歡女人；即使最甜的女人也還是苦的。

女人比男人更懂得孩子，但男人比女人更孩子氣。

在真正的男人身上藏著一個孩子，這孩子想遊戲。來吧，你們女人，替我找出男人身上的孩子來！

女人應當成為那樣一件玩具，純粹精緻如寶石，閃射著尚不存在的一個世界的美德之光輝。

讓一顆星的光輝閃爍在你們的愛之中！讓你們的希望說：「我喜歡生出超人！」

讓你們的愛之中有勇敢！你們應當帶著你們的愛，衝向那使你們害怕的人！

讓你們的愛之中有你們的光榮！女人一向不太擅長光榮。但這應當成為你們的光榮：愛人總是超過被人愛，永遠不做落後者。

當女人愛時，男人應當畏懼，因為這時她犧牲了一切，其他一切事物對她都沒有了價值。

當女人恨時，男人應當畏懼，因為男人的心地只是惡罷了，女人的心地卻是壞的。

女人最恨誰？——鐵對磁石如此說：「我最恨你，因為你吸引我，但不夠強大得能把我吸引到你身上。」

男人的幸福是：我要。女人的幸福是：他要。

「看啊，現在世界才變得完美了！」——每個女人都這麼想，當她出於全身心的愛而服從的時候。

而女人必須服從，為她的膚淺尋找深刻。女人的性情是膚淺的，是一潭淺水上動盪不寧的表層。

但男人的性情是深刻的，他的激流在地下的洞穴裡轟鳴。女人感覺到了他的力量，卻不理解它。——

這時老婦對我說：「查拉圖斯特拉講了許多獻殷勤的話，特別是為那些受用得起的年輕女人。

「很奇怪，查拉圖斯特拉很少結識女人，談論起她們來卻頭頭是道！情況所以看來如此，是因為在女人身上沒有什麼不可能的事情嗎？

「現在請收下一個小小的真理作為謝禮！我於它畢竟是足夠老了！

「請把它包好，捂住它的嘴，否則它會大叫，這個小小的真理。」

「女人，把你的小小的真理給我吧！」我說。於是老婦如此說：

「你去女人那裡嗎？不要忘記鞭子！」——

查拉圖斯特拉如是說。

——《查拉圖斯特拉如是說》〈老婦和少婦〉

# 五十四、高超的人

我的大海深處是寧靜的，誰能猜到它隱藏著戲謔的巨怪！

我的深處波瀾不驚，但它因漂游的謎和大笑而閃爍。

今天我看見一個高超的人，一個莊重的人，一個精神的懺悔者，呵，我的靈魂如何為他的醜陋而發笑！

挺胸凸肚，宛如正在鼓氣的人，他如此站在那裡，這高超的人，而且嗒然無言。

懸掛著醜陋的真理，他的獵獲物，滿裹著襤褸的衣衫；還有許多棘刺黏在他身上——但我未嘗看見一朵玫瑰。

他還沒有學會笑和美。這獵人陰鬱地從知識之林歸來。

他與野獸搏鬥之後回家來，但仍有一頭野獸從他的嚴肅中瞥視——一頭未制服的野獸！

他始終像一隻虎站在那裡，一隻欲暴跳的虎；但我不喜歡這些緊張的靈魂，我的品味敵視所有這些退隱者。

朋友，而你們對我說，品味和口味是無可爭論的？但全部人生就是品味和口味的爭論！

品味，這同時是重量、天平和權衡；可悲呵，想要沒有重量、天平和權衡的爭論而生活的一切活人！

這高超的人，當他倦於他的高超之時，那時他的美才會開始，——那時我才願意欣賞他，才覺得他合口味。

只有當他躲開自己，他才能跳越過他自己的影子──而且，當真！跳進他的陽光中。

他在陰影裡坐得太久了，這精神懺悔者的臉頰變蒼白了；他幾乎在他的期待中餓死了。

他的眼中還有著蔑視；他的嘴角還藏著厭惡。雖然他現在休憩了，但他還不是休憩在陽光下。

他應當效法公牛；他的幸福應當散發大地的氣息，而不是散發蔑視大地的氣息。

我願看見他如同一匹白牛，鼓鼻歡吼，拖犁前進。他的歡吼當讚美一切塵世的事物！

他的臉色仍然陰沉，手的陰影投於其上。他的眼神仍然暗淡。

他的行為仍是他身上的陰影：手遮蔽了行動者。他仍未克服他的行為。

我誠然喜歡他那公牛的頸背，但我也想看到天使的眼睛。

他還必須忘卻他的英雄意志。對我來說，他應當是一個高貴的人，而不只是一個高超的人──蒼天自己會舉起他來，這失去意志的人！

他已征服猛獸，他已解開謎語。但他還應該拯救他的猛獸和謎語，他還應該把它們化為天上的稚子。

他的知識還不會微笑，還沒有擺脫嫉妒：他的洶湧熱情還沒有在美之中變得寧靜。

真的，不應在飽足中，而應在美之中，他的渴望才得以沉寂！優美屬於寬宏大量的胸懷。

以臂蓋臉：英雄應當如此休息，他也應當如此克服他的休息。

但正是對於英雄來說，美是萬事中最難的事。一切強烈的意志都不可獲得美。

差之毫釐，在這裡便是失之千里。
肌肉放鬆，意志無羈而站立：這於你們是最困難的，你們高超的人！
當強力變得仁慈，並下降成為可見之時，我稱這樣的下降為美。
我對誰也不像對你那樣要求美，你這強力的人。你的善良當是你最後的自我征服。
我信任你的一切惡，所以我想要你的善。
真的，我常常笑那些衰弱的人，他們自以為善，因為他們有跛足！
你應當追求柱石的道德，它愈是高聳，就愈是美麗、雅致，但內部也愈是堅硬、負重。
是的，你這高超的人，有一天你也應當是美的，並且臨鏡自賞你的美。
那時候，你的靈魂將因神聖的渴求而顫慄；在你的虛榮中也將有崇敬！
這便是靈魂的奧祕：英雄離棄了它，然後在夢中，在它近旁便出現了——超英雄。

——查拉圖斯特拉如是說。

——《查拉圖斯特拉如是說》〈高超的人〉

# 五十五、純潔的知識

昨晚，當月亮升起時，我猜想它要生一個太陽。它如此碩大臃腫地躺在地平線上。但它是一個裝作懷孕的說謊者；我寧願相信月亮是男人而不是女人。

然而，它也不太像男人，這膽怯的夜遊者。真的，它心懷鬼胎地竊行在屋頂上方。因為它貪婪而又嫉妒，這個月亮僧侶，貪戀著大地和情人們的一切快樂。

不，我不喜歡它，這屋頂上的雄貓！那在半閉的窗戶周圍潛行的一切都和我格格不入！

它虔誠而沉默地悄行在星毯上，——但我不喜歡所有不伴隨著馬刺叮哨、闃然無聲之人的步履。

每個誠實的人走路都有聲響；貓兒卻是悄悄溜過地面。看，月亮貓兒似地來了，鬼鬼祟祟。——

我把這個譬喻給你們這些多感的偽善者，給你們，「純粹的求知者」！我稱你們為——貪婪者！

你們也愛大地和塵世：我看透了你們！——但在你們的愛之中有羞愧和良心不安，——你們就像那月亮！

你們的精神而非你們的內臟被說服了蔑視塵世，內臟是你們身上最頑強的東西！

而現在，你們的精神羞愧了，因為它只是你們內臟的意願，它因這羞愧而躲躲閃閃地走小道。

「這於我是最高尚的，」你們愛說謊的精神如此對自己說，「無欲地靜觀人生，不像狗一樣拖著垂涎的舌頭。」

「以靜觀為幸福，意志寂滅，無自私的執著和貪欲——形同槁木，卻有著月亮般沉醉的眼睛！」

「這是我最喜愛的，」被誘惑者如此誘惑自己，「像月亮那樣愛大地，僅僅用眼光玩賞它的美。

「我稱這為純潔的知識：對萬物一無所求，但願像一面百目鏡映照它們。」——

哦，你們這些多感的偽善者，你們這些貪婪者！你們的欲望自覺有罪，所以你們現在要誹謗欲望！

真的，你們不是作為創造者、生育者、滿懷生成之喜悅者愛大地！

無辜在哪裡？在有著生育意志的地方。誰欲超越自己，我看他就有最純潔的意志。

美在哪裡？在我須以全意志意欲的地方；在我願愛和死，使意象不只保持為意象的地方。

愛和死：永遠一致。求愛的意志：這也就是甘願赴死。我對你們這些怯懦者如此說！

而現在你們想把你們卑怯的窺望稱作「靜觀」！怯懦的眼光所及，就名之曰「美」！哦，你們這些高貴名字的褻瀆者！

這應當是對你們的詛咒，你們這些純潔者，純粹的求知者：你們永遠不育，即使你們碩大臃腫地躺在地平線上！

真的，你們滿嘴高貴的言詞，我們難道應該相信，你們的心也滿溢嗎，你們這些說謊者？

然而我的言詞是卑微、輕蔑、捲曲的：我喜歡拾取你們掉在餐桌下的殘屑。

我始終能用它們——向偽善者講述真理！是的，我的魚刺、蚌殼和針葉要——把偽善者的鼻子刺癢！

你們和你們宴席四周的空氣混濁：你們貪婪的思想、你們的謊騙和隱私彌漫在空氣裡！

首先要敢於相信自己——自己和自己的內臟——誰不相信自己，必永遠說謊。

你們給自己戴上神聖的面具，你們這些「純潔者」。但你們那些令人憎惡的毒蛇爬到面具後面。

真的，你們欺騙，你們這些「靜觀者」！查拉圖斯特拉一度也上了你們神聖外表的當；他沒有看出盤在其後的毒蛇。

我曾經以為在你們的遊戲裡看到了一顆神聖的心靈，你們這些純粹的求知者！我曾經以為沒有比你們的藝術更好的藝術！

距離掩蓋了毒蛇的汙穢和惡劣的氣味，蜥蜴的狡猾在那裡到處貪婪潛行。

可是，我走近了你們，這時白晝降臨於我——現在也降臨於你們，——月亮的愛到盡頭了！

看吧！它暴露了，慘白地站住——在曙光之前！

然後那燃燒者，她來了，——她對大地的愛來了！全部太陽之愛都是無辜的，都是創造的渴望！

看吧，她多麼急切地渡海而來！你們沒有感覺到她那份愛的焦渴和灼熱的呼吸嗎？她欲吮吸海，把海的深處飲向自己的高處：這時海的渴望湧起千座乳峰。

它欲被太陽的焦渴親吻和吮吸；它欲成為空氣，高天，光的道路，光本身！

真的，我像太陽那樣愛人生和一切深邃的海。

而我就把這叫作知識：一切深處應當上升——到我的高處！——

——查拉圖斯特拉如是說。

——《查拉圖斯特拉如是說》〈純潔的知識〉

# 五十六、詩人

「自從我更瞭解了肉體，」查拉圖斯特拉對他的一個弟子說，「我覺得精神只不過還好像是精神罷了，而一切所謂『永恆』也僅僅是一種譬喻。」

「我已經聽你這樣說過一回，」這弟子回答，「那回你還補上一句：『但詩人說謊太多。』為什麼你說詩人說謊太多呢？」

「為什麼？」查拉圖斯特拉說，「你問為什麼？我不是那種可以向他問為什麼的人。

「我的經歷是昨天的嗎？我經歷我的意見的論據已經很久了。

「倘若我也要保存我的論據，我豈非必須是一隻記憶桶了？

「即使保存我的意見，在我看來已經是太多了，有些鳥兒從其中飛走了。

「有時我也在我的鴿棚裡發現一隻我陌生的飛禽，當我的手觸摸它時，它顫抖了。

「然而，查拉圖斯特拉對你說過什麼？說詩人說謊太多？——但查拉圖斯特拉也是一個詩人。

「現在你相信他是在這裡說真理嗎？你為什麼相信？」

這弟子回答：「我信仰查拉圖斯特拉。」但查拉圖斯特拉搖頭且微笑了。

他說：信仰並不使我幸福，特別是對我的信仰。

但且假定某個極其嚴肅的人說，詩人說謊太多，那麼，他是對的，——我們說謊太多。

我們所知太少，是壞學生，所以我們必須說謊。

我們詩人誰沒有在自己的酒裡摻水？在我們的地窖裡製造出了許多有毒的混合物，許多難以描繪的事情在那裡做成了。

因為我們所知甚少，所以我們衷心喜歡精神貧乏的人，尤其是少女。

我們甚至渴望傾聽老嫗們夜晚的絮叨。我們把這叫做我們心中的永恆女性。

彷彿有一條特別的祕密通道通往知識，但對於求知者來說已經掩埋了，所以我們信仰人民及其「智慧」。

但所有詩人都相信：誰靜臥草地或幽谷，側耳傾聽，必能領悟天地間萬物的奧祕。

倘有柔情襲來，詩人必以為自然在與他們戀愛：

她悄悄俯身他們耳畔，祕授天機，軟語溫存，於是他們炫耀自誇於眾生之前！

哦，天地間如許大千世界，唯有詩人與之夢魂相連！

尤其在蒼穹之上，因為眾神都是詩人的譬喻，詩人的詭詐！

真的，我們總是被誘往高處——那縹緲雲鄉，我們在其上安置我們的彩色玩偶，然後名之神和超人：——

所有這些神和超人，它們誠然足夠輕飄，與這底座相稱！

唉，我是多麼厭倦一切可望而不可即的東西！唉，我是多麼厭倦詩人！

當查拉圖斯特拉這樣說時，他的弟子怒而不言。查拉圖斯特拉也沉默了，他凝目內視，宛如凝視遙遠的遠方。最後，他歎息而深深吸氣。

然後他說：我屬於今天和昨天，但我身上也有屬於明天、後天乃至遙遠將來的東西。

我厭倦了詩人，無論舊的還是新的。我覺得他們都是膚淺的，都是淺海。

他們想得不夠深，所以他們的情感也不深沉。

一點淫欲，一點無聊：這便是他們最好的沉思。

他們的豎琴之聲，我聽來像是幽靈的喘息和腳步，他們迄今又知道什麼音樂的熱情！

——

我覺得他們也不夠純潔，他們全都攪渾他們的池塘，使之顯得深邃。

他們喜歡以此而自薦為調解者，然而，在我看來，他們始終是騎牆者、混合者，非驢非馬，太不純粹！——

唉，縱然我把我的網投入他們的海裡，欲捕捉鮮魚；可是，我撈起的始終是老朽的神頭。

這樣，大海以石頭供應饑者。他們自己大約出身於海。

的確，人們在他們身上找到了珍珠，於是他們愈發像海蚌了。我在他們那裡找到的不是靈魂，而是鹹的黏液。

他們還從大海學習它的虛榮：大海不是孔雀中的孔雀嗎？

即使在最醜陋的水牛面前，孔雀也張開牠的尾巴，未嘗倦於炫耀牠的燦爛錦屏。

水牛對之不屑一顧，牠的靈魂愛沙灘，更愛叢林，最愛沼澤。

美、大海、孔雀羽毛與牠何干！我向詩人說這譬喻。

真的，他們的心靈就是孔雀中的孔雀，虛榮的大海！

詩人的心靈需要觀眾，哪怕觀眾是水牛！——

但我厭倦了這種心靈，而我看到，它厭倦自己的時候也正在到來。

我看到詩人已經發生變化，反省自己。

我看到，從詩人中成長起來的精神懺悔者正在到來。

——查拉圖斯特拉如是說。

——《查拉圖斯特拉如是說》〈詩人〉

# 五十七、哲學中的教條主義

倘若真理是一個女子——那會怎樣呢?豈不令人發生疑問:所有哲學家,就他們是教條主義者而論,他們太不懂得女子了;他們迄今為止慣於用一本正經、死死糾纏的方式接近真理,豈不是吸引女子的笨辦法?可以斷定,女子是不會上鉤的:——如今,種種教條都帶著悲戚沮喪的神態站在那裡了,倘若它們大致上還站得住的話!因為,有一些諷刺家主張,它們業已倒下,一切教條都躺倒在地了,甚至一切教條都奄奄一息了。

認真地說,我們有充分的理由希望,哲學中一切教條化的東西,那些顯得如此莊嚴、如此最終有效的東西,其實可能只是一種高貴的孩子氣和新手習氣;也許那樣的時刻已經逼近,人們將愈來愈明白,究竟是什麼東西足以提供基石,來支持教條主義者迄今所建立的如此巍峨、絕對的哲學大廈,——也許是某種來自太古時代的民間迷信(例如「靈魂」的迷信,今天它化身為「主體」的迷信和「自我」的迷信,仍未停止作祟),也許是某種文字遊戲,來自語法方面的一種誘惑,或者是冒然把極狹窄、極帶個人性質、過於人性的東西提升為普遍現象。但願教條主義者的哲學只是對於數千年之後的一個許諾,就像更早期的星相學一樣,相較於迄今為止任何一種真正的科學,在星相學上也許花費過更多的勞動、金錢、智力、耐心:——亞洲和埃及的偉大建築風格要歸功於星相學及其「超世」願望。

看來，一切偉大事物若要永遠銘刻在人類心中，就必須變出猙獰可怖的超世面相：教條哲學，例如亞洲的吠檀多學說、歐洲的柏拉圖主義，便是這樣一副面相。我們對之或許不無感激之心，但也確實應該承認，有一種教條主義謬誤，即柏拉圖所發明的純粹精神和自在之善，乃是迄今為止一切謬誤中最惡劣、最悠久、最危險的謬誤。然而，從今以後，在這個謬誤被克服的地方，在歐洲從這夢魘中喘過氣來、至少可以恬然入睡的地方，我們的任務就是甦醒本身；在與這個謬誤鬥爭的過程中會培育出力量，我們便是這所有力量的繼承者。無論如何，這樣談論精神和善意味著顛倒真理，否定一切生命的前景和基本前提；人們誠然可以像醫生一樣問道：「在古代最優秀的人——柏拉圖身上，這樣一種疾病從何而來？是可惡的蘇格拉底敗壞了他嗎？蘇格拉底可是一個敗壞青年的傢伙，一棵害人的毒草？」

但是，反對柏拉圖的鬥爭，或者用「民眾」懂得的話來說，反對千百年來基督教會壓迫的鬥爭（因為基督教就是「民眾」的柏拉圖主義），在歐洲造成了空前未有、頗為壯觀的精神緊張，如今用這張繃得如此之緊的弓，可以射向最遠的目標。當然，歐洲人覺得這種緊張是一種困境；業已兩次以偉大的風格嘗試鬆馳弓弦，第一次是藉由耶穌教，第二次是藉由民主啟蒙運動：——後者借助於出版自由和報紙閱讀，事實上可以做到使精神不再如此容易感到「壓抑」了！（德國人發明了火藥——大家注意！他們又抵消了這一發明——他們發明了印刷術。）可是我們，既非耶穌信徒，也非民主主義者，甚至還不夠是德國人，我們這些好歐洲人，自由的、極自由的精神——我們仍有精神的全部壓抑及其弓弦的全部緊張！也許還有箭矢、使命，誰知道呢，也許還有目標……

——《善惡的彼岸》前言

# 五十八、論哲學家的偏見

## 1

人們之所以忍不住要向哲學家投去半猜疑、半嘲諷的眼光，倒不是因為一再發現他們多麼無辜——他們多麼經常、多麼容易舉止失當，迷失路途，簡言之，他們多麼天真幼稚；而是因為他們太不誠實，哪怕只是遠遠地觸動一下真誠問題，他們全體就掀起一陣道德的大喧囂。他們全都裝模作樣，彷彿他們是靠了一種冷靜的、純粹的、神明般無動於衷的辨證法的自我展開，來揭示和得出他們的看法（與各種神祕主義者不同，後者比他們誠實憨厚，談論的是「啟示」）；當他們用挖空心思想出來的理由，來辯護本質上是一種先入之見、一種心血來潮、一種「靈感」、但其實往往是一種抽象並篩選過的心願時，他們全都是改頭換面的律師，而且多半是在狡猾地辯護他們名之為「真理」的偏見——他們距離直言不諱的良心的勇敢十分遙遠，距離勇敢的良好品味十分遙遠，這種勇敢旗幟鮮明，警告敵人或朋友、熱烈奔放、喜歡自嘲。老康德用他那種既僵硬又道貌岸然的偽善，吸引我們走辨證法的暗道，這條暗道通往（正確地說是誘往）他的「絕對命令」——這套把戲令我們這些任性的人發笑，我們覺得仔細觀察老道德家和道德傳教士們的精巧詭計毫無樂趣可言。或者，斯賓諾莎用那套數學公式的騙術——歸根到底是「對他的智慧的愛」，這是對哲學這個詞合情合理的解釋

——給他的哲學披上硬如礦石的胄甲和偽裝，以便從一開始就嚇退敢於瞥視這位不可戰勝的少婦和雅典娜女神像的問津之人，然而，一個隱居病人的這種喬裝打扮暴露了自己的多少畏縮和脆弱啊！

## 2

我漸漸明白了，迄今為止，每一種偉大的哲學究竟是什麼：是其創立者的自供狀，一種不由自主的、不自察覺的傾訴；同時，每一種哲學所包含的道德（或非道德）意圖乃是真正的胚芽，整株植物總是由之長成。事實上，要弄清一個哲學家最晦澀的形上學主張是如何建立的，最好（且最聰明）的辦法莫過於首先問一下：它（他）追求何種道德？因此，我不相信「認識衝動」是哲學之父，相反，在這裡如同在別處一樣，有另一種衝動把認識（以及誤解）僅僅用作工具。但是，誰若仔細觀察，正是在這裡，人類的基本衝動能在何種程度上作為靈感之神（或魔鬼、精靈）施展其把戲，就會發現它們全都曾經造就過哲學，——而且，其中每一種都想誇大其辭地把自己說成是生存的目標，是其餘一切衝動的合法主人。因為，每一種衝動都有支配欲，並且因此而試圖上升為哲學。——誠然，在學者、真正的科學家身上，情況可能不同（如果願意的話，姑且說「較好」），他們實際上可能有某種認識衝動，某種獨立的小型鐘錶機構，只要上好發條，便堅定地走動，而學者身上其他一切衝動實質上並不參與其事。所以，學者真正的「興趣」通常完全在別處，譬如在家庭、賺錢或政治；他的小型機械置於科學的哪一部分，「前途無量」的青年工作者最後是成長為一個優秀語言學家、菌類學家還是化學家，這幾乎是無所謂的：——他成為什麼，這一點並不表明他的特徵。相反，在哲學家身上，絕無非個人的東西；他的道德尤其提供了一個確鑿無疑的標誌，表明他是何種人——也就是說，表明他天性中那些最深刻的衝動，彼此是處於何種關係之中。

## 3

各個哲學概念絕非隨意的、自行生長的東西，而是在彼此的關聯和親緣關係中生長的，它們看似是在思想史上一下子任意產生，但實際上卻屬於一個系統，酷似一個地區動物界的全體成員。形形色色的哲學家多麼可靠地填滿了可能哲學家的一覽表，便表明了上述情況。他們始終在一種無形的魔力支配下，重新兜同一個圈子。他們還能夠依靠他們的批判意志或體系意志，而彼此獨立地感覺到，他們身上有某種東西在引導他們，有某種東西在推動他們遵循彼此間確定的秩序，這便是概念的那種天然系統和親緣關係。事實上，他們的思想與其說是一種發現，不如說是一種重複認識、重複回憶，一種向遠古時代靈魂的總體事務的回顧和復歸，那些概念一開始就是從這總體事務中產生的：——就此而言，哲學活動是一種最高級的返祖現象。全部印度、希臘、德國哲學那些奇特的家族類似現象，就足夠簡明地說明了問題。正是在存在著語言親緣關係的地方，一個不容迴避的事實是：由於語法的共同哲學

（我是指由於共同語法功能的無意識支配和引導），從一開始就為哲學系統的相同發展和次序作好了一切準備；同時，通往其他可能世界觀的路也就被堵死了。與印歐語系或穆斯林語系的哲學家相比，烏拉—阿爾泰語系（其中主語概念發展得很差）的哲學家多半會用另一種眼光看「世界」，並且在另一條路上探索。歸根到底，一定語法功能的魔力就是生理學價值判斷和種族前提的魔力。——所以應當努力摒棄觀念起源問題上的皮毛之見。

——《善惡的彼岸》5、6、20

# 五十九、自由靈魂

在此之後，我還需要特別說明這些未來的哲學家也將是自由的、極其自由的靈魂嗎？——當然，他們不但是自由靈魂，而且更多、更高、更偉大，是不願被忽視和混淆的、根本不同的一種人。但我仍然要作這一說明，因為我幾乎同樣強烈地感到，就像對我們自己（我們是他們的報訊人和先行者，我們這些自由靈魂！）一樣，對他們也負有責任，要共同澄清對於我們的古老而愚蠢的偏見和誤解，這種偏見和誤解長久以來如霧一樣籠罩著「自由思想家」的概念。

目前，在歐洲各國和美國，有某種東西造成了對這一名稱的濫用，那是一種極其狹隘、遭到拘禁、戴上鐐銬的靈魂，大致嚮往著與我們的目標和本能正相反的東西，——更不必說，對於正在出現的新哲學家來說，他們勢必正是要被關閉的窗子和鎖上的門戶了。總之，這些冒牌的「自由思想家」屬於平均主義者之列，是民主品味及其「現代觀念」的能說會寫的奴隸：全是些與孤獨、真正的孤獨無緣的人，是笨拙憨厚的隨從，應該承認他們既不乏勇氣，也不乏可敬的舉止，但他們恰好是不自由的，膚淺得可笑，尤其是他們有一種基本傾向，大體上要從迄今古老社會的形態中去發現一切人間苦難和失敗的原因，於是真理幸運地被頭腳倒置了！他們全力以赴爭取的是畜群普遍享有綠色草地的幸福，力求安全、保險、舒適，為眾生減輕痛苦；他們最愛唱的兩個高調和學說叫做「權利平等」和「同情一切受苦人」，——而痛苦本身則被他們視為必須廢除的東西。

我們卻相反，我們的眼睛和良心為這個問題而開啟：迄今為止，「人」這種植物在何種情形下、以何種方法，才會最旺盛地向高空生長？我們認為，始終在相反的條件下才如此，只有當人置身於極其危險的環境之中，經受長期的壓力和逼迫，人的虛構能力和裝假能力（即人的「精神」）才不得不發展得精微而勇猛，人的生命意志才不得不提高為無條件的權力意志。我們認為，堅強、冷酷、奴隸制度、誘惑的技巧、種種魔鬼特性，以及人身上的一切惡的、可怕的、專制的、猛禽式的和毒蛇式的品質，如同與之相反的品質一樣，同樣有益於提高「人」這個族類。

我們只講到這個程度，還遠沒有暢所欲言，但是，無論我們開口還是沉默，我們始終堅持這個立場，站在一切現代意識形式和畜群理想的相反一端，也許是它們的對蹠者①吧？我們這些「自由靈魂」並非最善表白的靈魂，出於種種考慮，我們不願洩露一個靈魂可能離開何處，然後又可能被驅往何處，這有何奇怪？至於我們至少用來防止人們混淆的那個危險公式，即「善惡的彼岸」，其真實含義就是：我們是不同於libres-penseurs、liben pensatori、Freidenker②的一種人，而所有這些「現代觀念」的忠實辯護士卻多麼喜歡以此自命。我們曾在精神的許多國度裡安居，至少曾在那裡作客；偏愛、夙仇、青春、出身、偶然碰到的人和書籍，或者甚至漂泊的疲憊，都彷彿要把我們驅往陰霉舒適的角落，但我們一再得以逃脫；我們極其厭惡藏在榮譽、金錢、地位或感官刺激之中那些使人養成依賴性的誘餌；我們甚至感謝苦難和變化莫測的疾病，因為它們使我們不斷擺脫某種成規及其「偏見」，我們感謝我們身上的上帝、魔鬼、綿羊和蠕蟲，好奇成癖，酷愛研究，毫不躊躇地伸手捕捉不可捉摸之物，以利牙和健胃對付最難消化的食物，準備從事每種要求敏銳的頭腦和感官的手藝，準備冒每種風險，依靠充沛的「自由意志」，有著無人能識破其底蘊的坦誠和隱衷，無人能探知其深淺的前景和背景，我們是身披光之外衣的隱士，是征服者，儘管我們看上去像是繼承者和揮霍者，其實卻是起早貪黑的整理者和搜集者，是我們的財富和我們塞得滿滿的抽屜的守財奴，在學習和遺忘方面十分節儉，善於發明表格，時而為範疇和圖表自豪，時而是咬文嚼字者，時而是明亮白晝也工作的貓頭鷹；是的，必要時我們甚至是嚇鳥的稻草人，而今天正值必要之時，因為我們是天生的、堅貞的、嫉妒的孤獨之友，這是我們自己最深的午夜和正午之孤獨：——我們就是這樣一種人，我們這些自由的靈魂！而你們這些正在出現的人，你們這些新哲學家，莫非你們也是這樣一種人？

——《善惡的彼岸》44

① 對蹠者，在地球上相對兩點居住的人。

② 分別為法文、拉丁文、德文，其義均為「自由思想家」。

# 六十、沒有信仰的現代人

人們可注意到，對於一種真正的宗教生活來說——無論就它所喜歡的、極瑣屑的自我考驗而言，還是就那種自命為「祈禱」的脆弱鎮靜而言，後者乃是為「主的來臨」所作的持久的準備——外表的悠閒或半悠閒是多麼重要，我是指心安理得的悠閒，自古以來出於血統的悠閒，它頗接近於這樣一種貴族感情：勞作使人蒙受恥辱，——也就是說，使靈魂和肉體平庸化；所以，現代那種喧囂的、耗盡時間的、愚蠢地自鳴得意的勤勞，比任何別的東西更加使人變得「沒有信仰」。

譬如說，在今日德國，在那些撇開宗教而生活的人之中，我誠然發現一些性格和來歷不同的「自由靈魂」，但更多的卻是被世代相繼的勤勞給消磨掉宗教本能的人們，他們甚至不再知道宗教有何用處，只是帶著一種遲鈍的驚愕神情，把他們的存在在世上註了冊。這班老實人，他們感到自己已經完全被占有，無論是被他們的職業占有，或是被他們的娛樂占有，更不用提被「祖國」、時代以及「家庭義務」占有了。看來，他們完全沒有留給宗教的時間了，而且他們始終弄不明白，宗教是否關係到一種新的職業或一種新的娛樂，——因為，他們對自己說，人們進教堂不可能只是為了敗壞自己的好心情。他們不是宗教習俗的敵人；倘若在某種場合，出於風俗的考慮，人們要求他們遵守這樣的習俗，那麼，他們就會服從人們的要求，像大家一樣行事，帶著一種克制忍耐的認真態度，並不感到十分好奇或不快：——

他們是過於袖手旁觀、置身局外了，不覺得有必要在這種事情上表示一下自己的贊成或反對。

在今日德國，大量中間階層的新教徒，尤其是生活在繁忙的大商業中心和大交通中心的新教徒，都持這種無所謂的態度；大量勤奮的學者以及大學的全部附庸也是如此（神學家例外，在這方面，他們的生存方式和可能性提出了愈來愈多、愈來愈精巧的謎，供心理學家猜測）。人們很少站在虔誠信徒（或者哪怕只是教徒）的立場上設想一下，如今，要一個德國學者嚴肅對待問題，這是多麼善良的願望，不妨說，是多麼放肆的願望；他從他的業務出發（如上所述，也從他受現代良心所責成於他的、業務上的勤奮出發），傾向於對宗教持一種居高臨下的、近乎寬宏大量的開明態度，其中間或摻雜著對於靈魂「不潔」的輕微蔑視，凡是教會尚被人擁護的地方，他就假定有這種「不潔」。只是借助於歷史（因而不是出於他的親身體驗），學者才能對宗教持一種敬畏的認真態度，給予某種羞答答的重視；可是，即使他把他的情感提高為對宗教的感激，他和他的人格也仍然絲毫沒有接近教會或虔信的實質，也許正相反。他對他生於其中、養於其中的宗教事物，抱持實踐上的無所謂態度，這種態度往往被他理想化為一種慎重高雅，懼怕與教徒和宗教事物接觸；可能這正是他的寬容和人性的深刻之處，使他得以逃避寬容本身造成的微妙困境。——每個時代都有自己的一種神聖的天真，為了這種天真的發現，別的時代應當羨慕它：——而在學者對於信仰的那種居高臨下態度之中，在他寬容的心安理得之中，在那出人意料的質樸信心之中（他的本能懷著這種信心把教徒看作卑賤低級的類型，他本人就是從這個類型中生長出來，又與之決裂，並超越了它），包含著多少天真，可敬的、稚氣的、憨態可掬的天真呵，——他，這個渺小的、循規蹈矩的侏儒和群氓，這個「觀念」、「現代觀念」的勤勞而靈巧的炮製者！

——《善惡的彼岸》58

# 六十一、格言和插曲

誰骨子裡是個教師，誰就只在涉及其學生時，才嚴肅對待一切事物，——甚至他自己。

在通往認識的道路上，如果無須克服這麼多的羞恥，認識的魅力就會是微乎其微的。

一個人對待他的上帝最不誠實，因為祂不允許他犯罪！

自我貶抑，聽任自己被偷盜、欺騙和剝削，這種癖好可能是一位廁身人間的神祇的羞怯。

「我做過這件事，」我的記憶力說。我不可能做這件事——我的驕傲說，而且不屈不撓。最後——記憶力讓步了。

並非崇高感的強烈，而是它的持久，造就了崇高的人。

誰實現了他的理想，他同時也就超越了它。

有的孔雀不在一切眼睛面前開屏——而這便是牠的驕傲。

如果一個擁有天才的人，不是至少還擁有兩樣東西——感激和單純，他就令人難以忍受。

一個人的性的程度和類別，一直伸展到他精神的最頂端。

在和平環境中，戰士向自己開火。

自卑的人，也總是作為自卑者而自尊。

一顆知道自己被愛、但並不愛人的心靈暴露了它的沉渣：——埋得最深的東西翻了上來。

「同情一切人」——這是對你自己的殘忍和暴政，我的鄰人先生！

**本能**。——一旦住宅著火，人們甚至忘記午餐。——不錯，但他們又在灰燼上補進午餐。

女人依照她失去魅惑力的程度，學會仇恨。

同樣的激情在兩性身上有不同的節奏，所以男人和女人不斷地發生誤會。

在女人所有個人的虛榮心背後，始終有一個非個人的自卑——為了她是「女人」。

太精明的人一旦露窘相，人們就會開始不信任他們。

可怕的經歷令人猜想，擁有此經歷者是否也是某種可怕之物。

如此寒冷，如此冰涼，竟使人灼傷了手指！每隻觸到它的手都縮回去！——正因為此，有些人以為它是滾燙的。

在一團和氣中毫無對人類的憎恨，正因此而有太多的對人類的蔑視。

男人的成熟，就是找回孩提時代曾有的遊戲時的認真。

羞於自己的不道德，這是階梯的一節；在階梯的盡頭，一個人也羞於自己的道德。

什麼？一個偉人？我始終只看到扮演自己理想的戲子。

當一個人馴他的良心時，它就對我們又吻又咬。

並非你們的博愛，而是你們博愛的無力，阻礙著今日的基督徒燒死我們。

在愛或恨不起作用的場合，女人表現得很平庸。

對於汙穢的憎惡可以如此之甚，以至它阻止我們洗刷自己，為自己「辯白」。

連姘居也被婚姻腐蝕了。

當一個人的才能減弱之時，當他不再顯示他能做什麼之時，才開始暴露出他是什麼。才能也是一種裝飾物；一件裝飾物也是一件遮掩物。

在與學者和藝術家打交道時，很容易在相反的方向上弄錯；在一個奇特的學者背後往往發現一個庸人，而在一個平庸的藝術家背後往往發現一個奇人。

我們在醒時如同在夢中行事一樣：我們發明和虛構了我們與之打交道的人——並且立刻忘掉了這一點。

下身是人不易自視為神的原因。

我們的虛榮心希望，我們最擅長的事情，恰恰被視為我們最難做到的事情——論某種道德的起源。

從總體上比較一下男人和女人，可以說：如果女人沒有配角的本能，她就不會有裝飾的天才。

凡出於愛心所做的，永在善惡的彼岸。

異議、放蕩不羈、快樂的猜疑、諷刺欲是健康的標記；一切絕對之物，均屬病態。

喪失理性在個人身上極為罕見，——但是對於集團、政黨、民族、時代卻是常規。

在堅強的人身上，親密是一件羞事——和一件珍品。

滔滔不絕的自我表白，也可以是隱藏自己的一種手段。

讚美比譴責包含更多的強求。

一個人有時出於博愛而擁抱某個人（因為一個人無法擁抱所有人），但正是這一點他不可向被擁抱者洩漏……

只要一個人蔑視，他就恨不起來，只有當他正視或仰視時，他才恨。

人們不相信聰明人會幹蠢事：怎樣地侵犯人權啊！

優越者的信賴令人憤恨，因為它不允許奉還。

「我討厭他。」——為什麼？——「我不如他。」——可曾有人這樣回答過？

——《善惡的彼岸》第四章摘錄

# 六十二、評婦女解放

這個軟弱的性別在任何時代，都不像在我們時代，這樣受到來自男人的如此重視，恰如不尊敬老人一樣，它屬於民主的潮流和基本品味。這種重視立刻被濫用，又有什麼奇怪呢？她們意猶未足，得寸進尺，最後仍覺得這重視的程度差不多是令人屈辱的，想要為權利展開競爭，甚至壓根是展開鬥爭。夠了，女人喪失了羞恥心。讓我們馬上補充一句：她們還喪失了品味。她們荒廢了對男人的懼怕，而「荒廢了懼怕」的女人，也就犧牲掉了她們的女性本能。一旦引起對男人懼怕的因素——讓我們說得更準確些——一旦男人身上的男性素質不再被嚮往和大力培植，女人肆無忌憚是很容易的，也是很容易理解的；較難被認識到的是，由於同樣的原因，女人蛻化變質了。今天這件事正在發生，我們可不要小看了！凡是在工業精神戰勝尚武精神和貴族精神的地方，如今女人都在爭取一個店員的經濟獨立和法律獨立，「作為店員的女人」正站在形成中的現代社會的門口。她們以這種方式奪取著新的權利，力求成為「主人」，把婦女「進步」寫在她們的大小旗幟上，但結果適得其反，這是再清楚不過的：女人正在退步。

自法國革命以來，歐洲婦女的權利和要求增加了，而她們影響的規模卻縮小了；所謂「婦女解放」，就這場解放是女人自己（而不只是頭腦淺薄的男人）所爭取和要求的而言，恰恰是一個觸目驚心的徵兆，表明女性最深刻的本能正日益衰弱遲鈍。這便是這個運動的愚蠢之處，一種近乎男人氣的愚蠢，一個天性健康的女人（她必定也是聰慧的女人）會從心底裡為之羞愧的。她們喪失了對女人勝券在握的最佳位置的嗅覺；忽視對女人固有武藝的練習；搶到男人前面去，或許還有所「建樹」，但她們從前在這方面卻是很守規矩、謙卑得很得體的；以有道德的放肆態度，反抗男人對女人抱有的信念，男人相信女人身上有著某種被掩蓋的完全不同的理想、某種永恆必然的女性素質；男人認為女人本應像一隻溫柔的寵畜，奇異地帶著野性、常常令人愉快，被照料、保護和打扮，她們卻振振有詞、喋喋不休地勸男人死了這條心；笨拙而又怒氣沖沖地搜尋奴隸制和農奴制的證據，來說明迄今為止，無論是過去或現在，女人在社會秩序中的地位都具有這種性質（彷彿奴隸制是一種否定，而不是一切高級文化、一切文化提高的前提）：——所有這些倘若不是意味著女性本能的瓦解，一種非女性化，又意味著什麼呢？

當然，在有教養的公驢中，有許多呆頭呆腦的婦女之友和坑害之徒，他們教唆女人除掉女人味，摹仿所有這些蠢行，歐洲的「男性氣質」、「男子氣質」正被這些蠢行所禍害；他們要把女人降低到「普遍教育的水準」，甚至降低到讀報和搞政治的水準。人們到處想把女人造就成自由思想家和作家，彷彿對於一個不信神的深刻男人來說，一個不虔誠的女人不是某種十分討厭可笑的東西似的；人們幾乎到處都用一切音樂中最病態危險的音樂（我們德國最新音樂）來敗壞女人的神經，使她們日益神經質，而對於她們最首要也最終極的職責（即生育強壯孩子的職責）則日益低能。人們歸根結底想要進一步「教化」她們，如他們所說，想用文化使這「弱小的性別」變得強大，彷彿歷史不曾盡可能雄辯地教導我們：人類的「教化」與弱化（即意志力的衰弱、瓦解、萎靡）從來是同步的，世上最強而有力、最有影響的女子（也包括拿破崙的母親）正是憑藉其意志力——而不是訓誡！——而獲取她們的權力，來占據男人們的上風。

女人身上令人敬重、並且常常足以令人畏懼的東西是她的天性，它比男人的天性「更自然」，是她那猛獸式的狡猾靈活，她那藏在手套裡面的利爪，她那自私的天真，她那桀驁不馴和內在的野性，她的情欲和德行之不可捉摸、廣闊無邊、遊蕩不寧……「女人」這危險而美麗的貓儘管使人畏懼，卻仍招人憐愛，正是因為她看來比任何動物更柔弱痛苦，更易受傷害，更需要愛情。又憐又怕：迄今為止男人就是懷著這兩種情感面對女人的，因此他的一腳始終已經踏入悲劇，那在令人振奮的同時便已令人心碎的悲劇。怎麼？這幕戲就要如此收場了？給女人解除魔力的過程正在進行？使女人變得乏味的過程正在開始？啊，歐羅巴！歐羅巴！人們憑頭上的角識別那動物，你從來不可抵禦地受它引誘，又因危險所迫而從它逃離！你的古老寓言要又一次變成「歷史」了，——一種可怕的愚蠢要又一次支配你，並且載你流離失所了！在它背後躲藏著的不是一個神，不，而只是一個「觀念」，一個「現代觀念」！……

——《善惡的彼岸》239

## 六十三、主人道德和奴隸道德

遍覽迄今為止地球上許多曾經（或者現在仍然）占據統治地位、或粗或精的道德，我發現有些特徵有規律地經常重複或互相銜接，直到最終，有兩個基本類型大白於我面前，一個基本區分躍入我眼簾。存在著主人道德和奴隸道德；——我馬上補充，在一切較高層次的、混合的文化中，調和兩種道德的企圖也非常明顯，兩者的混雜和彼此誤解則更常見，有時竟然生硬地並存——甚至在同一個人身上，在同一顆心中。道德的價值區分可能是發生在一個統治類型中，它滿意地意識到自己與被統治者的區別；也可能發生在被統治者、奴隸以及各種等級的依附者中。在前者的狀況，由統治者決定「善」的概念，「善」是振作豪邁的心靈境界，這種境界被認為是標記和決定一種等級秩序的因素。面對那些表現了與此振作豪邁境界相反特質的人，高貴者自別於他們，鄙視他們。我們立刻可以發現，在此道德類型中，「善」（gut）與「劣」（schlecht）的對立，正相當於「高貴」與「卑鄙」的對立，而「善」與「惡」（böse）的對立則另有來歷。受鄙視的是陰險小人、懦夫、吝嗇鬼、唯利是圖之輩；還有目光畏縮顧慮重重的人、自輕自賤的人、任人虐待的走狗、搖尾乞憐的諂媚者，尤其是說謊者。這是所有貴族的基本信念：老百姓是愛說謊的。「我們這些誠實的人」——古希臘貴族如此自命。

無論何處，道德的價值標誌一開始都著眼於並且落實於人，後來才著眼於行為，這是明擺著的事實。因此，道德史家把「為何同情的行為受到讚揚」這種問題當做出發點，這是可惡的失誤。高貴者感到自己是價值的決定者，他無需別人讚揚自己，他斷言「對我有害之物即是本身有害之物」，他知道是自己真正首先授物以榮耀，他是價值的創造者。他尊敬從他自己身上認出的一切：這樣一種道德乃是自我頌揚。在這裡鮮明凸現的是充實感、強力、氾濫的意志、因為高度緊張而感到幸福、意識到自己有一筆財富渴望贈送和奉獻出來，——高貴者也會幫助不幸者，但不是或幾乎不是出於同情，毋寧說是出於一種因為強力滿溢而造成的驅動。高貴者敬重自己身上有力度的東西，也敬重這樣的人：有自制力，知言說也善沉默，樂於錘鍊對自己的嚴酷並且尊敬一切嚴酷之物。「一副硬心腸把沃坦①置於我胸中。」這是一則古老的斯堪地納維亞傳說中的話，而一個驕傲的諾曼人的心靈是有權這麼歌唱的。這樣一種人所引以自豪的，正是：他天生不是被造來同情的。因此，傳說的主人公接著告誡說：「誰年輕時沒有硬心腸，他的心腸就永遠硬不起來。」如此思考的高貴者和勇敢者與以下這種道德風馬牛不相及，那種道德恰好把同情、利他行為或無私視作有德之人的標記；正像容易蔑視、警惕同情和「熱心腸」一樣，自信、自豪以及大體上敵視和嘲笑「無私」，這些也確鑿無疑地屬於高貴的道德。

強者是善於敬重的人，這是他們的藝術，他們的創造領域。深深敬畏古人和傳統（所有的法權都立足於這種雙重敬畏），信仰和成見都厚古薄今，這是強者道德的典型特點；而與

①沃坦（Wotan），古代北歐神話中的英雄。

此相反，具有「現代觀念」的人們幾乎本能地信仰「進步」和「未來」，越來越無視古人，這就足以暴露這種「觀念」的卑賤出身了。對於現代品味來說，一種具有以下嚴格原則的道德是太陌生也太難堪了：任何人都僅對自己的同道負有責任；任何人都可以按照自己的個人判斷，或者可以「隨心所欲」地對待比自己低級的人、一切志趣不合的人，永遠置身於「善惡的彼岸」，而諸如同情之類的東西均可歸入善惡之列。記恩和記仇（都只對同類）的能力及責任、禮尚往來的細膩、交友時的敏銳理解力、樹敵的某種必要性（彷彿是排泄嫉妒、好鬥癖、傲慢等情緒的溝壑，——以便能夠好好地變得友善）：這一切都是高貴道德的典型標誌，如上所述，這絕非「現代觀念」的道德，所以在今天已經難以引起共鳴，也難以發掘和闡明了。

說到道德的第二種類型，即奴隸道德，就是另一回事了。倘若遭受強暴和壓迫的人，受苦的人，不自由、不自信、疲憊的人作道德判斷，他們的道德衡量會是怎樣的呢？所表露的很可能是對人的全部境況的悲觀懷疑，或許還是對人及其境況的譴責。奴隸用厭惡的眼光看強者的道德，他滿腹疑慮，對於強者尊崇為「善」的一切不信任到了挑剔的地步，試圖說服自己相信，在強者那邊甚至連幸福也不是真實的。相反，那些能使受苦者的生存變得輕鬆的品質則得到推崇和誇耀，在奴隸這邊受尊敬的是同情、助人為樂、熱心腸、忍耐、勤奮、謙卑、友善，因為對於他這些是最有用的品質，幾乎是承受生存壓力的唯一手段。奴隸道德本質上是利益道德。這裡是產生那著名的「善」與「惡」之對立的發源地——在惡之中所感覺到的是權力和危險，是某種可怕、精緻和堅強，它們使蔑視不敢抬頭。因此，按照奴隸道德，「惡」所引起的是畏懼；按照主人道德，引起並且想要引起畏懼的恰恰是「善」，而「劣人」則被看成是令人蔑視的。

在以下情形，對立達到了頂點：按照奴隸道德的邏輯，其道德的「善人」最終也要遭到一點蔑視（它可能是輕微的、善意的），因為根據奴隸思維方式，善人無論如何必須是不具危險性的人，他是好脾氣的，容易上當的，也許有些愚蠢，一個老好人。凡在奴隸道德占上風的地方，語言都顯示了一種把「善」和「蠢」當做同義詞的傾向。——一個最終的基本區別：對自由的渴求、追求幸福的本能以及自由感的敏銳，必定屬於奴隸道德和奴隸情操；恰如嫻於並陶醉於敬畏和奉獻，是貴族思想方式及衡量方式的合規律徵兆。——這就不難理解，為什麼愛作為熱情（它是我們的歐洲特徵）必定有著高貴的來源，眾所周知，它的發明權屬於普羅旺斯的騎士詩人，那些光榮的「快樂的科學」的創造者，歐洲有如此多的東西，乃至歐洲自身，都要歸功於他們。

——《善惡的彼岸》260

# 六十四、在自己身上克服時代

我鬆了一口氣。我在這篇文章裡揚比才①而抑華格納，這並非只是惡意。我借連篇戲言說出的事情可不能一笑了之。與華格納決裂，對於我乃是一種命運；此後重又喜歡上什麼，對於我乃是一種勝利。也許沒有人更危險地與華格納精神緊密相聯，沒有人更強硬地與之短兵相接，沒有人更慶幸與之分道揚鑣。一段漫長的歷史！——想要用一個詞來形容這段歷史？——倘若我是道德家，誰知道我會怎樣來命名它？也許叫自我克服。——但哲學家不喜歡道德家……他也不喜歡漂亮字眼……

一個哲學家對自己的起碼要求和最高要求是什麼？在自己身上克服他的時代，成為「無時代的人」。那麼，他憑什麼去進行他最艱難的鬥爭？就憑那使他成為他時代的產兒的東西。好吧！和華格納一樣，我是這個時代的產兒，也就是說，是頹廢者。不同的是，我承認這一點，並且與之鬥爭。我身上的哲學家與之鬥爭。

最使我殫精竭慮的問題，事實上就是頹廢問題——我有這樣做的理由。「善與惡」不過是這一問題的變種。只要看一看衰退的徵象，就可以理解道德——就可以理解，在它最神聖的名稱和價值公式下面隱藏著什麼：例如，蛻化的生命、求毀滅的意志、極度的疲憊。道德否定生命……我必須有一種自我約束，以完成這樣的任務——反對我身上的一切疾病，包括華格納，包括叔本華，包括整個現代「人性」。——對於時代的、合時宜的一切，全然保持疏遠、冷淡、清醒；作為最高的願望，有一雙查拉圖斯特拉的眼睛，從遙遠的地方俯視人類萬象——並看透自己……為這樣一個目的——何種犧牲、何種「自我克服」、何種「自我否定」會不值得？

我最偉大的經歷，就是一種痊癒。華格納純粹是我的疾病。

對於這種疾病，我並非沒有感激之心。當我在本文中堅持「華格納是有害的」這個命題時，我並不想否認，儘管如此，他對於一種人卻是不可缺少的——便是對於哲學家。一般人沒有華格納也許過得去；哲學家卻不能隨便缺少華格納。哲學家應當是他時代中的不安的良心——為此他必須具備他的時代的最佳知識。然而，他要到哪裡去為現代心靈的迷宮尋找一個比華格納更在行的嚮導、更雄辯的心理學家呢？現代特性借華格納之口說出它最知心的話，它既不隱瞞它的善，也不隱瞞它的惡，它忘掉了一切自慚自羞。反之，倘若弄清楚華格納身上的善和惡，也就差不多估算出了現代事物的價值。——倘若今天一位音樂家說：「我恨華格納，可我再也受不了別的音樂了。」我對此完全理解。但是，我也同樣會理解一位哲學家，倘若他聲明：「華格納集中體現了現代特性。一個人必須首先是華格納之徒，這無濟於事……」

——《華格納事件》前言

①比才（Bizet，一八三八—一八七五），法國音樂家，歌劇《卡門》的作者，生前未受應有之重視。

# 六十五、華格納和頹廢藝術

現在來談談頹廢藝術家。我對這個問題是嚴肅的。當這頹廢者損害我們的健康，並且損害我們的音樂時，我不能袖手旁觀！說到底，華格納是一個人嗎？難道他不更是一種疾病？凡他接觸之物，他都使之患病——他使音樂患病了——

一個典型的頹廢者，他在他墮落的品味中覺得自己是不可缺少的，他用這種品味占有一種更高的品味，他善於把他的墮落表現為法則，表現為進步，表現為價值的實現。人們卻毫不抵抗。他的誘惑力大得驚人，他周圍香煙繚繞，對他的誤解被標榜為「福音」——受他誘惑的絕對不只是精神貧乏之輩！

我喜歡開一下窗子。空氣！更多的空氣！

在德國，人們在華格納問題上欺騙自己，我對此並不感到奇怪。若不如此，那倒會使我感到奇怪了。德國人替自己塑造了一個華格納，以便對之頂禮膜拜。他們從來不是心理學家，他們得益於他們的誤解。可是，在巴黎，人們也在華格納的問題上欺騙自己！那裡的人幾乎只是心理學家！還有在聖彼得堡！那裡的人能夠領悟巴黎人也不能領悟的事物！華格納想必與歐洲的整個頹廢勢力血緣何等相近，以致歐洲感覺不到他是個頹廢者了！他屬於後者：他是它的主角，它最偉大的名字……人們把他抬到天上，以此褒揚自己。——因為人們對他不作抵抗，這本身已是頹廢的徵象。本能衰弱了。人們被本應懼怕的東西吸引著，嗜好那些將更快置他們於死地的東西。——想要舉個例子嗎？只要考察一下貧血、痛風或糖尿病患者給自己制定的食譜就可以了。素食者的定義：一種必須食用滋補性食物的人。能夠把有害視為有害，禁戒有害之物，這是青春和生命力的標誌。有害之物吸引精疲力竭者；蔬菜吸引素食者。疾病本身可以是生命的一種刺激劑，但是一個人對於這種刺激劑必須足夠健康！——華格納會加劇精疲力竭！所以他吸引衰弱者和精疲力竭者。噢，昔日大師之所以有響尾蛇式的幸福，正因為他總是看到「童子」朝他走來！

我預先提出這個觀點：華格納的藝術是病態的。他帶到舞臺上的問題（純屬歇斯底里患者的問題），他痙攣的激情、他過度亢奮的敏感、他那要求愈來愈刺激的佐料的品味、被他美化為原則的反復無常、以及他對於男女主人公的選擇（他們被看作生理類型——一條病人肖像的畫廊！）：這一切描繪出一種病象，這是毫無疑問的。華格納是一個神經官能症患者。如今，也許沒有什麼比蛻化的普洛提斯性格更為人所熟悉了，至少沒有什麼比它更為人所精心研究了，它在這裡蛹化為藝術和藝術家。我們的醫生和生理學家，可以在華格納身上找到最有趣的、至少是十分完整的病例。既然沒有什麼比這種綜合症、這種神經機制的遲暮和亢奮更為現代的了，那麼，華格納正是卓越的現代藝術家，現代的卡廖斯特羅[1]。在他的藝術中，當今整個世界最必需的東西——精疲力竭者的三樣主要刺激劑，即殘忍、做作和清白無辜，以最誘人的方式摻和起來了。

---

①卡廖斯特羅（Cagliostro），十八世紀西西里的煉丹術士和騙子。

華格納嚴重地敗壞了音樂。他把音樂看作刺激疲憊神經的手段——因而他使音樂患病了。在那種振奮精疲力竭者、喚醒半死不活者的藝術中，他的貢獻非同小可。他是催眠術大師，他能使公牛一樣的壯漢躺倒。華格納的成就——他那些見之於神經、從而見之於女人的成就——使得整個沽名釣譽的音樂界成了他神祕藝術的追隨者。而且不只是沽名釣譽的音樂界，還有聰明乖巧的音樂界……如今只有病態的音樂能賺錢；我們的大劇院靠華格納過日子。

——《華格納事件》〈一八八八年杜林通信〉5

# 六十六、探聽偶像的底細

當一個人陷入一件鬱結而責任極其重大的事情之中時，保持愉快心情就絕非微不足道的本領；而且，還有什麼東西比愉快心情更為必需呢？如果沒有高昂的情緒，則沒有一件事情會成功。只有力的過剩，才是力的證明。——重估一切價值，這個問號如此陰森赫然，它的陰影籠罩在它的提出者身上——負此大任的命運每時每刻迫使他奔到陽光下，抖落掉身上沉重的、愈來愈過分沉重的嚴肅性。為此每種手段都屬正當，每個「事件」都是幸事。戰爭尤其如此。戰爭始終是所有過於內向深沉的心靈的偉大智慧；在它的傷害中即已經有療效。有一句格言，我要向博學的好奇心隱瞞其出處，但長久以來，它一直是我的座右銘：精神藉創傷生長，人性藉創傷茂盛。

另一種療養方式也許更令我喜歡，這就是探聽偶像的底細……世界上，偶像多於真身。這是我看這世界的「毒眼」，也是我聽這世界的「毒耳」……在這裡，我一度用鐵錘提問，也許回答就是從便便大腹中發出的那著名的悶聲——一個人耳朵後面還長著耳朵，這在我這個老心理學家和捕鼠者看來是多麼愉快，在我面前，正是執意保持靜默的東西不得不大聲喧嘩起來……

這本書——正如標題所表明的——主要也是一次消遣，一顆太陽黑子，一位心理學家懶散中的一個惡作劇。也許還是一場新的戰爭？並且探聽到了新偶像的底細？……這本小冊子是一個偉大的宣戰；至於說到被探究的偶像，那麼，這一回卻不是一時的偶像，而是永恆的偶像，它們在這裡被我用鐵錘觸動，如同用一把音叉觸動一樣，——絕不會有更古老、更被人堅信和誇耀的偶像了……也不會有更空洞的偶像了……這並不妨礙它們最為人信仰；而且據說，尤其是在最高貴的場合，它們完全不是偶像……

——《偶像的黃昏》前言

# 六十七、格言與箭

即使我們之中最勇敢的人，對於他真正知道的東西，也只有很少的勇氣……

亞里斯多德說：人要獨居，必須是野獸或神。卻忽略了第三種情形：人必須同時是二者——哲學家……

我對許多事情永遠不想知道。——智慧給認識也劃出了界限。

一個人在他的野性中，可以最有效地從他的非本性和他的精神性中復元。

何者為是？人僅是上帝的一個錯誤？抑或上帝是人的一個錯誤？

**來自生活的戰爭學校。**——那未能殺死我的，使我更為堅強。

你自助，然後人人助你。鄰人愛的原則。

讓我們面對自己的行為毫不怯懦！讓我們不厭棄自己的行為！——良心的折磨是不體面的。

如果一個人了解他的生命之「為何」，就差不多能對付一切「如何」。——人並不孜孜以求幸福；只有英國人才這麼做。

死後享譽的人（譬如我）比起合時宜的人來，被理解得較差，但被傾聽得更好。嚴格地說，我們從未受到理解——而我們的權威即由此而來……

**在女人中。**——「真理？哦。您不瞭解真理！它豈不是對我們全部羞恥心的謀殺嗎？」

十足的女性搞文學就好像在犯一件小小的罪行，動手時和結束時環顧四周，看是否有人注意她，並且使得有人注意她……

「德國精神」：十八年來[1]，這是一個稱謂的矛盾。

稱心如意甚至使人免於感冒。可曾有過一個自知穿戴漂亮的女人患感冒？——我且假定她幾乎一絲不掛。

我不信任一切體系構造者並且避開他們。構造體系的意志是一種不誠實的表現。

人們認為女人深刻——為什麼？因為人們從未深入研究過女人。女人還不曾淺顯過。

如果女人有男人的德行，她就叫人受不了；如果她沒有男人的德行，她自己又受不了。

蟲子被踩後捲縮起來，這是明智的，它借此減少了重新被踩的機率。用道德的語言說就叫：謙恭。

久坐是反對神聖精神的罪。只有散步得來的思想才有價值。

我們非道德主義者是否給德行造成損害？——恰與無政府主義者給君主們造成的損害一樣少。君主們唯有在被行刺之後，才重新穩坐王位。道德：人們必須行刺道德。

①指一八七〇年德意志帝國成立以來。

這是我的階梯，我拾級而上，——為此我必須越過它們。可是它們以為，我是想安居在它們上面……

——《偶像的黃昏》〈格言與箭〉摘錄

# 六十八、作為反自然的道德

## 1

一切激情有一個階段，當時它們只是致命的力量，當時它們以愚昧的重負把其犧牲者壓倒——後來，過了很久，它們才與精神聯姻，使自己「昇華」。從前，人們因為激情的愚蠢而向激情宣戰，發誓將其滅絕，——一切古老的道德巨怪都主張「必須扼殺激情」。這方面最著名的公式見之於《新約》的山頂垂訓；順便說說，在那裡，全然不是從高處看事物的。例如，那裡在應用於性的問題時說：「如果你的眼睛惡意逗弄你，就挖掉它。」幸虧沒有一個基督徒照此辦理。滅絕激情和欲望，單純是為了預防它們的愚蠢以及這種愚蠢的不快後果，這在我們今天看來，本身就只是一種極端的愚蠢。我們不再讚美這樣一種牙醫，他用拔掉牙齒的辦法來治牙痛……另一方面，很顯然，在基督教賴以生長的基礎之上，「激情的昇華」這個觀念完全不可能形成。眾所周知，最早的教會反對「才智之士」以維護「精神的貧困」：怎麼可以期望它打一場反對激情的理智之戰呢？——教會用不折不扣的切除來克服激情：它的策略、它的「治療」是閹割。它從來不問：「怎樣使欲望昇華、美化、聖化？」——它在任何時代，都把紀律的重點放在根除上（根除感性、驕傲、支配欲、占有欲、復仇欲）。——但是，從根上摧殘激情就意味著從根上摧殘生命：教會的實踐是與生命為敵……

## 2

這同樣的手段：切除、根除，也被那樣的人選用來與欲望鬥爭，他們的意志過於軟弱，過於衰退，因而無能自立尺度；被那樣的天性選用，他們需要苦修會，用譬喻——未必是譬喻——來說，需要某種最後通牒，在自己和激情之間設一條鴻溝。過激手段僅為衰退者所必需；意志的乏弱，確切地說，無法不對一種刺激作出反應的情況，本身只是衰退的另一種形式。對感性懷著激烈的、殊死的敵意，始終是一個值得深思的徵兆，藉此可以推測這位好走極端的人的總體狀態。——此外，當這類天性不再堅強得足以經受激烈的治療、驅走身上的「魔鬼」之時，這種敵意和仇恨才登峰造極。不妨回顧一下教士、哲學家以及藝術家的全部歷史：反對感官的最惡毒的話並非出自陽痿者之口，亦非出自禁欲者之口，而是出自無能禁欲者、必須禁欲者之口……

## 3

感性的昇華叫做愛，它是對於基督教的偉大勝利。另一種勝利是我們的敵意的昇華。這就是深深領悟擁有敵人之價值，簡而言之，行動和推論一反從前之行動和推論。教會在一切時代都想消滅它的敵人；我們這些非道德主義者和反基督徒卻以為，我們的利益就在於有教會存在……現在，政治上的敵意也有所昇華，——明智得多，審慎得多，寬容得多了。幾乎每個政黨都明白，為了保存自己，反對黨應當有相當力量；這一點適用於大政治。一個新的創造物，譬如說新的國家，尤其需要敵人甚於需要朋友：在對立中它才感到自己是必要的，在對立中它才成為必要的……我們對待「內心的敵人」並無不同，在這裡我們也使敵意昇華，在這裡我們也領悟其價值。一個人只有充滿矛盾才會多產；只有靈魂不鬆懈，不貪圖安逸，才能永保青春……沒有什麼比從前那種但求「靈魂的寧靜」的願望，那種基督徒式的願望，與我們更加格格不入的了；相較於道德的母牛和良心安寧的肥膩福氣，沒有什麼更不叫我們眼紅的了。誰放棄戰鬥，他就是放棄了偉大的生活……在許多場合，「靈魂的寧靜」無疑只是一種誤解，——是某個不會誠實為自己命名的別的東西。不繞彎子、不帶偏見地說，「靈魂的寧靜」可能有底下這些情形，譬如說，可以是一種豐盈的動物性向道德（或宗教）領域的溫柔發洩；也可以是疲憊的開始，是傍晚、形形色色的傍晚投下的第一道陰影；也可以是空氣溫潤、南風和煦的標記；也可以是不自覺地為消化良好而心懷感謝（有時美其名曰「博愛」）；也可以是病癒者的沉靜，他重新品味萬物，心懷期待……也可以是我們占支配地位的激情受到強烈滿足後，隨之出現的狀態，一次罕有的飽足的舒適感；也可以是我們的意志、我們的嗜欲、我們的罪惡的衰老；也可以是懶惰在虛榮心引誘下披上道德的裝飾；也可以是在一種模糊狀態的長期緊張和折磨之後，出現的一種明確狀態，哪怕是可怕的明確狀態；也可以是行動、創造、勞作、意願之成熟和熟練的表現，是平靜的呼吸，是已經達到的「意志的自由」……偶像的黃昏：誰知道呢？或許它也只是一種「靈魂的寧靜」……

## 4

——我制定一個原則。道德中的每一種自然主義，也就是每一種健康的道德，都是受生命本能支配的，——生命的任何要求都用「應該」和「不應該」的一定規範來貫徹，生命道路上的任何障礙和敵對事物都藉此來清除。相對而言，反自然的道德，也就是幾乎每一種迄今為止被倡導、推崇、鼓吹的道德，都是反對生命本能的，它們是對生命本能或隱蔽或公開、肆無忌憚的譴責。而且，它們聲稱「上帝洞察人心」，它們否定生命最深最高的欲望，把上帝當作生命的敵人……給上帝逗樂的聖人是地道的閹人……「上帝的疆域」在哪裡開始，生命便在哪裡結束……

## 5

假如一個人領悟了對於生命的這樣一種反對（這種反對在基督教道德中已經變得近乎神聖不可侵犯了）的褻瀆之處，那麼，他因此也就幸運地領悟了一些別的東西，即領悟了這樣一種反對的無用、虛假、荒謬、騙人之處。活著的人對於生命的譴責，歸根到底只是一定類型的生命的徵兆，至於是否有道理，這個問題完全沒有藉此而提出來。一個人必須在生命之外有一個立足點，用不同的方式，如同已經活過的一個人、許多人、一切人那樣去瞭解生命，方能真正觸及生命的價值問題。有足夠的理由表明，這個問題是我們不可企及的問題。

當我們談論價值，我們是在生命的鼓舞之下、在生命的光學之下談論的：生命本身迫使我們建立價值；當我們建立價值，生命本身通過我們評價……由此可知，把上帝當作生命的對立概念和對生命的譴責，這種道德上的反自然，也還是生命的一個價值判斷——什麼生命？什麼種類的生命？——我早已回答：是衰退、虛弱、疲憊、受譴責的生命。道德，如它迄今被理解的，如它最近仍被叔本華規定為「生命意志的否定」的，是把自己做成一個絕對命令的頹廢本能本身，它說：「毀滅！」——它是受譴責者的判斷……

## 6

最後，讓我們再思量一下，說「人應當是如此這般的」這種話有多麼天真。現實向我們顯示了令人愉快的豐富類型、過度揮霍的形式遊戲和形式變化，而某位可憐的、囿於一孔之見的道德家卻說：「不！人應該是別種樣子的。」……他甚至知道人應該是怎樣的，這個可憐蟲和偽君子，他在牆上畫了幅自畫像，說道：看這個人！……然而，即使道德家只是向著某一個人說：「你應當是如此這般的！」他也依然把自己弄得很可笑。個人是命運的一個片斷，承前啟後，對於一切既來和將來的事物是一個法則，一個必然性。對他說「改變你自己」就意味著要求一切事物都改變，甚至是朝後改變……然而確實有一些徹底的道德家，他們要人變成另一種樣子，即變得有道德，他們要人仿效他們的榜樣，即成為偽君子，為此他們否定這個世界！不要渺小的瘋狂！不要適度的無禮！……道德倘若不是從生命的利益出發，而是從本身出發進行譴責，它便是一種特別的謬誤，對之不必同情，它便是一種蛻化的特性，已釀成無窮的禍害！……我們另一種人，我們這些非道德主義者，反而為一切種類的理解、領域、准許敞開了我們的心靈。我們不輕易否定，我們引以為榮的是做肯定者。我們愈來愈欣賞那種經濟學，它需要、並且善於利用被教士的神聖愚昧和病態理性所拋棄的一切，欣賞那種生命法則之中的經濟學，它從偽君子、教士、有德者等醜類身上獲取其利益，──什麼利益？──但我們本身，我們這些非道德主義者，就是這裡的答案……

──《偶像的黃昏》〈作為反自然的道德〉

# 六十九、德國人缺少什麼

## 1

如今在德國人中，擁有精神已經不夠了，還必須把它占為己有，濫用精神……也許我是瞭解德國人的，也許我可以哪怕向他們說一些真理。新德國代表大量遺傳的、習得的才幹，以致它可以揮霍積聚的力量財富長達一個時代。這裡並沒有靠了它而占據統治地位的高級文化，更沒有講究的品味，一種高貴的本能之「美」；卻有較之任何歐洲國家更有男子氣的德行。許多美好勇氣和自尊，交往和彼此承擔義務時的許多信義，許多勤奮，許多毅力，——以及一種遺傳的節制，這種節制與其說需要障礙，不如說需要刺激。我補充一句：這裡人們仍然服從，而服從並不使人感到屈辱……沒有人蔑視他的對手……人們看到，我願意對德國人公正：在這一點上我不想對自己不忠實，——所以我也必須向他們提出我的異議。獲取權力要付出昂貴的代價：權力使人愚蠢……德國人——一度被稱為思想家民族，如今他們究竟還在思索嗎？——德國人現在厭倦精神，德國人現在猜疑精神，政治吞噬了對於真正精神事物的任何嚴肅態度——「德國，德國高於一切」[①]，我擔心，這已是德國哲學的末日……「德

①第二帝國時期德國國歌中的一句歌詞。

國有哲學家嗎?德國有詩人嗎?德國有好書嗎?」在國外有人問我。我感到臉紅，但以我即使在失望時也具有的勇氣回答：「有的，俾斯麥！」——我豈能也承認今天的人們在讀什麼書呢?……該死的中庸本能！

## 2

誰不曾憂傷地沉思過，「德國精神能是什麼」這個問題！可是，將近一千年來，這個民族卻任意使自己變得愚蠢了，沒有任何一個地方像這裡一樣，這樣罪惡地濫用歐洲兩大麻醉劑——酒精和基督教。最近竟然又添上了第三樣，單憑這一樣就足以扼殺精神中一切精緻勇敢的敏捷性，這就是音樂，我們的被噎且又噎人的德國音樂。——在德國智力中有多少令人沮喪的笨重、拖沓、潮溼、睡衣，有多少啤酒！獻身於最高精神目標的青年男子，竟然缺乏精神性的第一本能，精神的自我保存本能——並且大飲其啤酒，這怎麼可能呢?……博學青年的酗酒也許不會給他們的博學打上問號，因為甚至連一個大學者也可能缺乏精神，卻在其他所有方面都得打上問號。——在哪裡看不到啤酒給精神造成的慢性墮落！在一個如今已經眾所周知的事例中，我曾提及這樣的墮落，我們德國第一位自由思想家的墮落，聰明的的大衛・史特勞斯，變成了酒座福音和「新信仰」的作者……他在詩中並非向「褐色的美人」空發誓願的——他效忠至死……。

## 3

我說過德國精神變得更粗鄙、更淺薄了。這麼說夠嗎？——透徹地說，它是一種使我驚駭的、面目全非的東西，在精神事物中，那種德國的嚴肅、德國的深刻、德國的熱情正在每況愈下。除了知性，就連激情也在發生變化。——我在各地接觸德國的大學，學者中盛行怎樣的風氣，當今的精神何其荒蕪，何其滿足和冷漠！倘若有人舉出德國科學來反對我，那實在是一大誤解，——並且還證明他不曾讀過我的一個字。十七年來，我不知疲倦地揭露我們當代科學追求的非精神化的影響。範圍巨大的科學今日強加於每一個人的嚴酷奴隸狀態，是秉賦更完滿、更豐富、更深刻的天性找不到相應教育和教育者的首要原因。我們的文化之苦於虛無，更甚於苦於自負的一孔之見者和片斷人性的過剩；我們的大學與願相違地是這種精神本能退化的地道工場。而整個歐洲業已具有一個觀念——偉大的政治不欺騙任何人……德國愈益被視為歐洲的窪地②。——我仍在尋找一個德國人，與他一起時，我可以按照我的方式嚴肅一下，——更急切地尋找一個德國人，與他一起時，我可以快活一下！偶像的黃昏：啊，如今誰能領悟，一位隱士正以一種怎樣的嚴肅態度在這裡休養！——快活是我們身上最不可理解的東西……

---

②窪地，原文為Flachland，雙關語，又可譯為淺薄的國家。

## 4

倘若估算一下，不但能對德國文化的衰落瞭若指掌，而且也不乏這方面的充足理由。任何人的花費歸根到底不能超過他所擁有的，個人如此，民族也如此。一個人把自己花費在權力、大政治、經濟、世界貿易、議會、軍事利益上，一個人向這些方面付出了理解、認真、意志、自我超越的能量（他就是這種能量），那麼，他在其他方面就必有短缺。文化和國家——在這一點上不要欺騙自己——是敵對的：「文化國家」純屬現代觀念。兩者互相分離，靠犧牲對方而生長。一切偉大的文化時代都是非政治的，甚至是反政治的。——歌德的心靈為拿破崙化現象打開，卻對「解放戰爭」關閉……正當德國作為巨大力量興起之時，法國作為文化力量獲得了一種不同的重要性。在今天，精神上許多新的嚴肅、許多新的熱情已經遷往巴黎；例如，悲觀主義問題，華格納問題，幾乎所有的心理學問題和藝術問題，相較於在德國，在那裡得到無比精微透徹的思索，——德國人甚至無能於這種嚴肅。——在歐洲文化史上，「帝國」的興起首先意味著一件事：重心的轉移。無論何處，人們都已經知道：在主要的事情上（這始終就是文化），德國人不再值得一提。人們問道：你們可要為歐洲提供哪怕一個夠格的思想家，就像你們的歌德，你們的黑格爾、你們的海因里希・海涅、你們的叔本華那樣？——不再有一個德國哲學家了，這實在令人驚訝不已。

## 5

整個德國高等教育已經丟失了主要的東西——目的以及達到目的的手段，人們忘記了教育、文化本身（而不是「帝國」）是目的，忘記了達到這個目的所需要的是教育家（而不是文科中學教師和大學學者）……亟需自我教育的教育家，有卓越、高貴的靈魂，每時每刻以身教言教體現日趨成熟、甜美的文化，——而不是文科中學和大學今日作為「高級保姆」提供給青年的那種博學的粗漢。除了極少數例外，缺少教育的第一前提：教育家，德國文化的衰落由此而來。——我可敬的朋友、巴塞爾的雅各・布克哈特[3]是極少數例外之一，巴塞爾在人性方面的優越首先歸功於他。——德國「高等學校」事實上所做的是一種殘忍的訓練，以求花費盡可能少的時間使無數青年男子適宜於、徹底適宜於為國家效勞。「高等教育」和無數群眾——兩者從一開始就是彼此矛盾的。一切高等教育僅僅屬於例外者，一個人必須是特許的，才有權享有如此高級的特權。一切偉大事物、一切美麗事物從來不是公共財產：美屬於少數。——是什麼造成了德國文化的衰落？「高等教育」不再是一種特權——「普及的」、通俗化的教育之民主主義……不要忘記，軍事特權死板地強求高等學校具有過高的入學率，而這就意味著高等學校的衰落。——在今日德國，任何人都不再能夠自由地給予他的孩子一種高貴的教育，我們的「高等學校」，包括其教師、課程、教育目標，全都安排好了

③雅各・布克哈特（Jacob Burckhardt，一八一八—一八九七），瑞士文化史學家，尼采在巴塞爾大學的同事和朋友。

一種最曖昧的中庸。到處盛行著一種無禮的匆忙，倘若二十三歲的青年人還沒有「作好準備」，還不知道「主要問題」的答案（要從事什麼職業？），便好像會耽誤什麼似的。——請允許我說，一種更高類型的人不喜歡「職業」，正是因為他懂得召喚自己……他擁有時間，他支配時間，他完全不去考慮「作好準備」的問題，——在高級文化的意義上，一個人三十歲時還是一個起跑者，一個孩子。——我們擁擠的文科中學，我們被造就得極其愚鈍的眾多文科中學教師，乃是一個醜聞。試圖保衛這種狀態，如海德堡的教授們最近之所為，也許是有出發點的，——但並沒有這樣做的理由。

——《偶像的黃昏》〈德國人缺少什麼〉1—5

# 七十、學習看、想和寫

我的本性是趨向於肯定的，之所以作出反對和批判，僅是間接的、不情願的，為了不失我的本性，我立即提出三項任務，為完成這些任務起見，一個人需要教育者。一個人必須學習看，一個人必須學習想，一個人必須學習說和寫：三者的目的都是一種高貴的文化。——學習看，就是學習使眼睛習慣於寧靜、忍耐、讓事物靠近自己；學習不急於作判斷，從各個角度觀察把握個別事例。對一個刺激不立刻作出反應，而是具備一種阻礙、隔離的本能，這是走向精神性的第一個預備教育。學習看，按照我的理解，接近於非哲學術語稱之為堅強意志的東西，其本質的東西恰好不是「願意」，而是能夠作出決定。一切非精神性、一切鄙俗性，都是源於無能抵抗一種刺激——他勢必作出反應，他順從每個衝動。在許多場合，這樣一種「勢必」已經是病態和衰落，是枯竭的徵兆，——非哲學的粗略用語名之為「罪惡」的一切，幾乎都純屬這種生理上無能不作出反應。——學會看有一種收益：作為學習者，一個人將會變得遲緩、猜疑、抵觸。最後，他將帶著一種敵意的平靜聽任每種陌生、新奇的事物靠近他，——他將對它們袖手旁觀。洞開一切大門，猥褻地沉溺於每件瑣屑的事情，隨時投身入、衝入他人懷抱和他物之中，簡而言之，著名的現代「客觀性」，是一種惡劣的品味，是典型的卑賤。

學會想：在我們的學校裡不再有這個概念。甚至在大學裡，在正宗的哲學學者之中，作為理論、實踐、手藝的邏輯已經開始絕跡。人們閱讀德國書籍時，不再依稀記起思考需要一種技術，一種教程，一種獲得技巧的意志，——不再依稀記起要學會思考就像要學會跳舞一樣，思考是一種舞蹈……在德國人中，誰還體驗得到精神那輕捷的足帶給全身肌肉的那種微妙顫慄！——神態的僵硬呆板、動作的笨拙，已經成為德國人的特徵，以致在國外人們完全把這看作是德國人的天性。德國人沒有觸摸細微差別的手指……德國人也贍養了他們的哲學家，尤其是那個史無前例的畸形的概念殘疾人，偉大的康德，這一點絲毫也不能表明德國人的優雅。——因為不能從高貴的教育中排除各種形式的舞蹈，無論是用足、概念、文字跳舞的才能；是否還要我來說，一個人也必須能夠用筆跳舞，一個人必須學習寫？——可是在這方面，對於德國讀者來說，我恐怕完全是一個謎……

——《偶像的黃昏》〈德國人缺少什麼〉6、7

# 七十一、論美和藝術

## 1

**心理學家的道德。**——不要製作廉價兜售的心理學！絕不為觀察而觀察！這會造成一種錯覺，一種斜視，一種勉強而誇張的東西。抱著體驗的願望去體驗，這是不行的。在體驗時不允許凝視自己，否則每一瞥都會變成「邪魔的眼光」。一個天生的心理學家會本能地提防為看而看；這一點也適用於天生的畫家。他從不「依照自然」而工作，——他讓他的本能、他的攝影機暗箱去篩選、壓榨「事件」、「自然」、「經歷」……然後他才意識到一般的東西、結論、結果；他不會從個別事例中武斷地歸結出什麼。——倘若換一種做法，譬如說，像巴黎大大小小的小說家那樣製作廉價售兜的心理學，會怎麼樣呢？這好像是在伏擊現實世界，每晚帶一把稀奇玩意兒回家去……但是，人們只看到最後的出產是——一堆亂塗亂寫的東西，充其量是一件鑲嵌細緻但仍保留其堆積、紛擾、俗豔的東西。其中，龔固爾兄弟做的事情最糟，他們不把三句話聯在一起，儘管這三句話並不刺痛眼睛、心理學家的眼睛。——用藝術的觀點看，自然不是樣板。它誇張，它歪曲，它留下漏洞。自然是偶然物。「依照自然」來研究，在我看來是一個壞的徵象，它暴露了屈服、軟弱、宿命論，——膜拜瑣事末節是一個完全的藝術家所不屑為的。看看有什麼東西，這是另一種靈魂所做的事，是反藝術的、務實的靈魂所做的事。一個人必須知道他是哪種人……

## 2

**論藝術家心理。**——為了藝術得以存在，為了任何一種審美行為或審美直觀得以存在，一種心理前提不可或缺：醉。首先須有「醉」以提高整個機體的敏感性，在此之前不會有藝術。醉如此形形色色的具體種類都擁有這方面的力量：首先是性衝動的醉，它是醉的最古老最原始的形式。同時還有一切巨大欲望、一切強烈情緒所造成的醉；酷虐的醉；破壞的醉；某種天氣影響所造成的醉，例如春天的醉，或者因麻醉劑的作用而造成的醉；最後，意志的醉，一種積聚的、高漲的意志的醉。——醉的本質是力的提高和充溢之感。出自這種感覺，人施惠於萬物，強迫萬物向己索取，強姦萬物，——這個過程被稱做理想化。我們在這裡要擺脫一種成見：理想化並非如通常所認為的，在於抽掉或排除細枝末節。決定性的因素毋寧說是，把主要特徵聲勢浩大地動員起來，以致其他特徵這時便消失了。

## 3

在這種狀態中，人出於他自身的豐盈而使萬物充實：他之所見所願，在他眼中都膨脹、受壓、強大、負荷著過重的力。處於這種狀態的人改變事物，直到它們反映了他的強力，

——直到它們成為他的完滿之反映。這種變得完滿的需要就是——藝術。甚至一切身外之物，也都成為他的自我享樂；在藝術中，人把自己當作完滿來享受。——誠然，還可以設想一種相反的狀態，本能的一種特殊的反藝術家類型，——即這樣一種類型，它使萬物貧乏、黯然、患上癆病。事實上，歷史充斥著這樣的反藝術家，這樣的生命饑饉者。這便是真正的基督徒的情形，例如是帕斯卡的情形：一個兼為藝術家的基督徒並不存在……請不要太天真，抬出拉斐爾或隨便哪一些十九世紀同種療法的基督徒來反對我：拉斐爾說著肯定，拉斐爾從事肯定，所以拉斐爾不是基督徒……

## 4

**美與醜。**——沒有什麼比我們對美的感覺更有條件，毋寧說更受限制的了。如果試圖離開人對人的愉悅去思考美，就會立刻失去根據和立足點。「自在之美」純粹是一句空話，從來不是一個概念。在美之中，人把自身樹為完美的尺度；在精選的場合，他在美之中崇拜自己。一個物種舍此便不能自我肯定。它的至深本能——自我保存和自我繁衍的本能，在這樣的昇華中依然發生作用。人相信世界本身充斥著美，——他忘了自己是美的原因。唯有他把美贈與世界，唉，一種人性的、太人性的美……歸根到底，人把自己映照在事物裡，他又把一切反映他形象的事物認作為美：「美」的判斷是他的族類虛榮心……一個小小的疑問或許會在懷疑論者耳旁低語：人認為世界是美的，世界就真的因此被美化了嗎？人把世界人化了：僅此而已。然而，無法擔保，完全無法擔保，人所提供的恰好是美的原型。誰知道人在一位更高品味的判官眼裡是什麼模樣呢？也許是膽大妄為的？甚至也許是令人發笑的？也許是稍許專斷的？……「啊，戴奧尼索斯，天神，你為何拉我的耳朵？」在納克索斯的一次著名對話中，亞莉雅德妮[1]這樣問她的哲學情人。「我在你的耳朵上發現了一種幽默，亞莉雅德妮，為何它們不更長一些呢？」

## 5

沒有什麼是美的，只有人是美的：在這一簡單的真理上建立了全部美學，它是美學的第一真理。我們立刻補上美學的第二真理：沒有什麼比衰退的人更醜了，——審美判斷的領域就此被限定了。——從生理學上看，一切醜都使人衰弱悲苦。它使人想起頹敗、危險和軟弱無能；在它旁邊，人確實喪失了力量。可以用功率計測出醜的效果。只要人在何處受到壓抑，他就可估出某種「醜」的東西近在身旁。他的強力感、他求強力的意志、他的勇氣、他的驕傲——這些都隨醜的東西跌落，隨美的東西高揚……在這兩種場合，我們得出同一個結論：美和醜的前提極其豐富地積聚在本能之中。醜被看作衰退的一個暗示和表徵：哪怕極間接地令人想起衰退的東西，都會使我們作出「醜」這個判斷。每種枯竭、笨重、衰老、疲憊的徵兆，每種身不由己，不論痙攣或癱瘓，特別是解體和腐爛的氣味、顏色、形狀，哪怕最終弱化為一個記號——這一切都引起同樣的反應，都引起「醜」這個價值判斷。在這裡，一種憎惡之情油然而生：人憎惡什麼呢？毫無疑問，憎惡他的類型的衰落。他出於至深的族類本能而憎惡；在這憎惡中有驚恐、審慎、深刻、遠見，——這是世上最深刻的憎惡。因為這，藝術是深刻的……

## 6

**為藝術而藝術。**——反對藝術中的目的之鬥爭，始終是反對藝術中的道德化傾向、反對把藝術隸屬於道德的鬥爭。為藝術而藝術意味著：「讓道德見鬼去吧！」然而，這種敵視仍然暴露了受成見的支配。如果從藝術中排除道德勸誡和人性改善的目的，那麼，不用多久就會產生一個後果；藝術完全是無目的、無目標、無意義的，簡言之，為藝術而藝術——一條咬住自己尾巴的蛔蟲。「寧可全無目的，勝於有一個道德目的！」——純粹的激情如此說。一位心理學家反問：全部藝術何為？它不讚美嗎？它不頌揚嗎？它不選擇嗎？它不提撥嗎？它以此加強或削弱某種價值評價……這只是雕蟲小技？只是細枝末節？藝術家的本能全然不參與其事？或者相反：這豈非藝術家之所能的先決條件？藝術家的至深本能豈非指向藝術，更確切地說，指向藝術的意義——生命？指向生命的熱望？——是生命的偉大興奮劑：怎麼能把它理解為無目的、無目標的，理解成為藝術而藝術呢？——還有一個問題：藝術也表現

①亞莉雅德妮，希臘神話中克里特王米諾斯的女兒，後嫁給酒神戴奧尼索斯。

生命許多醜的、嚴酷的、可疑的方面，——它豈非因此也好像詬病生命了？——事實上，有的哲學家就宣揚藝術的此種意義：叔本華把「捨棄意志」說成藝術的全部目的，把「產生聽天由命的情緒」奉為悲劇的偉大功用。——但是，我早已闡明，這是悲觀主義者的光學，是「邪魔的眼光」——：必須訴諸藝術家本身。悲劇藝術家傳達自身的什麼？難道不正是在他所顯示的可怕可疑事物面前，無所畏懼的狀態？——這狀態本身就是令人熱望的；凡瞭解它的人，都對它懷有最高的敬意。他傳達它，他不得不傳達它，只要他是藝術家，一個傳達的天才。面對一個強大的敵人，面對一種巨大的不幸，面對一個令人恐懼的問題，而有勇氣和情感的自由——這樣一種得勝的狀態，被悲劇藝術家選中而加以頌揚。在悲劇面前，我們靈魂裡的戰士慶祝他的狂歡節；誰習慣於痛苦，誰尋求痛苦，英雄氣概的人就以悲劇來褒揚他的生存，——悲劇詩人只是為他斟這杯最甜蜜的殘酷之酒。

## 7

**美非偶然**。——即使一個種族或家庭的美，他們全部風度的優雅和親切，也是人工造就的，是世代努力積累的結果。人必須為美奉獻巨大的犧牲，必須為之做許多事，也放棄許多事（十七世紀的法國在這兩方面都令人讚歎），對於社交、居住地、衣著、性滿足必須有一個選擇原則，必須愛美甚於愛利益、習慣、意見、懶散。最高原則：人獨處時也不能「馬馬虎虎」。——精美的東西是過於昂貴的，而且下述規律始終有效：擁有它的人和謀求它的人不是同一個人。一切財產都是遺產，凡非繼承來的，都是不完善的，都只是開端……在西塞羅時代的雅典，相較於對女人的美麗，西塞羅對男人和少年的美麗遠遠感到更為驚奇，可是，數百年間，當時的男性為此美麗付出了怎樣的艱苦努力！——在這裡，不要弄錯了方法，僅僅訓練感情和思想是無濟於事的（德國教育的巨大誤解就在於此，它全然是幻想的），人必須首先開導軀體。嚴格維持有意味的、精選的姿態，一種只與不「馬馬虎虎」對待自己的人共處的約束力，對於變得有意味和精選是完全足夠了：兩、三代裡，一切業已內化。決定民族和人類的事情是，文化要從正確的位置開始——不是從「靈魂」開始（這是教士和半教士的致命迷信）：正確的位置是軀體、姿勢、飲食、生理學，由之產生其餘的東西……所以，希臘人始終是歷史上第一個文化事件——他們懂得，他們在做必須做的事情；蔑視肉體的基督教則是人類迄今最大的不幸。

——《偶像的黃昏》〈一個不合時宜者的漫遊〉7、8、9、19、20、24、47

# 七十二、現代性和現代思潮批判

## 1

**反達爾文。**——關於著名的「生存競爭」，我目前認為，與其說它已被證明，不如說它是一種武斷。它發生過，卻是作為例外；生命整體而言不是匱乏和饑餓，而是豐富、奢華乃至荒唐的浪費，——凡有競爭之處，都是為強力而競爭……不應當把馬爾薩斯與自然混為一談。——不過，假定真有生存競爭（事實上也正在發生），那麼，可惜其結果和達爾文學派的願望相反，也和人們或許可以與他們一起的願望相反，也就是說，對強者、優秀者、幸運的例外者不利。物種並不走向完善：弱者總是統治強者，——因為他們是多數，他們也更精明……達爾文忘記了精神（這是英國式的！），弱者有更多的精神……一個人需要精神，才能獲得精神，——當他不再需要它之時，他就失去它了。誰強大，誰就放棄精神（德國人現在是這樣想的：「精神滾蛋吧，但帝國必定仍是我們的」……）。人們知道，我所說的精神是指預見、忍耐、狡計、偽裝、巨大的自我克制，以及一切是模仿的東西（所謂德行的大部分都屬於這最後一項）。

## 2

**論「良知」。**——在我看來，今日沒有什麼比真正的虛偽更為罕見了。我很懷疑，這種植物受不了我們文化的溫馨氣氛。虛偽屬於有強大信仰的時代，在那時，人們甚至在被迫接受另一種信仰時，也不放棄從前的信仰。今日人們放棄它；或者更常見的是，再添上第二種信仰，——無論哪種情況，他們都依然是誠實的。毫無疑問，與過去相比，今日能夠有數目大得多的信仰，所謂能夠，就是說被允許，就是說沒有危險。由此產生了自我寬容。——這種自我寬容允許有多種信仰，它們和平共處，——它們謹防自己出醜，就像今日全世界都在做的那樣。今日一個人怎樣才出醜？在他矢志如一的情況下。在他一條路走到底的情況下。在他不模棱兩可的情況下。在他秉性純正的情況下……我很擔心，對於有些罪惡而言，現代人簡直是過於懶散了，以致這些罪惡正在滅絕。一切以堅強意志為前提的惡（也許不存在無堅強意志的惡）在我們的溫暖空氣中正在蛻化為德行……我所知道的少數幾個虛偽者只不過是在模仿虛偽，他們就像當今幾乎所有的十歲兒童一樣是戲子。

## 3

**出自一次博士考試。**——「一切高等教育的任務是什麼?」——把人變成機器。——「用什麼方法?」——他必須學會厭倦自己。——「怎樣做到這一點?」——透過義務觀念。——「誰是他在這方面的榜樣?」——教人死記硬背的語言學家。——「誰是完人?」——國家官員。——「什麼哲學提供了國家官員的最高公式?」——康德哲學:作為自在之物的國家官員,審判作為現象的國家官員。

## 4

**基督徒和無政府主義者。**——無政府主義者是衰落的社會階層的喉舌,當他們義憤填膺地要求「權利」、「公正」、「平等」之時,他們只是受到愚昧的支配,不知道他們究竟為何受苦,——他們缺乏什麼,缺乏生命……他們身上追根究源的衝動十分強烈:必須有人不好對他們處境負責……甚至「義憤填膺」本身就已使他們感到愉快,罵人對於一切窮鬼來說是一種滿足,——它提供了一種小小的權力陶醉。就連抱怨和哀歎也賦予了生活一種魅力,使人可以忍受它。在任何抱怨中都有一種精巧的復仇,人們因為自己的壞處境、有的甚至因為自己的壞品質,而責備與他們不同的人,就像責備一種不公正、一種不能容許的特權一樣。「如果我是混蛋,那麼你也應該是混蛋」:人們根據這樣的邏輯鬧革命。

——哀歎在任何場合都無用，它源自軟弱。一個人是向別人哀歎還是向自己哀歎（前者如社會主義者，後者如基督徒），並無真正的區別。兩者的共同之處，依我看也是無價值之處，便是應當有人對他受苦負責——簡言之，便是受苦者為自己開一帖解苦的復仇蜜糖。這種復仇需要是一種對於快樂的需要，其對象是可能的原因：受苦者到處尋找用來發洩其渺小復仇欲的原因，——再說一遍，如果他是基督徒，他就在自己身上尋找這個原因……基督徒和無政府主義者——兩者都是頹廢者。——可是，當基督徒譴責、誹謗、誣衊「世界」之時，他這樣做是出於一種本能，社會主義工人出於這同一種本能而譴責、誹謗、誣衊社會：「最後審判日」仍是甜蜜的復仇安慰——革命，就像社會主義工人所期待的革命一樣，只是被設想得更遙遠一些罷了……「彼岸」——倘若它不是一個手段的話，為何彼岸總要誣衊此岸呢？……

## 5

**現代性的批判。**——我們的機構已經毫無用處，對此大家都有同感。但是，責任不在它們，而在我們。在我們丟失了機構從中生長的一切本能之後，我們也就丟失了這些機構，因為我們不再適合於它們。民主主義在任何時代都是組織力衰退的形式，我在《人性的，太人性的》第一卷第三一八節中，業已把現代民主政治及其半成品判為國家的沒落形式，如同「德意志帝國」一樣。凡有機構，就必有一種意志、本能、命令，反自由主義到了惡毒的地步；必有一種意志要求傳統、權利、世紀以上的責任、無限延續的世代的團結。如果有了這樣的意志，那麼，類似羅馬帝國的東西就有了根基；或者類似俄國，它是今日有肉體活力、能夠等待、尚可許諾一點東西的唯一權力，——俄國對立於歐洲那可憐的渺小政治和神經過敏，它隨著德意志帝國的建立而進入了一種批判狀態……整個西方不再具有機構從中長出、未來從中長出的那種本能，也許沒有什麼東西如此不合它的「現代精神」了。人們得過且過，活得極其倉促，——活得極其不負責任：卻美其名曰「自由」。把機構造就成機構的那種東西遭到蔑視、憎恨、排斥，只要聽到「權威」這個詞，人們就認為自己面臨新的奴役的危險。我們的政治家、政黨的價值本能中的頹廢已達到如此地步：他們本能地偏愛造成瓦解、加速末日的東西……證據是現代婚姻。現代婚姻顯然喪失了一切理性，但這並非要反對婚姻，而是要反對現代性。婚姻的理性是基於男人的法律責任，婚姻因此而有重心，今天它卻是雙腿跛行。婚姻的理性是基於它原則上不可解體的性質，它因此獲得一種音調，面對情感、激情和機遇的偶然事件，這種音調懂得為自己創造聽覺。婚姻的理性也基於家庭所承擔的選種責任。由於大眾對為愛結婚的癖好持愈來愈寬容的態度，形成了這樣一種婚姻基本狀況：最初把婚姻造就成一種機構的那種東西已經消失。人們絕不在一種癖好的基礎上建立一個機構，如上所述，人們不在「愛情」的基礎上建立婚姻，——而是把它建立在性衝動、財產衝動（女人和孩子是財產）、統治衝動的基礎上；最後，這種衝動不斷為自己組織最小的統治單位——家庭，它需要孩子和後嗣，以便也在心理上保持權力、影響、財富的一個已達到的尺度，以便為長期使命、為世紀之間的本能團結預作準備。婚姻作為機構，業已包含著對最偉大、最持久的組織形式的肯定，如果社會本身不能作為整體，為自己向最遙遠的世代作出擔保，那麼婚姻就毫無意義。——現代婚姻已經喪失其意義，——所以人們廢除了它。

——《偶像的黃昏》〈一個不合時宜者的漫遊〉14、18、29、34、39

## 七十三、醫生的道德

病人是社會的寄生者。在一定情形下，繼續活下去是不體面的。在生命的意義和生命的權利業已喪失之後，卑怯地依賴醫生和醫術苟活，理應在社會上招致深深的蔑視。而醫生應當是這種蔑視的媒介，——他為病人開的不是藥方，而是每天一劑新的厭惡……應當賦予醫生一種新的責任，凡是基於生命、向上提升生命的最高利益，要求無情排斥和扼殺衰敗生命，都要他負責任——例如決定生育權、出生權、生存權……當不再能驕傲地活著時，就驕傲地死去。自願選擇的死，適時的死，心境澄明而愉悅，執行於孩童和見證之中，因而能在辭別者還在場的情形下作一個真正的告別，同時也對成就和意願作一個真正的評價，對生命作一個總結——這一切正好相反於基督教在彌留時刻演出的可憐復可怖的喜劇。千萬不要忘記，基督教是在濫用臨死者的軟弱以強姦良心，濫用死的方式判定人及其一生的價值！——在這裡，尤其要反對一切怯懦的成見，確定所謂自然死亡的真正價值即生理價值。它歸根到底也只是一種「非自然」死亡，一種自殺。一個人絕非死於他人之手，而是死於自己之手。只不過這是在最可蔑視的條件下的死，一種不自由的死，一種不適時的死，一種懦夫的死。一個人應當出於熱愛生命而希求另一種死，自由、清醒，並非偶然，並非猝不及防……最後，向悲觀主義者先生們和其他頹廢者進一言：我們不能阻止自己的出生，但是我們能夠改正這個錯誤——因為有時這是個錯誤。當一個人除掉了自己，他便做了世上最值得尊敬的事情，他因此差不多不枉活了這一生……社會（我說什麼呀！）、生命本身由此獲得的利益，要遠勝於靠隨便哪種聽天由命、貧血或其他德行的「生活」所獲得的利益；因為他使別人擺脫了他的景象，他使生命擺脫了一種異議……純粹的、嚴格的悲觀主義，只有透過悲觀主義者先生們的自我反駁，才得到證明：一個人必須把他的邏輯推進一步，不是像叔本華那樣僅僅用「意志和表象」否定生命，——他必須首先否定叔本華……順便說說，儘管悲觀主義如此富於傳染性，畢竟沒有增加整個時代、整個世代的疾病，它只是這種疾病的表現。一個人屈服於它，正如屈服於霍亂一樣，他業已病弱得不能不屈服了。悲觀主義本身沒有增添一個頹廢者；我想起了統計結果：在霍亂流行的年分，死亡總數與別的年分並無不同。

——《偶像的黃昏》〈一個不合時宜者的漫遊〉36

# 七十四、我的天才觀

偉大如同偉大時代一樣，是積聚著巨大能量的爆炸物；其歷史的和生理的前提始終是，他們身上長久地搜集、積累、節省、保存著能量，——長久地不發生爆炸。如果緊繃度過高，那麼，最偶然的刺激就足以把「天才」、「事業」、偉大命運喚入世界。與環境、時代、「時代精神」、「公眾輿論」有何相干！以拿破崙為例。革命時期的法國，以及革命前的法國，原可以產生與拿破崙相反的典型，但也產生了拿破崙：而因為拿破崙是另一種人，是比法國那發展於蒸汽機和戲劇中的文明更強大、更悠久、更古老的文明的後裔，所以在法國他成了主人，在法國只有他是主人。偉大是必然的，而他們出現於其中的時代是偶然的；他們之所以幾乎總是成為時代的主人，只是因為他們更強大、更古老，他們身上的積聚過程更悠久。天才與其時代的關係，猶如強與弱、年老與年輕的關係，比較之下，時代總是年輕、單薄、未成年、不可靠、稚嫩得多。——關於這個問題，如今在法國（德國也一樣，不過無足輕重），人們有完全不同的想法，在那裡，一種真正的神經症患者理論，即環境理論，變得神聖不可侵犯，近乎是科學的，甚至還頗得生理學家的信奉，這種情形「散發著臭味」，令人產生哀思。——在英國，人們的理解也並無不同，不過沒有人為此傷心。英國人順應天才和「偉人」只有兩條路：巴克爾（Buckle）的民主方式或卡萊爾的宗教方式。——偉人和偉大時代的危險是異乎尋常的；種種耗竭、貧瘠尾隨著他們。偉人是一個終結；偉大時代，例如文藝復興時代，是一個終結。天才（創作天才和行動天才）必然是一個揮霍者，耗費自己便是他的偉大之處……自我保存的本能似乎束之高閣；洶湧力量的過強壓迫，禁止他有任何這種照料和審慎。人們把這叫做「犧牲精神」；人們讚美他的「英雄主義」，他對自身利益的漠不關心，他對一個理想、一個事業、一個祖國的獻身：全是誤解……他奔騰，他氾濫，他消耗自己，他不愛惜自己——命定地，充滿厄運地，不由自主地，就像江河決堤是不由自主的一樣。但是，由於人們在這種易爆物身上受惠甚多，所以他們也多多回贈，例如贈與一種高尚的道德……這誠然是人類感恩的方式：他們誤解他們的恩人。

——《偶像的黃昏》〈一個不合時宜者的漫遊〉44

# 七十五、罪犯及其近親

罪犯類型是處於不利條件下的強者的類型，是一種病態的強者。他缺少荒原，缺少某種更自由、更危險的自然和生存方式，在其中，凡屬強者本能中進攻和防衛的素質均可合法存在。他的德行被社會拒之門外；他最活躍的衝動只要在他身上出現，就立刻與壓抑的情緒、猜疑、恐懼、恥辱交織在一起。但這幾乎是促成生理退化的藥方。誰必須祕密地做他最擅長、最愛做的事情，懷著長久的緊張、謹慎和詭譎心情，他就會貧血，而由於他從他的本能那裡總是只得到危險、迫害和災禍，他的情感也轉而反對這些本能了——他宿命地感受它們了。這就是社會，我們的馴良、中庸、閹割過的社會，在其中，一個來自山嶽或來自海洋冒險、自然生長的人，必然墮落成罪犯；或者近乎必然。因為在有些場合，一個這樣的人證明自己比社會更強而有力，科西嘉人拿破崙便是最著名的例子。對於這裡所提出的問題，杜斯妥也夫斯基的證詞具有重要意義——順便說說，杜斯妥也夫斯基是我唯一從之學到一點東西的一位心理學家，他是我生命中最美好的幸遇之一，甚至要超過我之發現司湯達爾。這個深刻的人有十倍的權利蔑視膚淺的德國人，他長期長活在西伯利亞囚犯中間，發現這些已然斷了回歸社會之路、正直的重罪犯，與他所期待的十分不同——他們差不多是用俄羅斯土地上生長的最好、最堅硬、最有價值的木材雕成的。讓我們把罪犯的例子推而廣之，設想那一種天性，由於隨便哪種原因，他們得不到公眾贊同，他們知道他們不被視為有益有用，——懷著一種賤民的感覺，人們不是平等待之，而是把他們看作被放逐、無價值、起污染作用的東西。所有這些天性，在思想和舉動上，都有地下生活者的顏色；他們身上的每樣東西都比生活在日光下的人們蒼白，可是，幾乎一切我們今日所讚揚的生存方式，從前都曾經生活在半墳墓的氣氛中：科學家、藝術家、天才、自由思想家、演員、商人、大發明家……只要教士被看作最高的類型，每種有價值的人就會遭到貶值……我預言，這一時代正在到來，屆時教士被看作最低的類型，看作我們的賤民，看作人的最不真實、最不體面的類別……我注意到，即使是現在，對於風俗的管理，是地球上、至少是歐洲有史以來最溫和的；在這種條件下，每種怪僻，每種長久的、太長久的隱私，每種不慣常、不透明的生存方式，都使人接近罪犯所完成的那種類型。所有的精神革新者都會有一個時期，在他們額上烙印著賤民的蒼白宿命標記，並非因為他們被如此看待，而是因為他們自己感到有一條可怕的鴻溝，把他們與一切傳統分離開來，置於恆久的光榮中。幾乎每個天才都知道，「喀提林拿[1]式的生存」，對於已經存在、不再生成的一切的仇恨感、復仇感、暴亂感，也是他的發展階段之一……喀提林拿是每個凱撒的前生存方式。

——《偶像的黃昏》〈一個不合時宜者的漫遊〉45

①喀提林拿（Catilina），古羅馬貴族，其暴亂陰謀被西塞羅發現和挫敗。

# 七十六、論歌德

## 1

歌德——不是一個德國事件，而是一個歐洲事件：一個藉由復歸自然、藉由上升到文藝復興的質樸來克服十八世紀的巨大嘗試，該世紀的一種自我克服。——他本身有著該世紀最強烈的本能：多愁善感、崇拜自然、反歷史、理想主義、非實在和革命（革命僅是非實在的一種形式）。他求助於歷史、自然科學、古代以及斯賓諾莎，尤其是求助於實踐活動；他用完全封閉的地平線圍住自己；他執著人生，入世甚深；他什麼也不放棄，盡可能地容納、吸收、占有。他要的是整體；他反對理性、感性、情感、意志的互相隔絕（與歌德意見恰恰相反的康德，用一種最令人望而生畏的煩瑣哲學鼓吹這種隔絕）；他訓練自己完整地發展，他自我創造……歌德是崇尚非實在的時代裡，一個堅定不移的實在論者：他肯定在這方面與他性質相近的一切，——他沒有比那所謂拿破崙的實在論更偉大的經歷了。歌德塑造了一種強健、具有高度文化修養、體態靈巧、有自制力、崇敬自己的人，這種人敢於把大自然的全部領域和財富施予自己，他強健得足以承受這樣的自由；一種不是出於軟弱、而是出於堅強而忍受的人，因為在平凡天性要毀滅的場合，他仍懂得去獲取他的利益；一種無所禁忌的人，除了軟弱，不管它被叫做罪惡還是德行……這樣一個解放了的精神，帶著快樂而信賴的宿命論置身於萬物之中，置身於一種信仰：唯有個體被拋棄，在全之中萬物得到拯救和肯定——他不再否定……然而，一個這樣的信仰，是一切可能信仰中最高的：我用酒神的名字來命名它。

## 2

可以說，在某種意義上，十九世紀也是追求歌德作為個人所追求過的一切東西：理解和肯定一切，接納每樣東西，大膽的實在論，崇敬一切事實。何以整體的結果卻不是歌德，而是混亂、虛無主義的悲歎、不知何來何往、一種在實踐中不斷驅迫人回溯十八世紀的疲憊本能？（例如情感浪漫主義，博愛和多愁善感，品味上的女性主義，政治上的社會主義。）莫非十九世紀，特別是它的末葉，僅是一個強化的、野蠻化的十八世紀，即一個頹廢世紀？那麼莫非歌德不但對於德國，而且對於歐洲，僅是一個意外事件，一個美好的徒勞之舉？——然而，如果從公共利益的角度來看偉人，就曲解了他們。一個人懂得不向偉人要求利益，也許這本身就屬於偉大……

## 3

歌德是使我肅然起敬的最後一個德國人，他大約感受到了我所感受到的三件事——我們對於「十字架」的意見也一致……常常有人問我，究竟為何要用德文寫作，因為我在任何地方都不像在我的祖國這樣，被人閱讀得如此糟糕。可是終究有誰知道，我是否還希望在今日被人閱讀？——創造時間無奈其何的事物，為了小小的不朽而致力於形式和質料——我還從未謙虛得向自己要求更少。格言和警句是「永恆」之形式，我在這方面是德國首屈一指的大師；我的虛榮心是：用十句話說出別人用一本書說出的東西，——說出別人用一本書沒有說出的東西……我已經給予人類它所具有的最深刻的書，也就是我的《查拉圖斯特拉如是說》；不久後，我還要給它最獨立不羈的書①。

——《偶像的黃昏》〈一個不合時宜者的漫遊〉49—51

①指《瞧！這個人》一書。

# 七十七、酒神精神

## 1

我是頭一個這樣做的人：為了理解古老的、仍然豐盈乃至滿溢的希臘本能，而認真對待那名為酒神的奇妙現象，它唯有從力量的過剩得到說明。如果有人如同當今在世、最深刻的希臘文化專家，巴塞爾的雅各·布克哈特那樣探究過希臘人，那麼，他就會立刻明白在這方面可以做點什麼。布克哈特在他的《希臘人的文化》中安排了專門的章節，論述上述現象。倘若想知道相反的情形，不妨看看德國語言學家們在接觸酒神現象時，那近乎可笑的本能之乏弱。尤其是著名的洛貝克（Lobeck），以一條書蠹的可笑的自信爬進這神祕境界，並且表明自己把令人厭惡的粗率無知當作科學，——洛貝克竭盡全部才智弄明白了，原來所有這些奇妙現象毫無意義。事實上，巫師不過要向這些狂歡的參加者傳達一些並非無價值的事情，例如，酒刺激欲望，人生活在果實的環境中，植物春華秋衰。至於說到狂歡的源泉，那祕儀、象徵、神話的如此可驚的財富，完全是透過口頭氾濫於古代世界的，那麼，洛貝克從中發現了在一定程度上變得更為機智的誘因。他說：「希臘人，他們別無他事可做，於是就歡笑，跳躍，他們到處休憩，或者如同人有時也會感興趣的那樣，他們坐下來流淚和號啕。另一些人隨後來到，試圖為這觸目的行為尋找一個隨便什麼理由；於是，無數的節日傳說和神話形成了，用來解釋這些風俗。另一方面，人們相信，現在一度發生在節日的詼諧舉動必定也屬於節日慶典，於是把它作為敬神活動中一個不可缺少的部分保存下來了。」——這是可鄙的空話，對這位洛貝克一刻也不能認真看待。當我們檢查溫克爾曼和歌德為自己所形成的「希臘的」這一概念，並且發現，它與生長出酒神藝術的那種要素（酒神祭）不相容，我們的感受就全然不同了。我其實不懷疑，歌德在原則上把這類東西從希臘心靈的可能性中排除出去了。結果，歌德不理解希臘人。因為只有在酒神祕儀中，在酒神狀態的心理中，希臘人本能的根本事實——他們的「生命意志」——才獲得了表達。希臘人用這種祕儀擔保什麼？永恆的生命，生命的永恆回歸；被允諾和貢獻在過去之中的未來；超越於死亡和變化之上、勝利的生命之肯定；真正的生命，即通過生殖、通過性的神祕而延續的總體生命。所以，對希臘人來說，性的象徵本身是可敬的象徵，是全部古代虔敬所包含的真正深刻意義。生殖、懷孕和生育行為中的每個細節，都喚起最崇高、最莊嚴的情感。在祕教中，痛苦被神聖地宣說：「產婦的陣痛」聖化了一般痛苦，——一切生成和生長，一切未來的擔保，都以痛苦為條件……以此而有永恆的創造喜悅，生命意志以此而永遠肯定自己，也必須永遠有「產婦的陣痛」……這一切都蘊含在戴奧尼索斯這個詞裡：我不知道還有比這希臘的酒神象徵更高的象徵意義。在其中可以宗教式地感覺到最深邃的生命本能，求生命之未來的本能，求生命之永恆的本能，——走向生命之中、生殖、作為神聖的路……唯有基督教，懷著根本反對生命的怨恨，把性視為某種不潔之物：它把汙穢潑在源頭上，潑在我們生命的前提上……

## 2

酒神祭之作為一種滿溢的生命感和力感，在其中連痛苦也起著興奮劑的作用，它的心理學給了我理解悲劇情感的鑰匙，這種情感既被亞里斯多德誤解了，更被我們的悲觀主義者誤解了。悲劇遠不能替叔本華意義上的所謂希臘悲觀主義證明什麼，相反是對它的決定性的否定和抗議。肯定生命，哪怕是在它最異樣最艱難的問題上；生命意志在其最高類型的犧牲中，為自身的不可窮竭而歡欣鼓舞——我稱這為酒神精神，我把這看作通往悲劇詩人心理的橋樑。不是為了擺脫恐懼和憐憫，不是為了透過猛烈的宣洩，從一種危險的激情中淨化自己（亞里斯多德如此誤解），而是為了超越恐懼和憐憫，為了成為生成之永恆喜悅本身——這種喜悅在自身中也包含著毀滅之喜悅……我藉此又回到了我一開始出發的地方——《悲劇的誕生》是我的第一個一切價值的重估：我藉此又回到了我的願望和我的能力由之生長的土地上——我，哲學家戴奧尼索斯的最後一個弟子，——我，永恆回歸的教師……

——《偶像的黃昏》〈我感謝古人什麼〉4、5

## 七十八、誰是我的合格讀者

這本書屬於最少數人。也許他們都尚未出生。那可能是一些理解我的查拉圖斯特拉的人：我怎麼允許把自己混同於今天已經有了聽眾的人們呢？——後天才屬於我。有的人將在死後誕生。

對於那些能讓人們理解我、並且必定會理解我的條件，我實在太清楚了。即使只是要受得了我的嚴肅、我的激情，他們在精神事物上也必須正直到冷酷的程度，他們必須練習在高山上生活——俯視關於政治和利己主義的、可鄙的流行廢話。他們必須漠然處之，他們必須完全不問真理是否有用、是否會給一個人帶來厄運……因為剛強而偏愛今日無人敢問的問題；勇於闖禁區；命中註定要入迷宮。來自七重孤獨的體驗。傾聽新音樂的新耳朵。眺望最遠方的新眼睛。領悟迄今一直緘默的真理的新良知。以及追求偉大風格之經濟學的意志：一同保持它的力量，它的奮發……對自己的敬畏；對自己的愛；對自己的絕對自由……

好吧！這才是我的讀者，我的合格讀者，我的命定讀者：其餘人算得了什麼？——其餘人只是人類而已。——一個人必須超越人類，憑藉力量，憑藉靈魂的高度，——憑藉蔑視……

——《反基督徒》前言

# 七十九、人的類型和價值

## 1

——讓我們正視自己。我們是北極人，——我們足夠明白，我們是如何遺世而生活著。「無論從陸路還是水路，你都找不到通往極地人的路。」我們的品達（Pindar）已經知道這一點。在北方、冰雪、死亡的彼岸——我們的生活，我們的幸福……我們發現了幸福，我們認識道路，我們找到了走出千載迷宮的出口。否則誰能找到它？——莫非是現代人？「我進退無措；我是進退無措的一切。」現代人歎道……我們病於這種現代特性，——病於懶惰的和平、怯懦的妥協、現代人表態時整個道德上的不潔。這種寬容和心的鬆懈，因為「理解」了一切而「原諒」一切，乃是我們的熱風。寧願生活在冰雪中，也勝似生活在現代德行和別的南風之下！……我們曾經足夠勇敢，我們既不顧惜自己，也不顧惜別人，可是我們久久不知道帶著我們的勇敢去向何方。我們變得陰鬱了，人們稱我們為宿命論者。我們的宿命——曾是力量的飽滿、緊張和積聚。我們渴望閃電和行動，我們無限遠離懦弱者的幸福，遠離「聽天由命」……暴風雨聚集在我們的空氣中，我們是一種大自然，它黑沉沉了——因為我們無路可走。我們的幸福公式：一個是，一個不，一條直線，一個目標……

## 2

什麼東西善?——在人身上提高權力感、權力意志以及權力本身的一切。

什麼東西劣?——由弱產生的一切。

什麼是幸福?——權力增長和對抗被克服的感覺。

不是滿足,而是權力;一般來說不是和平,而是戰爭;不是德行,而是才能(文藝復興風格的德行,力量,不偽善的德行)。

弱者和失敗者應該毀滅:我們的人類之愛的第一原理。而且人們還應該幫助他們毀滅。

什麼東西比任何一種罪惡更有害?——實際上同情一切失敗者和弱者——基督教……

## 3

我在這裡提出的問題(人是一個終結),不是什麼東西在生物序列中應該接替人類,而是應該培育、應該追求人的什麼類型,一種價值更高、更配生活、更有前途的類型。

這種價值更高的類型往往已經出現過,但只是作為一個幸運的個案,一個例外,從來不是作為被追求的。毋寧說,在最好的場合,它恰好是被懼怕的,迄今為止它幾乎是可怕的東西;——而且出於懼怕,相反的類型被追求、培育和造就成了:家畜,畜群,病獸之人,——基督徒……

## 4

人類並非按照人們今天所相信的方式，代表著一種朝向更好、更強或更高的東西的發展過程。「進步」純粹是一個現代觀念，也就是說，是一個錯誤觀念。就其價值而言，今天的歐洲人始終遠在文藝復興時期的歐洲人之下；向前發展絕對不帶有提高、上升、強化的任何必然性。

在另一種意義上，在世界上的不同地方、不同文化，不斷出現成功的個案，它事實上表明了一種更高的類型；就其和整個人類的關係而言，這是一種超人。這樣的成功個案過去是可能的，將來也許永遠是可能的。而且，甚至整個世代、種族、民族，有時候都能夠是這樣的中獎者。

## 5

我們不該美化和粉飾基督教：它發動了一場反對這種更高類型之人的殊死戰爭，它詛咒這種類型的一切基本本能，它從這些本能中提煉出惡和惡人，——強者被當做典型的卑劣之人，「遭唾棄之人」。基督教結成了一切弱者、卑下者、失敗者的黨派，它以反對強健生命的自保本能為理想；它甚至敗壞了精神上最強健的天性的理性，其方法是教人感到最高的精神性價值是有罪的、引人誤入歧途的，是一種誘惑。一個最悲慘的例子——帕斯卡受到了敗壞，他相信他的理性是被原罪敗壞的，但實際上只是被基督教敗壞的。

## 6

這是一幕在我眼前上演的、痛苦而可怕的戲劇：我揭開了罩在人之墮落上的帷幕。這個詞出自我的口，至少防止了這一種懷疑：它含有對人的道德譴責。它的含義——我想再強調一下——絕非假道學的，而且到了這種地步，正是在人們迄今為止最自覺地追求「德行」、「神性」的地方，我最強烈地感覺到了上述墮落。你們也許已經猜出，我是在頹廢的含義上理解墮落的。我的看法是，人類今天用以概括其最高欲求的一切價值，都是頹廢的價值。

一個動物，一個物種，一個個體，如果它喪失了它的本能，如果它選擇和偏愛對它有害的東西，我就說它墮落了。一部「高尚情操」、「人類理想」的歷史——有一天我可能不得不來敘述它——差不多也是對於人為何會如此墮落的一個說明。

在我看來，生命本身是力的生長、保持和積聚的本能，是權力的本能：哪裡缺乏權力意志，那裡就會出現衰退。我的看法是，人類的一切最高價值都缺乏這種意志，——衰退的價值，虛無主義的價值，頂著最神聖的名義實行著統治。

——《反基督徒》1—6

# 八十、佛教和基督教的比較

## 1

雖然我譴責基督教，但我不想不公正地對待另一種血緣相近的宗教，它甚至擁有更多信徒，即佛教。兩者同屬於虛無主義宗教，都是頹廢的宗教，兩者之間卻有著值得注意的區別。我們現在可以對它們進行比較，基督教的批評者為此要深深感謝印度的學者們。——與基督教相比，佛教的實在論性質更勝百倍，——它身體裡有客觀冷靜地提出問題的傳統，它朝一個持續了幾百年之久的哲學運動發展，那時候「神」的概念已經被取消。佛教是歷史昭示給我們的、唯一真正的實證論宗教，包括在它的認識論（一種嚴格的現象主義）中，它不再談論「與罪惡抗爭」，而是給現實以充分權利，談論「與苦難抗爭」。它已經超越了道德概念的自欺（這一點使它與基督教判然有別），——用我的話來說，它站在善惡的彼岸。——它立足於並且關注兩個生理事實：首先，過度敏銳的感受性，其結果是極容易痛苦；其次是過分的精神性、太長久耽於概念和邏輯程式，在這種生活中，個人的本能為了「非個人」東西的利益而受到了損害。（對於這兩種狀態，至少我的讀者中有一部分人和我一樣，會從經驗中知道其「客觀的」表現。）在這些生理條件的基礎上產生了一種抑鬱心境：佛陀便採取措施來防治這種心境。他的防治手段是戶外生活、漫遊生活、節制和慎選食物，慎戒一切含酒精的飲料，同時也慎戒一切使人發怒從而令血液沸騰的激情；心無思慮，不論是為己還是為人。他提倡使人平靜或愉快的觀念——他發明了一種方法，可以使自己離群索居。他認為，仁慈和行善是養生之道。和苦行一樣，祈禱也是被排斥的；完全不存在絕對命令，不存在強迫，甚至在寺院內部也不存在（人們可以退出）。所有這些做法，都會強化那種過度的敏感性。正因為此，他也反對討伐異己；他的學說最提防復仇、厭惡、怨恨之類的情感。（「以怨報怨，怨怨不已」：整個佛教那感人的疊句……）而這是對的：這些激情從營養學的基本觀點看都是極不健康的。他發現一種精神上的厭倦，它表現為過度的「客觀性」（這意味著個體興趣乏弱，失去平衡，喪失「利己主義」），於是採取將精神上的興趣嚴格回歸到個人的辦法，來與之抗爭。在佛陀的學說中，利己主義是一種責任：「苦海無邊回頭是岸」調節和制約著全部精神食譜。（人們或許會想起那個也向純粹的「科學性」宣戰的雅典人，想起蘇格拉底，他也在問題的領域中把個人的利己主義提升為道德。）

## 2

佛教的前提是一種極其適宜的氣候，一種非常溫厚自由的風俗，不尚武；那是一些有教養的高貴階層，他們是這個運動的發源地。這些人把愉快、寧靜、無欲作為最高目標來想望，而且達到了這個目標。佛教不是那種要人們只是努力追求完美的宗教：完美乃是常態。

在基督教中，被征服者和被壓迫者的本能取得了支配地位：那是一些最低卑的階層，他們在其中尋求自己的救贖。在這裡，判罪、自責、拷問良心被當作正經事來做，成為驅逐無聊的手段；在這裡，透過祈禱，人們常保對一個名叫「上帝」的強者的熱情；在這裡，最高的東西被看作是不可企及的，是賜禮，是「恩惠」。這裡還缺少光明磊落；密室和暗屋是基督教風格的。在這裡，肉體遭到蔑視，養生被視為感性的東西受到排斥；教會甚至反對清潔衛生（在驅逐摩爾人之後，基督教的第一項法令就是關閉公共浴室，光是哥多華①就關閉了兩百七十所）。對己對人的某種殘酷意識、仇恨異端、迫害的願望，這些都是基督教風格的。陰鬱而亢奮的想像占據著支配地位；最盼望、被冠以最高名稱的狀態是癲癇；食物的提供但求能夠促進病態現象，使神經過度興奮。與大地的主人、與「高貴者」勢不兩立，暗中又偷偷與之競爭（留下他們的「肉體」，只要他們的「靈魂」……），這是基督教風格的。仇恨精神，仇恨精神的驕傲、勇敢、自由、*libertinage*（自由），這是基督教風格的；仇恨感官，仇恨感官的快樂，仇恨一切快樂，這是基督教風格的……

## 3

這個基督教，當它離開它的本土——也就是那些最低卑的階層、古代世界的地獄，當它出發到蠻族中去尋求權力的時候，它的前提便不再是疲憊的人們，而是內心未開化和經歷著分裂

①哥多華（Cordova），西班牙城市。

的人們，——是強悍卻失敗了的人們。在他們那裡，對自己的不滿、因自己而受苦，並非如同在佛教徒身上那樣，是一種過度的敏感性和易痛性，反而是一種極強烈的要求，想要製造痛苦，在敵對的行為和觀念中鬆弛內心的緊張。為了統治野蠻人，基督教需要野蠻的概念和價值：諸如長子獻祭、晚餐時飲血、蔑視精神和文化；形形色色的折磨，感官的和非感官的；盛大的崇拜排場。佛教是晚期人類的宗教，屬於善良、溫和、過於精神化、極易感受痛苦的種族（歐洲對於它還太不成熟）：它引導這些種族回歸和平和愉悅，回歸精神上的節制和肉體上的某種磨練。基督教想要統治猛獸；其手段是使它們生病，——衰弱是基督教求馴服、求「文明」的藥方。佛教是文明終結和疲憊時的宗教，基督教還未嘗發現文明，——也許它創立了文明。

## 4

再說一遍，佛教是百倍地冷靜、誠實、客觀的。它用不著再借原罪這種解釋來合理化它的受苦、它的易痛性，——它只是說出它所想的：「我在受苦。」與此相反，在蠻人那裡，受苦本身毫無合理之處：他需要一種解釋，然後才能承認他受苦了（他的本能指示他寧可否認苦難，而不是平靜地承受苦難）。在這裡，「魔鬼」這個詞是一個安慰：人們有了一個過於強大和可怕的敵人，——人們不必慚愧因這樣一個敵人而受苦了……

——《反基督徒》20—23

# 八十一、信仰心理學

## 1

基督教的上帝概念——作為病人之神的上帝，作為蜘蛛的上帝，作為精神的上帝——乃是世界上所達到最墮落的神的概念；它也許是神的類型衰退過程中的最低點。神蛻化為生命的對立面，不復是對生命的神化和永恆肯定了！在上帝中表達了對生命、自然、生命意志的敵視！上帝是對於「此岸」的一切誹謗、關於「彼岸」的一切謊言的公式！在上帝中虛無被神化，求虛無的意志被宣告為神聖！……

## 2

人們是否真正理解了《聖經》開頭的著名故事，——關於上帝對科學的致命恐懼的故事？……人們並未理解它。這本出色的教士之書，理所當然地以教士內心巨大的困難開頭：他只有一個巨大危險，因此「上帝」只有一個巨大危險。

年老的上帝，全然就是「精神」，全然就是高級教士，全然就是完美，在他的花園裡悠然散步：然而他無聊了。諸神誠然徒勞地抵抗著無聊。他做什麼呢？他造人，——人是可以解悶的……可是看呀，人也無聊了。對於一切天堂固有的這種痛苦，上帝的同情是漫無止境的：他立刻又造了別的動物。上帝的第一個失誤：人發現動物不能解悶，——他統治牠們，他不想再當「動物」了。——於是上帝造了女人。如此一來結束了無聊，卻也結束了別的東西！女人是上帝的第二個失誤。——「女人按她的本質是蛇，夏娃」——每個教士都知道這一點；「世上每種災禍都來自女人」——每個教士也都知道這一點。「因此科學也來自她」……人經由女人才學會品嘗知識樹。——發生了什麼事？一種致命的恐懼攫住了年老的上帝。人本身變成了他的最大失誤，他給自己造了一個對手，科學有與神相似之效，——一旦人變得科學，教士和諸神都完蛋了！——道德：科學本來就是禁區，——唯有它是禁區。科學是頭等罪惡，眾惡之源，原罪。唯有這是道德。——「你當無知」：——其餘的皆由此推出。——上帝的致命恐懼並未妨礙他是聰明的。如何防備科學？長期以來，這曾是他的主要問題。答案：把人逐出天堂！幸福、懶惰導致思想，——一切思想都是壞思想……人不應該思想，——而「教士本身」發明了痛苦、死亡以及生育的生命危險，種種不幸、年老、辛苦，特別是疾病，——都是抗拒科學的真正手段！痛苦不容許人思想……然而儘管如此！真可怕——知識的著作堆積如山，鋪天蓋地，遮蔽神明，——怎麼辦！——年老的上帝發明了戰爭，他令民族分裂，使人類自相殘殺（教士們從來必須有戰爭……）。戰爭——與別的東西相比，對於科學是更大的搗亂者！——難以置信！知識，從教士那裡的解放，居然不顧戰爭而依然增長。——於是年老的上帝做了最後一個決定：「人已變得科學，——不可救藥，他必被淹沒！」……

## 3

請不要被人誤導：偉大的心靈是懷疑論者。查拉圖斯特拉是一個懷疑論者。心靈藉懷疑來證明自己的強大，以及源於力和力之過剩的自由。當涉及價值之有無的一切重大問題時，確信之徒完全不值得一顧。確信是監獄。它使人看不見足夠的遠處，它使人看不見自己的下方：可是一個人若要有資格談論價值之有無，就必須看得見五百種確信在自己之下，——在自己的背後……一個心靈倘若欲求偉大，並且想有達於偉大的手段，便必定是懷疑論者。強者的特點是保持對於一切確信的自由，能夠自由地看……巨大的激情抓住他的全部理智為己服務，這激情是他的存在的理由和權力，比他自己之所是更加開明也更加專制；它使他毫無顧忌；它使他有勇氣甚至採用不聖潔的手段；它樂意看到他在必要時擁有確信。確信是手段：有許多東西唯有靠一種確信才能得到。巨大的激情需要並且消耗確信，但絕非聽命於確信，——它知道自己在行使主權。——反之：對信仰的需要，對隨便哪種絕對肯定和絕對否定的需要，但願人們原諒我稱之為卡萊爾主義，乃是一種弱者的需要。任何種類的信仰之徒、「信徒」都必定是附庸，——他們是這樣的人：他不把自己看做目的，他根本不能從自己出發設立目的。一個「信徒」不屬於自己，他只能是手段，他必須被消耗，他必須有某個消耗他的人。他的本能向無我的道德致以最高敬意：他的聰明，他的經驗，他的虛榮，一切都勸他向之皈依。每種信仰本身都已是無我、自我異化的表現……不妨想一想，對大多數人而言，不能缺少外在約束和固定自己的規則，而強制、較高意義上的奴隸制則是唯一的、最終的條件，在這個條件下，意志薄弱的人，尤其是女人，才得以順利生長：對確信、「信仰」也當作如是觀。確信之徒以確信為其支柱。對許多事物視而不見，無處不抱偏見，徹底結黨結派，對於一切價值都用一種固定不變的眼光去看——唯有以此為前提，這樣一種人才可能存在。但是，他們因此成了真誠之人的對立面和敵人，——真理的對立面和敵人……一般來說，憑良心對待「真」與「偽」的問題，這可由不得信徒：在這一點上，誠實將立刻會是他的毀滅。他的眼光之病態前提把確信者變成了狂信者——薩佛納羅拉（Savonarola）、路德、盧梭、羅伯斯比、聖西門——強健的、變得自由的心靈之相反的類型。然而，這些病態心靈、這些概念癲癇患者的偉大姿態對大眾很有效果，——狂信者是富有詩情畫意的，人類愛看表情勝於愛聽理由……

## 4

再深入一步談確信、「信仰」心理學。我早就已經在琢磨，比起謊言來，確信是否不是真理更危險的敵人（《人性的，太人性的》）。現在我要提出這個決定性的問題：在謊言與確信之間究竟存在著對立嗎？——全世界都相信是的；但全世界什麼不相信呀！——每一種確信都有它的歷史，它的雛形，它的試驗和失誤：它長久不是確信，更長久勉強是確信，爾後它才變成確信。怎麼？在確信的這些胚胎形態下面，該不會也藏著謊言？——有時候只需要改變一下身分就可以了：在父親身上還是謊言的東西，在兒子身上就成了確信。——我所稱做謊言的是指，不想看到人們所看到的某種東西，不想像人們所看見的那樣來看某種東西：至於說謊時有沒有證人在場，則不在考慮之列。最常見的說謊是對自己說謊；相比之下，對別人說謊僅是例外。——如今，對於所有不論在何種意義上結黨成派的人來說，不想看到人們所看到的某種東西、不想像人們所看見的那樣來看某種東西，這已是第一前提：黨派中人必須是說謊者。例如，德國歷史編寫確信，羅馬是專制政體，日爾曼給世界帶來了自由精神：這一確信與謊言有何區別？倘若一切黨派，包括德國歷史學家，都出自本能地把道德的大詞眼掛在嘴上，倘若道德幾乎是靠著各類黨派分子對它須臾不可或缺而得以長存，我們對此還會感到奇怪嗎？——「這是我們的信仰：我們在全世界面前承認它，我們為它而生，為它而死，——敬畏一切有信仰之物！」——我甚至從反猶太主義者口中聽到諸如此類的話。相反，我的先生們！若是一個反猶太主義者基於原則而說謊，他並不因此而成了誠實的……教士在這種事情上更為精細，善解異議，那異議是立足於一種確信的概念，亦即一種原則性（因為服務於一定目的）謊言的概念，他們繼承了猶太人的聰明，在這裡插入了「上帝」、「上帝的意志」、「上帝的啟示」等概念。連康德也是借了他的定言令式走在這條路上：他的理性在這裡變成了實踐的。——有一些問題，人是不能對其真假做決定的；一切最高的問題，一切最高的價值問題，皆處在人類理性的彼岸……把握理性的界限——這才真正是哲學……上帝為何要給人類以啟示？上帝何嘗做過多餘的事情？人類甚至不能靠自己知善惡，所以上帝要以其意志教導人類……道德：教士絕不說謊，——在教士談論的這些事情上，關於「真假」的問題完全不容許說謊。因為若要說謊，人必須能夠決定在這裡何為真。可是，人恰恰不能；因此，教士僅是上帝的傳聲筒。——這樣一種教士式推理絕不光是猶太人的和基督教的，說謊的權利和「啟示」的聰明屬於整個教士類型，在這方面，頹廢的教士毫不亞於異教的教士（一切肯定生命、把「上帝」當做一個高度肯定萬物之詞的人皆是異教徒）。——「法則」，「上帝的意志」，「聖書」，「啟示」——所有這些詞僅表示一些條件，教士在這些條件之下得以獲取權力，借助這些條件得以維護他的權力，——這些概念立足於一切教士組織、一切教士或哲學教士的統治結構的基礎之上。「神聖的謊言」——為孔子、摩奴法典、穆罕默德、基督教教會所共有：它在柏拉圖那裡也不缺少。「真理在此」：這意味著何處響起此言，便有教士在說謊……

——《反基督徒》18、48、54、55

# 八十二、千萬不要把我錯認了

## 1

想到不久以後，我將向人類提出它所面臨過最重大的要求，談一談我是誰看來是我義不容辭的了。其實，世人應該知道我是誰，因為我沒有使自己「未被證明」。但是，世人對我充耳不聞，視而不見，僅此便已表明，我的使命之偉大與同代人之渺小是不相稱的。我靠我自己的信用活著，我活著也許只是一個偏見？……我只要和來到上恩加丁（Ober-Engadin）度夏的任何一個「有教養人士」交談，便可向自己證實我沒有活著……鑒於這種情況，我便有了一個完全違反我的習慣、更有悖我的驕傲本性的責任，即如此宣布：**聽哪！我是某某人。千萬不要把我錯認了！**

## 2

譬如說，我絕不是一個妖怪，一個道德怪物——我的天性甚至與一向被尊敬為有道德者的那種人相反。私下說說，在我看來，這正是我的驕傲。我是哲學家酒神的一個弟子，我寧願做一個放蕩鬼，也不願做一個聖徒。但是，請讀一讀這本書吧。也許我做到的只是以一種快活友善的方式表達了我的相反天性，除此以外，這本書也許別無意義。如果我有所許諾，唯一想要許諾的事便是「改善」人類。我沒有建立任何新偶像；我還使舊偶像明白了用泥足站立是怎麼回事。推翻偶像（我給「理想」命的名）毋寧說是我的本行。當人們虛構一個理想世界時，他也就相應地剝奪了現實的價值、意義和真實性……「真正的世界」和「假象的世界」——直截了當地說：虛構的世界和現實……迄今為止，理想的謊言始終是對現實的詛咒，因為它，人類自身已經從骨子裡變得虛偽矯飾，乃至於崇拜顛倒了的價值，彷彿只有它們才能確保人類的繁榮、未來以及對於未來的高尚權利似的。

## 3

誰懂得呼吸我的著作的空氣，他就會知道這是一種高原的空氣，一種強勁的空氣。一個人必須是為這樣的空氣而造就的，否則就難保不感冒。冰天雪地，煢煢孑立——然而萬物多麼肅靜地臥躺在光明中！呼吸多麼自由！內心有多少感受！——如同我一向所理解和體會的，哲學乃是自願生活在冰雪中和高山上，探究生存中一切陌生和可疑的事物、一切歷來被道德所禁止的事物。憑藉我在禁區中如此漫遊所獲得的長期經驗，我學會了用一種全新的眼光去考察迄今為止道德化和理想主義化的根源，哲學家們的祕史、他們赫赫名聲的心理學在我面前真相大白了。——一個心靈能承受多少真理，敢於冒多少真理的危險？這愈來愈成了我的根本價值尺度。錯誤（對理想的信仰）並非盲目，錯誤是怯懦……認識上的每個成就、每個進步都來自勇敢，來自堅強克己，來自潔身自好……我並不反對理想，我只是在它們面前戴上手套罷了……被禁的光榮：我的哲學將在這個標記下一舉勝利，因為歷來被禁的基本上都是真理。

## 4

在我的著作中，我的《查拉圖斯特拉如是說》獨具一格。我以之向人類作了空前偉大的贈禮。這本書帶著響徹千古的聲音，不僅是世上一切書中最高的書，真正高原空氣的書，把人類萬象留在了它下面遼遠的下界，而且是最深的書，它產生自真理最內在的寶藏，是一口永不枯竭的井，無論哪個桶子放下去，沒有不吊起滿載的黃金和善意的。在這裡說話的不是「先知」，不是兼有疾病和權力意志的那種可怕的陰陽人，所謂的宗教創始人；人們首先必須正確地聆聽這張嘴發出的聲音，這寧靜的聲音，切勿把悲憫之情竄入它那智慧的意蘊中。

「最平靜的話語捲起風暴，以鴿足駕臨的思想支配世界。」

「無花果從樹上熟落，它們美好而又甜蜜；而當它們熟落時，它們的紅皮裂開了。我是使無花果熟落的一陣北風。

「那麼，如同無花果，這些教言向你們熟落，我的朋友：現在請品嘗它們的汁和它們甜蜜的果肉！舉目秋色，天空潔淨，正是午後。」

在這裡說話的不是狂信者，這裡沒有「說教」，這裡不要求信仰。從一種無限充溢的光輝和深邃的幸福中，一滴滴、一字字地落下——悠然舒緩是這些話語的速度。這樣的話語只能被最精選的人聽到；在這裡成為聽者乃是無上的特權；沒有人可以隨心所欲地擁有聽查拉圖斯特拉的耳朵……那麼，查拉圖斯特拉豈不是一個誘惑者嗎？……可是，當他第一次重返他的孤獨時，他究竟說了什麼？正與任何一個「智者」、「聖徒」、「救世主」或其他頹廢者在這種情形中會說的相反……他不僅說不同的話，而且他是不同的人……

「現在我獨行了，我的弟子們！現在你們也離去並且獨行！這是我所願的。

「離我前行並且防備查拉圖斯特拉！最好還以他為恥！他也許欺騙了你們。

「認識者不但要能夠愛他的敵人，而且要能夠恨他的朋友。

「一個人始終只做學生，他便辜負了老師。你們為何不想扯去我的花冠？

「你們崇敬我，可是，當有一天你們的崇敬倒塌時會怎樣呢？小心不要讓一根象柱砸死了你們！

「你們說你們信仰查拉圖斯特拉？可是，查拉圖斯特拉算什麼！你們是我的信徒，可是，一切信徒算什麼！

「當你們找到我時，你們尚未找到你們自己。一切信徒都這樣做；所以，一切信徒都如此可憐。

「現在我吩咐你們丟棄我並尋找你們自己；只有當你們都否認了我時，我才願回到你們這裡來……」

在這萬物成熟、不只是葡萄變紫的完滿日子裡，恰有一束陽光照亮我的生涯。我回首往事，瞻望前程，從未一覽無餘地看到這麼多、這麼美的事物。今天，我並非徒勞地埋葬了我的第四十四歲年華，我有權埋葬它了——它內在的生命已經獲救，成為不朽。《一切價值的重估》，《酒神頌》，以及為了復元而寫的《偶像的黃昏》……這些都是今年的禮物，甚至是今年最後三個月的禮物！我豈不應該感謝我的整個人生？而我就這樣來向自己敘述我的生涯。

——《瞧！這個人》前言

# 八十三、我為何如此智慧

## 1

我的生存的幸福，也許還有我的生存的獨特，就在於它的厄運：用謎語的形式來表達，我如同我父親那樣已經死去，又如同我母親那樣依然活著並漸入老境。這雙重來源，彷彿來自生命階梯的最高階和最低階，兼為頹廢和開始——如果非要有一種解釋，那麼這一點便解釋了或許使我與眾不同的那個特徵，即在人生根本問題上的那種獨立不羈。我對上升和衰落的徵候有著比以往任何人都要靈敏的嗅覺，在這方面我是卓越的教師——我通曉這兩者，我就是這兩者。

我的父親三十六歲時去世，他敏感、仁愛、多病，如同一個註定要早逝的生靈，——與其說是生命本身，不如說是對於生命的一個親切回憶。在他的生命衰落的那個年齡，我的生命也衰落了：在我三十六歲時，我的生命力降到了最低點——我還活著，可是看不見我面前三步之遠。當時是一八七九年，我辭去了在巴塞爾的教授職，像一個影子似地在聖莫里茲度過了整個夏天，又如同影子一般在瑙姆堡度過了同年冬天，我生命中最陰鬱的日子。這是我的最低點，《漂泊者及其影子》就寫於這個時期。毫無疑問，當時我很熟悉影子……次年冬天，即我在熱那亞度過的第一個冬天，在一種幾乎是由血肉極端衰竭所造成的出神入化境界中，我寫出了《曙光》。在我看來，這本書所反映的全然明朗、快活乃至精力充沛，不僅和最嚴重的生理衰弱相協調，也和過度的疼痛感相協調。忍受著持續三天頭痛和辛苦不堪的嘔吐的折磨，我卻擁有一種卓越的辨證法家的清晰，相當冷靜地思考了種種事物，對於它們，我在比較健康的情形下是不夠精巧、不夠冷靜、無力攀登的。我的讀者也許知道，我在何種程度上把辨證法看作頹廢的徵兆，其最著名的例子是蘇格拉底的例子。

疾病對理智的種種干擾，乃至發燒造成的半昏迷狀態，直到這時仍是我完全陌生的事情，我必須查閱書籍才能瞭解其性質和週期。我的血液循環甚緩，沒有人能診斷出我發燒。一位醫生長期以來斷定我患有神經病，最後卻說：「不對！你的神經沒問題，是我自己神經過敏了。」根本查不出任何局部病變，也沒有器質性胃病，儘管由於總體衰竭的結果，我深受胃系統嚴重衰弱所苦。連有時險些造成失明的眼疾也只是結果，而非原因，所以隨著體力恢復，視力也會恢復。

對於我來說，悠悠歲月意味著復元；可惜它們同時也意味著舊病復發，衰退，一種頹廢的循環。既然如此，我還用得著說我對頹廢問題很有經驗了嗎？我已經把它讀得滾瓜爛熟了。甚至那種把握和理解的精妙技藝，那種觸摸細微差別的手指，那種「拐著彎看」的心理，以及我特有的其餘能力，都是在那時候學會，都是那個時期的特別禮物，當時我身上的一切，包括觀察本身和全部的觀察器官，都變得精微了。用病人的眼光看比較健康的概念和價值，反過來又從豐饒生命的充實和自信，俯視頹廢本能的隱祕作用——這是我的長期練習，我的切身經驗。如果一個人總得成為隨便哪個領域的專家，則我就是這方面的專家。現在，我手上有一樣東西，我的手是為之而生的，這就是改變透視。為何「價值重估」僅僅於我才真正成為可能，這或許就是第一個理由。

## 2

也就是說，雖然我是一個頹廢者，但我也是其反面。我的證據之一是，我總是本能地選擇對抗逆境的恰當手段，而本來的頹廢者卻總是選擇對己有害的手段。從總體看，我是健康的，從隱祕和特殊的方面看，我是頹廢者。那種使我絕對孤獨和擺脫日常關係的力量，那種不讓我繼續受照顧、服侍、治療的衝動——這些都表明了我對當時首先必須做什麼，具有絕對的、本能的確信。我掌握住了自己的命運，我恢復了自己的健康：其前提（每個生理學家都承認）是，這個人本質上是健康的。一個有典型病態素質的人不可能恢復健康，更不可能自行恢復健康；相反，在一個典型的健康者身上，甚至患病本身也可以是對生命和生命力增長的有力刺激。由我現在看來，久病的那個時期事實上正是這樣：我彷彿重新發現了生活，也發現了我自己；我玩味一切別人不會玩味的、美好的乃至細小的事物——我從我的求健康、求生存的意志創造了我的哲學……請注意這一點：正是在我的生命力最低落的年頭，我終止做一個悲觀主義者了；自我恢復的本能，禁止我有一種乏弱消沉的哲學……歸根到底，我們是如此辨認出一種出類拔萃的性質的：一個出類拔萃的人使我們的感官愉快，因為他是用質地堅硬、細膩而又芳香的木料雕琢而成的！他只品味對他有益的東西；只要超過有益的限度，他便不再喜歡，不再感興趣。他善於逢凶化吉，轉危為安；凡是不能殺死他的，便使他更強大。他本能地從他所見所聞所經歷的一切中收集他的寶藏，他是一個從事著選擇的原則，他淘汰許多東西。不論他接觸書本、人還是景物，他始終和他自己做伴。當他選擇、許可、信任之時，他懷著敬意。他從容對待各種刺激，這種從容是由長期的審慎和自覺的驕傲在他身上培育起來的，——他考驗臨近的刺激，絕不迎合它。他既不相信「不幸」，也不相信「罪惡」：他善於處己處人，他懂得忘卻，——他強大得足以使萬物不得不賜福與他。行了吧，我是一個頹廢者的對立面，因為我所描寫的正是我本人。

## 3

我有這樣一位父親，在我看來是一項偉大的特權。聽他布道的農民們說，他看上去簡直是一個天使。

由此我涉及到了種族問題。我是一個純種的波蘭貴族，身上不攙雜一滴壞血，絕無德國血。當我尋找我的最偉大對立面，即本能的無限卑劣時，我找到的始終是我的母親和妹妹，——如果有人相信我和這兩個下流胚血緣相通，那會是對我身上的神性的褻瀆。直到此刻為止，凡是我所經受的、來自我的母親和妹妹的行為，都在我身上引起了不可名狀的厭惡，支配她們的是一種十足的妖術，確鑿地把握了能夠在血緣方面傷害我的時刻——也就是在我最輝煌的時刻……那時候我對毒蟲毫無反擊能力……生理上的接觸會造成這樣一種極端的不協調……可是，我承認，對於「永恆回歸」這個我真正深不可測的思想，我的母親和妹妹始終是最堅決的反對者。

然而，即使作為波蘭人，我也是一個巨大的返祖現象。人們要倒退幾百年，才能看到我所描述的、這個就本能純粹而言，有史以來最高貴的種族。對於今日稱作上流社會的一切，我感到格格不入，——我可不會給那個年輕的德國皇帝做我的馬車夫的榮耀。只有一個例外，我在其中發現了我的同道——我懷著深深的感謝承認這一點。柯西瑪・華格納夫人在許多方面是最高貴的天性；我對此絕非無話可說的，倘若我說：理查・華格納在許多方面是和我血緣最近的男人……此外盡在不言中……關於親緣程度的一切主導概念，都是不可逾越的生理悖謬。今天，羅馬教皇仍帶著這樣的悖謬在經商。一個人和他的父母最少相似之處；和自己的父母相似也許是卑劣之最明顯的標記。比較高貴的天性有著無限遙遠的起源，必須經過極其漫長的收集、節省、積累才得以形成。偉大的個體是最古老的個體：我不理解，我的父親可能是尤利烏斯・凱撒——或者亞歷山大，這位肉身的酒神……此刻，當我寫這些話時，郵差給我送來了一顆酒神的頭顱……

## 4

我絲毫不懂惹人討厭的藝術，哪怕是在我似乎很值得這樣做的時候，我把這也歸功於我那無與倫比的父親。我甚至一次也不曾惹人討厭，儘管這種情形看起來好像總是多麼非基督教。人們不妨檢查我的一生，除開那一個例外，在其中找不到誰對我懷有惡意的跡象，——也許倒會找到太多的善意的跡象……甚至和那些人人不齒的人打交道，我的經驗也毫無例外地為他們說好話；我馴服每頭悍熊，我使丑角莊重。我在巴塞爾大學高年級教希臘文的七年中，不曾有任何機會懲罰學生；我上課時，最懶惰的學生也是勤奮的。我對偶然事件一直應付裕如；我必須猝不及防，才能發揮出我的水準。無論什麼樂器，無論它多麼不和諧，竟至於達到唯有「人」這種樂器才能達到的不和諧程度——倘若我不能使它發出悅耳的聲音，那我一定是病了。而我多麼經常地從這些「樂器」那裡聽說，它們還從未聽過自己如此奏鳴呢……也許最精彩的是那位英年早逝的海因里希．馮．施泰因，他在小心求得允許之後，曾到錫爾斯瑪利亞住了三天，誰都說他不是為恩加丁來的。這個傑出的人，曾經帶著一個普魯士容克[1]的全部狂暴的天真，陷在華格納的泥潭中（此外還陷在杜林的泥潭中！），而在這三天裡，他彷彿受到了一陣自由風暴的洗禮，宛如一個人突然被舉到他的高處，生出翅膀。我總是對他說，這是此地高原爽朗之氣的作用，人人都會如此，一個人不是白白站在高出拜羅伊特六千英尺的地方的，——可是他不肯相信我的話……儘管如此，如果我身受過一些或大或小的惡行，那原因也不是「意志」，尤其不是惡意；毋寧說我該抱怨（我在上面已暗示過）善意，那在我的生活中造成不小禍害的善意。我的經驗使我有權懷疑一切所謂「無私的」衝動，一切準備付諸言行的「鄰人愛」。在我看來，它實質上是軟弱，是無力抵抗誘惑

①容克，泛指普魯士的貴族地主。

的表現，——只有在頹廢者那裡，同情才被稱為一種美德。我譴責同情者，因為他們很容易失去羞恥、敬畏和對距離的敏感，因為同情轉瞬間就散發出庸眾的氣息，形同無禮的舉止，——因為同情之手有時簡直會毀滅性地插入一種偉大的命運，一種創傷背後的孤獨，一種對於重罪的特權。我把克服同情算作一種高貴的美德。作為「查拉圖斯特拉之誘惑」，我描寫過一個情境：當時，一聲淒厲的呼救傳入他的耳朵，同情如同最後的罪惡襲擊了他，想使他背棄自己。在這種情形下，仍然保持自制，保持其使命之高度的純粹，不受在所謂無私行為中起作用的種種卑賤短視動機的干擾，這是考驗，也許是一位查拉圖斯特拉所必須經受的最後的考驗——他的力量的真正證明……

## 5

在另一點上，我也酷似我的父親，彷彿是延續了他過早去世的生命。凡是未曾在與自己水準相當者中間生活過的人，均不知「復仇」為何物，就像不知「平等權利」之類為何物一樣。和他們一樣，當我遭受小小的或極大的愚蠢行為時，我禁止自己有任何反抗措施，任何防衛措施，——以及任何辯護，任何「表白」。我的復仇方式是儘量敏捷地以聰慧報答愚蠢，這樣或許還趕得上它。譬如說，為了打發一件酸事，我就送上一罐果醬……如果誰對我使壞，他該拿得準我會「報復」，我很快就會找到機會向「作惡者」表示我的感謝（有時甚至是為了其惡行）——或者向他要點什麼，這會比給點什麼更加禮貌……我還覺得，最粗魯的話、最粗魯的信也比沉默更文雅，更正派。沉默者的心靈幾乎總是不夠細膩和謙和；沉默是一種反抗，忍氣吞聲必定導致壞性情，——它甚至會傷胃。所有沉默者都消化不良。

人們可以看到，我無意低估粗魯，它是相當人道的反抗方式，值此日益柔弱化的現代，它是我們最重要的美德之一。

假如一個人足夠粗魯，那麼，即使行不義也是一種幸福。一位降臨塵世的神除了不義就別無可為了，——不是承擔懲罰，而是承擔罪惡，才稱得上有神性。

# 6

擺脫怨恨，消釋怨恨——有誰知道，我在這方面歸根到底，應該怎樣好好感謝我的久病啊！問題並不簡單，一個人必須從力量和軟弱兩方面親身體驗。如果總是要造出某種東西來對付疾病和虛弱，那麼，固有的痊癒本能，即人體的防衛本能和武器本能，就會由於它而變得衰弱。一個人不懂得避開任何東西，不懂得對付任何東西，不懂得拒斥任何東西，——什麼都傷害他。人和事樣樣迫近，經歷的一切都刻骨銘心，記憶是一個化膿的傷口。生病本身就是一種怨恨。

病人對此只有一個良方——我名之為俄國式宿命論，那種不抵抗的宿命論，一個不堪遠征之苦的俄國士兵便抱著此種態度躺倒在雪地裡了，不再接受、採納、攝入任何東西，——根本不再作出反應……這種宿命論的偉大理性並非總只是赴死的勇氣，作為在生命最危險關頭的保命手段，它是新陳代謝的降低和減緩，是一種想要冬眠的意願。照此邏輯再走幾步，我們便看到那種在墳墓裡睡上數星期的苦行僧了……如果一個人稍作反應就立即筋疲力盡，那麼，他就會完全不再作反應：這是規律。沒有比怨恨情緒更加消耗人的了。惱怒、病態地容易生氣、無能復仇又愛好和渴望復仇、各種意義上的下毒藥——對於衰竭者來說，這些顯然是最不利的反應方式，會導致神經力的急劇損耗，有害分泌的病態增強，例如膽汁流入胃裡。怨恨是病人的真正大忌，——是他的剋星，可惜也是他最自然的癖好。

那位深刻的生理學家佛陀深明此義。他的「宗教」，為了不混同於基督教一類的可憐東西，不如稱之為養生學，其效果即取決於對怨恨的克服：使靈魂擺脫怨恨——走向康復的第一步。「怨怨相報，了無終止；以德報怨，怨恨斯已。」這是佛陀教義的開篇——這不是道德的主張，而是生理學的主張。

由虛弱造成的怨恨，對虛弱者本身的危害比對任何別人都大，——換一種情況，若是一個天性豐盈的人，那麼怨恨是一種過剩的感情，能夠克制這種感情差不多就是豐盈的證明了。我的哲學與仇恨和怨毒作戰，乃至直搗「自由意志」學說，與基督教作戰僅是其中一個戰役。凡是瞭解我作戰時的嚴肅態度的人便會理解，我為何恰恰要在這裡公開我的個人立場，我在實踐中的可靠本能。在頹廢時，我禁止我有這類感情，因為它們有害；一旦生命面對它們重新變得足夠豐盈和驕傲，這時我禁止它們則是因為它們在我之下了。我提過的那種「俄國式宿命論」在我身上是如此表現的：對於幾乎不可忍受的環境、地方、居所、交往，一旦它們偶然地落在我身上，我就長年累月堅韌不拔地抓住它們，——這要比改變它們好些，比感覺到它們是可改變的好些，——比反抗它們好些……當我處在這種宿命論中時，如果有誰來打擾我，硬把我喚醒，我都認為惡劣透頂，——事實上，這樣做每一次都有致命的危險。

把自己看作一種命運，不想使自己成為「另一個樣子」——這就是在這種境況中的偉大的理性。

## 7

另一件事是戰爭。就我本性而言，我是好戰的。攻擊屬於我的本能。有能力做敵人，成為敵人——這也許是以天性強大為前提的，無論如何，它是一切強大天性的前提。這種天性需要反抗，所以它尋求反抗。侵略的激情必定屬於強者，恰如復仇感和怨恨感屬於弱者一樣。例如，女人是愛報復的，這是由她的軟弱決定的，就像她也因此對別人的苦難敏感一樣。

衡量攻擊者強度的尺度在於他所必需的對抗；其任何增長都顯示為尋找一個更有力的對手——或者是問題，因為一個好戰的哲學家也需要和問題決鬥。一個人的任務不是制服任何反抗，而是制服他必須傾注全部力量、機智和武藝的那些對象，制服旗鼓相當的對手……勢均力敵——這是正直決鬥的首要條件。一個人蔑視時不可能作戰；當一個人命令時，當他看到對象在自己之下時，他無仗可打。

我的戰爭實踐可以歸納為四個原則。第一，我只是攻擊獲勝的事物，——必要時我可以等待，直到它們獲勝。第二，我只在找不到盟友、勢單力孤的場合，在僅僅危及我自己的場合攻擊……我從未公然邁出過不會危及自己的一步：這是我的正當行為準則。第三，我絕不攻擊個人，——我只把個人用作一枚有力的放大鏡，藉以顯示一種普遍的、卻因悄悄發展而不易覺察的困境。我這樣攻擊了大衛・史特勞斯，確切地說，攻擊了德國「教育」中一部老朽之作的成就，——我當場抓獲了這種教育……我這樣攻擊了華格納，確切地說，攻擊了虛偽，我們「文化」的劣根性，這種文化把精緻與豐富、遲暮與偉大混為一談。第四，我只在一切個性差異均被排斥、一切不快經驗的背景均闕如的情形下攻擊。反之，在我看來，攻擊是友好的證明，有時還是感謝的證明。我把我的名字與某事某人相聯繫，不論支持還是反對——在我看來，這同樣都表示了我的尊敬和褒獎。如果我對基督教作戰，我有權這樣做，因為我從這方面未曾遭遇過不幸和阻礙，——最嚴格的基督徒們對我始終很和善。我本人，作為基督教的最嚴厲的反對者，不主張把千年厄運怪罪於個人。

## 8

我是否還可以透露，我的天性中使我頗難與人相處的最後一個特點？我有一種極其令人不安的、近乎潔癖的敏感，以至於可以從生理上感知、嗅出每顆靈魂的近處，或者——我該怎麼說呢？——每顆靈魂的至深處、「內臟」……憑著這種敏感，我擁有心理上的觸角，得以觸摸和把握一切祕密。有些人天性中隱藏得很深的汙穢，也許是由卑劣血統決定、卻被教育粉飾過的汙穢，我幾乎一接觸就知道了。如果我的觀察正確，那麼，這些忍受不了我潔淨的人，從他們那邊也感覺到了我出於厭惡的審慎，但他們不會因此變得好聞一些……一種極端的純潔是我的生存前提，在不潔條件下我會喪命。如我一直習慣的那樣，我彷彿不斷在水中，在某種完全透明晶瑩的元素中游泳、沐浴、嬉戲。所以，與人交往成了對我耐心的不小考驗。我的人性不在於像人那樣同情，而在於忍受住我對人的同情……我的人性是一種不斷的自我克服。

然而，我必須有孤獨，我是指康復、返回自我、呼吸自由自在輕鬆自如的空氣……我的整部《查拉圖斯特拉》是一曲歌唱孤獨的酒神頌歌，或者，如果人們理解了我的意志的話，是歌唱潔淨的……幸虧不是歌唱純粹的愚蠢。——誰有一雙善於欣賞色彩的眼睛，誰就會把它稱作鑽石。——對人、對「庸眾」的厭惡始終是我的最大危險……你們願意聽一聽查拉圖斯特拉談擺脫厭惡嗎？

> 我究竟怎麼啦？我怎樣擺脫厭惡？誰使我耳目一新？我怎樣飛抵高峰，那裡不再有庸眾坐在井旁？
>
> 正是我的厭惡，為我造就翅膀和預感泉源的能力嗎？真的，我必須飛臨絕頂，以便重覓快樂之泉！——
>
> 呵，我找到了它，我的兄弟們！在這絕頂之上，快樂之泉為我湧流！而且沒有庸眾與我

共飲生命！

你為我湧流得幾乎是過於猛烈了，快樂之泉！你一再把杯子傾空，好把它重新注滿。

而我還必須學會更謙虛地接近你，因為我的心向你奔跑得還過於猛烈：

——我的心，其上燃燒著我的夏天，那短促、炎熱、鬱悶、極樂的夏天：我的盛夏之心怎樣渴求著你的清涼呵！

我滯留的春愁過去了！我六月的惡雪過去了！我完全成了夏天和炎夏的正午，——

——極頂上有著清涼的源泉和醉人的寧靜夏天：呵，來吧，我的朋友們，這寧靜會變得更加醉人！

因為這是我們的高峰和我們的家鄉：對於不潔者及其焦渴，我們是住得太高、太陡峭了。

把你們純淨的目光投向我的快樂之泉吧，朋友們！它怎會因此變得渾濁呢？它會以它的潔淨笑迎你們。

我們在未來之樹上築我們的巢；鷹會用牠們的喙，為我們這些孤獨者送來食物！

真的，不許有不潔者得以共用的食物！他們會以為吞食了火，燒焦了他們的嘴。

真的，我們這裡沒有為不潔者準備的住所！我們的幸福，對於他們的肉體和精神來說，堪稱冰窖！

我們如同疾風一樣生活在他們之上，與鷹為鄰，與雪為鄰，與太陽為鄰，疾風如此生活。

有一天，我願像一陣風從他們中間吹過，用我的精神使他們的精神窒息：我的未來如此願望。

真的，對於一切低卑者，查拉圖斯特拉是一陣疾風；他如此告誡他的敵人和一切咳唾者：你們小心，不要迎風而唾！……

——《瞧！這個人》〈我為何如此智慧〉

# 八十四、我為何如此聰明

## 1

我為何對一些事懂得較多？我為何根本上如此聰明？我從未思考過不是問題的問題，——我不曾白費精力。

例如，在我的經驗中，不知有真正的宗教難題。我在何種程度上算是「有罪的」，這類問題我完全不放在心上。同樣，什麼是良心責備，我對此也沒有一個可靠標準。就這方面所聽到的而言，在我看來，良心責備絲毫不值得尊敬……我不願事後針砭一個行為，寧可在原則上把壞結果、後果排除在價值問題之外。在出現壞結果時，一個人極容易喪失對自己所作所為的正確眼光。在我看來，良心責備是一種「惡的眼光」。失敗的事情更應保持自尊，因為它失敗了——這更合乎我的道德。

「上帝」、「靈魂不死」、「拯救」、「彼岸」純屬概念，我不曾為之費神費時，甚至在童稚時代也不曾，——也許我在這方面從來就不夠幼稚？

我完全不知道作為結果的無神論，更不知道作為事件的無神論，在我身上，無神論出自本能，乃是不言而喻的。我過於好奇，過於懷疑，過於傲慢，不可能對一個粗魯的答案感到滿意。上帝就是一個粗魯的答案，一份端給我們思想者們的粗食，從根本上說，甚至只是對我們的一個粗魯的禁令：你們不應該思想！……有一個問題使我感到異乎尋常的興趣，「人類得救」與其說維繫於種種神學奇蹟，不如說維繫於這個問題：也就是營養的問題。為了方便起見，我們可以如此表述這個問題：「你應該如何加強營養，才能達到最大限度的力、文藝復興式潛能和非道德的美德？」

我在這方面的經驗糟得不能再糟了；我驚詫自己這麼遲才悟到這個問題，這麼遲才從自己的經驗中學到「理性」。只有我們德國教育這種完全沒有價值的東西（它的「理想主義」）才多少向我說明，為何我恰恰在這方面迂腐到了神聖的地步。這種教育從一開始就教人閉眼不看現實，而去追求大成問題的所謂「理想」目標，例如「古典教育」，彷彿「古典的」與「德國的」並非一開始就已註定合併為一個概念似的！再進一步，令人開心的是，請想像一下一個「受過古典教育的」萊比錫人吧！

事實上，我直到成年始終吃得很差，——用道德語言表述，即吃得「無個性」、「無私」、「利他」，僅僅造福於廚師和別的基督徒。例如，由於萊比錫的烹調，同時也由於我對叔本華的初步研究（一八六五年），我十分嚴肅地否定了我的「生命意志」。想要營養不良，敗壞胃口——我認為上述烹調順利地、令人驚奇地解決了這個問題。（據說，一八六六年在這方面有所改變。）可是，一般來說，德國烹調——對什麼壞事不負有責任呢！餐前湯（十六世紀威尼斯菜譜即已稱之為 *alla tedesca*）；熬得沒有了肉味的肉，做得又油膩又爛糊的蔬菜；麵點硬得可以當鎮紙！還要算上那種年老的需要，但肯定不單是年老的德國人會有這種極其野蠻的行為，也就是餐後濫飲的需要，那麼，我們也就明白德國精神的來歷了——來自倒楣的內臟……德國精神就是消化不良症，它什麼也消化不了。

然而，英國飲食，與德國的以至於法國的相比，乃是一種「回歸自然」，即回歸食人生番，同樣是違背我的本性的；在我看來，它使精神步履沉重——英國女人的腳……最佳的烹調是在皮蒙（Piemont）這個地方。

酒對我有害；日飲一杯葡萄酒或啤酒正足以把我的生活變成「苦海」，——在慕尼黑生活著與我相反類型的人。如果說我明白這個道理稍微遲了些，那麼，我從小就已經親身經歷過它了。我小時候就相信，飲酒如同吸煙一樣，一開始只是青年男子的虛榮，後來則成了一種惡習。瑙姆堡的葡萄酒也許要為這嚴厲的判斷負責。要我相信酒可助興，我必須是個基督徒才行。我是說，這是要我相信我恰恰認為荒唐的事情。奇怪的是，少量淡酒會使我情緒極為頹喪，可是，喝起烈酒來，我幾乎像個水手。我小時候在這方面就相當勇敢。當我還是可敬的普福塔中學學生時，一夜之間寫就並謄清一篇洋洋灑灑的拉丁語論文、懷著文字的虛榮仿效我的楷模薩盧斯特（Sallust）的嚴謹和簡潔、用最烈的格羅格酒澆灌我的拉丁語，這些事我都幹過，它們絲毫不違背我的生理，或許也不違背薩盧斯特的生理，——尤其是始終不違背可敬的普福塔中學……可是，後來，人到中年，我愈來愈嚴格地禁忌任何「精神的」飲料了。我，一個出於經驗而反對素食的人，完全和規勸過我的理查・華格納一樣，不善於夠嚴肅地勸告所有較具精神性的人絕對戒酒。水即能做到這一點……我偏愛隨處可以從溪流汲取清水的地方（尼斯、杜林、錫爾斯）；一個小杯像狗一樣跟隨著我。真理寓於酒：看來，在這一點上，我對真理的看法又是同全世界不一樣。在我這裡，精神是飄蕩在水上的……我的道德還可提供若干指導。一頓美餐比一頓可憐的飯食更易於消化。把整個胃調動起來，這是良好消化的首要條件。一個人必須瞭解自己胃的容量。出於同樣的理由，請不要吃太費時的飯食，我稱之為被中斷的獻祭節，見之於旅館的客飯席。

不吃餐間點心，不喝咖啡，咖啡使人陰鬱。茶只在早晨才有益於健康。少喝些，但勁道要足；如果茶的勁道不足，就很有害，會使人整天精神不振。在這方面，每人都有自己的尺度，常在最細小最微妙的界限之間。在氣候很不合適時，不宜喝早茶，應提前一小時先喝一杯去脂濃可可作為開端。

儘量少坐。不要相信任何不是在戶外和在自由運動中誕生的思想，——在這樣的思想中，肌肉也不舒坦。一切偏見均源自內臟。——我已經說過一遍，久坐不動乃是違背神聖精神的真正罪過。

## 2

地點和氣候問題，跟營養問題有著最密切的關係。誰也不能四海為家；肩負偉大使命並且必須傾注全力的人在這方面尤其挑剔。氣候會阻礙或促進新陳代謝，它的影響如此之大，以至於一個人若是在地點和氣候方面選擇失誤，不僅會使他疏遠自己的使命，而且可能徹底耽誤他的使命，使他看不見這使命了。他身上的獸性活力始終不夠強大，達不到那種向最精神性事物勇猛衝刺的自由，一個人處在這種自由境界才會認識到：此大任舍我其誰……一種業已演為惡習的、浸染腑臟的怠惰，即使十分輕微，也完全足以把一個天才變成某種平庸的、「德國的」東西；單單德國氣候，就足以使強盛的、甚至英雄式的腑臟一蹶不振。新陳代謝的速度與精神之足的靈巧或遲鈍之間有著精確的關係；「精神」本身誠然也只是這新陳代謝的一個種類罷了。我們不妨列舉一下過去和現在產生聖人的地點，在那裡，詼諧、狡詐、惡毒成其為幸福，天才幾乎必定感到得其所哉，那全是一些空氣極其乾燥的地方。巴黎、普羅旺斯、佛羅倫斯、耶路撒冷、雅典——這些地名證明：天才有賴於乾燥的的空氣、純淨的天空，而這則意味著有賴於快速的新陳代謝，有賴於不斷重新供給巨大的、甚至十分巨大的力量可能性。我想起一個例子，一個有著卓越而自由的心靈的人，光是因為氣候損害了其本能的純度，結果成為一個狹隘畏縮的專家和沉默的人。倘若不是因為疾病迫使我變得理性並深思現實中的理性，那麼我本人也終將落得這個下場。現在，透過長期的練習，我讀懂了氣候和氣象根源對於我的影響，如同對於一架極其精密可靠儀器的影響，並且在從杜林到米蘭的短途旅行中，根據我的心理狀態體驗推算出了空氣溼度的變化，我不禁驚覺到一個事實：直到最近這充滿生命危險的十年，我的生命始終是在錯誤地點度過的，那些地點對我恰恰是禁忌。瑙姆堡，普福塔中學，圖林根，以及萊比錫，巴塞爾——對我的生理而言盡是一些不幸的地點。比如說，我對於我的整個童年和青年時代沒有任何愉快的回憶，那麼，如果對此用所謂的「道德」原因來解釋，並歸咎於我無可爭辯地缺少足夠的社交生活，將是愚蠢的，因為現在我一如既往地缺少這種生活，但這並沒有妨礙我快活而勇敢。相反，在生理問題上的無知——該死的「唯心主義」——才是我的生命中的真正不幸，是徒勞和愚昧之所在，從中產生不出任何好東西，也沒有任何東西可以將之補充和抵消。我用這種「唯心主義」的後果解釋了背離我的生命之使命的一切失誤，一切重大的本能之迷誤和「謙虛」，例如，我成了語文學家——為何我至少不是成為醫生，或者別的隨便哪種睜開眼睛的東西呢？在我的巴塞爾時期，我的整個精神食譜，包括排程，乃是對超常精力的完全無意義的濫用，精力的消耗沒有任何相應的補充，甚至不曾考慮過供需問題。缺乏任何較為精微的自私，任何對自主本能的保護，反而把自己與任何別人等同，「無私」，忘記了彼此的距離，——為此我永遠不能原諒自己。到了我幾乎末日臨頭時，因為我幾乎末日臨頭，我才開始思考我生命中這種根本的非理性——「唯心主義」。疾病才使我開始變得理性。

## 3

營養的選擇；氣候和地點的選擇；——一個人萬不可失誤的第三件事，是休養方式的選擇。在這裡，他被許可的範圍，即對他有利的範圍，也是依據他心靈獨特的程度而愈益狹窄的。就我而言，一切閱讀均是我的休養，因而均是使我擺脫我自己、讓我優遊於別的學科和靈魂中的事情，——是我不再嚴肅從事的事情。閱讀恰好使我擺脫我的嚴肅而獲得休養。當我潛心工作時，在我這裡看不到書本，我不允許任何人在我旁邊說話甚或思考，而這就叫做閱讀……你們可曾真正注意到，當孕育迫使精神趨於高度緊張，歸根結底也迫使整個機體趨於高度緊張時，偶然事件以及每種外來刺激會產生極強烈的作用，成為極深重的「打擊」？一個人應該儘量避免偶然事件和外來刺激；某種方式的自我封閉，乃是精神孕育最重要的天然智慧。難道我會允許一個別人的思想偷偷逾牆入室？——而這就叫做閱讀……在工作和收穫時間之後跟隨而來的是休養時間，這時候你們來吧，你們這些令人愉快的書籍，充滿靈性的書籍，聰慧的書籍！——難道這會是德國書籍嗎？……且說半年前，我突然發現手上有一本書。究竟是什麼書？——維克多・波爾夏特（Victor Brochard）的一本傑作《希臘懷疑論者》，其中也出色地利用了我的《論第歐根尼・拉爾修》①。懷疑論者，模棱兩可乃至模糊不清的哲學家民族中唯一值得尊敬的類型！……通常我幾乎總是求慰於同一些書，原則上數量很少，它們被證實恰恰是為我而寫的書。博覽群書也許不合我的天性，書齋令我生病。博愛也不合我的天性。我的本能與其說是「寬容」、「大度」和別的「鄰人之愛」，毋寧說是對新書持審慎乃至敵視的態度……歸根到底，使我戀戀不捨的只有少數幾個早先的法國人，我只相信法國文化，而把歐洲其他一切稱作「文化」的東西看作誤會，更不必說德國文化了……我在德國遇見的高級文化的少數例子全都有著法國的根源，尤其是柯西瑪・華格納夫人，她絕對是我所聽到過的趣味問題上的第一聲部……我不是閱讀、而是喜愛帕斯卡，把他看作基督教最有教益的犧牲品，他先是在肉體上、後在心理上被慢慢殺戮，這慘無人道的恐怖程式的全部邏輯。我在精神上——誰知道呢，或許也在肉體上——擁有一些蒙田的惡作劇品性。我的藝術口味使我對莎士比亞這樣的瘋狂天才不無憤慨，卻需要捍衛莫里哀、高乃依、拉辛這些名字。但是，最後，這一切並不妨礙我也把最近的法國人看作一貫富有魅力的圈子。我完全看不出，歷史上哪個世紀曾經像今日巴黎這樣，擁有如此好奇又如此敏銳的心理學家。我試著列舉出（因為其人數頗為不少）：保羅・布爾熱、皮耶・羅狄、吉普、米耶克、阿納托爾・法朗士、朱爾・勒梅特等先生，或者，為了突出這強大種族中的一員，一位真正的拉丁文專家，我特別喜歡的人，我舉出莫泊桑。我偏愛這一代人，我們私下說說，甚至包括他們的偉大導師們，這些導師全都被德國哲學敗壞了，例如泰納先生就被黑格爾敗壞了，他對偉人和偉大時代的誤解就源自黑格爾。德國伸展到哪裡，就敗壞哪裡的文化。戰爭才「拯救」了法國精神……司湯達爾，我生命中最美好的機遇之一——因為他身上劃時代的一切，我都是僥倖相遇，從來不是聽人介紹——他連同他那雙先知先覺的心理學家之眼，他那雙令人想到最偉大事件臨近的、善於把握事實的利爪，都是完全不可估價的。最後，但並非最不重要的，作為真誠的無神論者，法國的一個罕見的、絕無僅有的類型，——光榮的普羅斯佩・梅里美……莫非我自己嫉妒司湯達爾？他從我這裡奪走了本應由我說出的最佳無神論俏皮話：「上帝唯一可原諒的地方是他並不存在。」……我本人在某處說過：「迄今為止對生存的最大異議是什麼？上帝……」

①尼采在萊比錫大學讀書時寫的一篇論文。第歐根尼・拉爾修是公元三世紀中葉的哲學史家，編纂十卷本的《哲人言行錄》，為後人留下了有關希臘羅馬哲學的寶貴資料。

## 4

給我以抒情詩人最高概念的是海因里希・海涅。我在許多世紀的一切領域中，徒勞地尋找著一種同樣甜蜜而又熱情的音樂。他具有那種神聖的惡意，沒有這種惡意，我就不能想像完滿——我估量人和種族的價值，就看他們如何不由自主地結合著牧神去理解上帝。——而且他是怎樣運用德語的啊！有一天人們會說，海涅和我絕對是德國語言的第一流藝術家——距離純粹德國人的德語水準無限遙遠。——我和拜倫的曼弗雷德必定有很深的血緣關係，我在自己身上發現了其一切深淵——十三歲時，我對於這部作品已經成熟了。誰敢當著曼弗雷德的面提起浮士德，我實在無話可說，只有瞥他一眼。德國人對於偉大的任何概念都是低能的，舒曼就是證據。我本人出於對這個甜膩膩的撒克遜人的痛恨，曾經給曼弗雷德寫過一段反序曲，漢斯・馮・畢羅[2]說，他從未見過與此相似的樂譜：這是對歐忒耳珀[3]的渴念。——當我尋求我對於莎士比亞的最高公式時，我找到的始終是：他塑造了凱撒這個典型。一個人是不能猜透這種典型的——他或者就是它，他或者不是它。這位大詩人只能發掘他的親身經歷——以至於他後來不能再忍受他的作品了……當我望了一眼我的查拉圖斯特拉，我在屋子裡踱蹀了半個鐘頭，再也控制不住難以忍受的悲慟的抽搐。——我不知道還有比讀莎士比亞更令人心碎的事情了：一個人何以必須如此受苦，以致不能不做一個小丑！——人們理解哈姆雷特了嗎？不是懷疑，而是確信，會逼人發狂……可是要有這體會，一個人必須深刻，成為深淵。哲學家……我們都害怕真理……

## 5

談到我的生命的休養，我在這裡不能不贊一詞，對於那在我一生中最深沉、最親切地使我復元的事情，表達我的謝忱。這無疑就是和理查•華格納的親密交往。我可以輕易放棄我的人間關係的零頭；但沒有什麼代價可以使我從生命中繳出特里布森（Tribschen）的日子，那信任而明朗的日子，有著微妙的意外——有著深邃的瞬間……我不知道別人和華格納一起有何感覺；不曾有過一朵雲影掠過我們的天空。——因此我再次返回法國——對於華格納派以及其餘諸如此類的人物，我不屑置辯，只是輕蔑地一撇嘴角，這些人滿以為華格納與己同類，借此信念而向他致敬……依我至深的天性，我和一切德國的東西如此格格不入，以致只要接近一個德國人，就足以阻礙我的消化，和華格納的初次接觸乃是我生命中第一回揚眉吐氣：我感到，我尊敬他如同尊敬異國，如同尊敬一切「德國德行」的對立面，和對之有血有肉的抗議。——我們，在一八五〇年代的瘴氣中度過了童年的我們，對於「德國的」這個概念必不可免地是悲觀者；我們除了做革命者，別無可能——我們不能容忍偽君子高高在上的情景。無論這偽君子如今怎樣喬裝變色，他是紆金拖紫，抑或披盔掛甲，於我全然一樣……好吧！華格納是一位革命者——他逃離了德國人……作為藝人，一個人在歐洲除了巴黎便無

---

②畢羅（Hans von Bulow），十九世紀德國著名指揮家。
③歐忒耳珀（Euterpe），希臘神話中司音樂的女神。

家可歸。華格納藝術的前提，那五種藝術官能的精緻，對於細微差別的把握，心理的病態，只有在巴黎才能找到。任何別處都不會有對於形式問題的狂熱，對於舞臺調度的認真——巴黎人的認真是卓越的。在德國，對於活躍在一位巴黎藝術家靈魂中的那種巨大野心，人們甚至無法形成概念。德國人是馴順的——而華格納卻根本不是馴順的……然而，關於華格納何所歸屬，誰是他最近的親屬，我已經說得夠多了（見《善惡的彼岸》第二卷）：這就是法國後期浪漫派，那個騰雲駕霧的藝術家類型，例如德拉克洛瓦、白遼士，具有一種疾病的、不治之症的性格基礎，是表情的公開熱中者，徹頭徹尾的明星……一般來說，誰是華格納的第一個自覺的追隨者？夏爾・波特萊爾，他最先理解了德拉克洛瓦，是一個典型的頹廢派，整個藝人家族都在他身上重新認識了自己——他或許還是其中最後一人……我絕不原諒華格納的是什麼？就是他屈尊俯就德國人——他成了德國國民……德國伸展到哪裡，就敗壞了哪裡的文化。

## 6

細想起來，沒有華格納的音樂，我就不可能忍受住我的青年時代。因為我已經被判決為一個德國人。當一個人想擺脫一種無法忍受的壓迫時，必須有麻醉品。好吧，我必須有華格納。華格納是一切德國事物的卓越抗毒劑——我不否認他也是毒劑……自從聽到《崔斯坦》鋼琴片斷的那一剎那起——多謝馮・畢羅先生——我就成為一個華格納派了。我看華格納以前的作品都在我之下——還太平庸，太「德國氣」……可是今天我還在尋找一部作品，與《崔斯坦》有著同樣危險的魅惑力，同樣可怕而甜蜜的無窮意味——我在一切藝術中徒勞地尋找著。只要響起《崔斯坦》的第一個音符，李奧納多・達文西的全部奇特都失去了魔力。這部作品絕對是華格納的頂峰，他的《名歌手》和《指環》已是從頂峰的跌落了。變得更健康——在華格納這樣的天性，這反而是一種退步……生逢其時，並且恰好生在德國人中間，以求成熟於這部作品，我以為是頭等的幸運：我身上心理學家的好奇心走得如此之遠。對於從未病得足以沉溺於這種「地獄之狂歡」的人來說，世界是貧乏的，應當准許甚至命令在這裡運用一種祕儀形式。——我認為，我比任何人更瞭解華格納的奇偉怪誕，除了他，無人能展翅飛抵那狂喜的五十重天；況且我足夠強壯，可以使最可疑、最危險的事物於我有益，並且變得更為強壯，所以我稱華格納為我生命的大恩人。使我們結成親緣的是，比起本世紀人們所能忍受的痛苦來，我們受苦更深，而且互從對方受苦，這將使我們的名字永遠重新連結在一起；在德國人中間，華格納必定是一個純粹的誤解，我也必定如此，且將永遠如此。——我的日爾曼同胞，你們首先得受兩百年的心理學和藝術的訓練！……然而這一課是沒法補上的了。

——《瞧！這個人》〈我為何如此聰明〉1—6

# 尼采讀本

## 最完整選錄尼采代表篇章的精選集，尼采哲學的首選入門書

作者　弗德里希・威廉・尼采 Friedrich Wilhelm Nietzsche
編譯　周國平
總編輯　汪若蘭
執行編輯　陳思穎
行銷企畫　許凱鈞
封面設計　陳文德
版面構成　綠貝殼資訊有限公司
發行人　王榮文
出版發行　遠流出版事業股份有限公司
地址　臺北市南昌路 2 段 81 號 6 樓
客服電話　02-2392-6899
傳真　02-2392-6658
郵撥　0189456-1
著作權顧問　蕭雄淋律師
2019 年 2 月 1 日　初版一刷
定價新台幣 320 元

ISBN 978-957-32-8451-2
遠流博識網　http://www.ylib.com　E-mail: ylib@ylib.com
（如有缺頁或破損，請寄回更換）



遠流出版公司

國家圖書館出版品預行編目（CIP）資料

尼采讀本 / 弗德里希・威廉・尼采（Friedrich Wilhelm Nietzsche）著；周國平編譯 . -- 初版 . -- 臺北市：遠流，2019.02
352 面；14.8×21 公分
ISBN 978-957-32-8451-2（平裝）
1. 尼采（Nietzsche, Friedrich Wilhelm, 1844-1900）　2. 學術思想　3. 哲學
147.66　　107023960